LA NACIÓN INDISPENSABLE

LA NACIÓN INDISPENSABLE

Desafíos de Estados Unidos ante un mundo en transformación

Ariel González Levaggi
María Sofía Meijide Hoffmann
Carolina Lazzaroni
(compilación)

teseo

UCA
Pontificia Universidad Católica Argentina

La nación indispensable: desafíos de Estados Unidos ante un mundo en transformación / Ariel González Levaggi... [et al.]; compilado por Carolina Lazzaroni; Ariel González Levaggi; María Sofía Meijide Hoffmann. - 1a ed. - Ciudad Autónoma de Buenos Aires: Teseo, 2025. 350 p.; 20 x 13 cm.
ISBN 978-987-723-454-1
1. Estados Unidos. 2. Liderazgo Político. 3. Política Internacional. I. González Levaggi, Ariel II. Lazzaroni, Carolina, comp. III. González Levaggi, Ariel, comp. IV. Meijide Hoffmann, María Sofía, comp.
CDD 303.34

Buenos Aires, Argentina
Editorial Teseo
Hecho el depósito que previene la ley 11.723
Para sugerencias o comentarios acerca del contenido de esta obra, escríbanos a: **info@editorialteseo.com**
www.editorialteseo.com

DOI: 10.55778/ts877234541

Imagen de tapa: Connor Gan en Unsplash

EBOOK

TeseoPress Design (www.teseopress.com)

Índice

Prólogo 11
Mario Leonardo Miceli

Introducción 15
Ariel González Levaggi, Carolina Lazzaroni y María Sofía Meijide Hoffmann

Sección 1. Estados Unidos en el orden internacional.... 21

La Estrategia de Seguridad Nacional como orientadora de la política exterior de Estados Unidos 23
Walter Raúl Molina

Estados Unidos: capacidades y regiones en las Estrategias de Seguridad Nacional (2002-2019) 45
Rodrigo Campos Winkler

IMEC, la nueva Ruta de las Especias 71
La estrategia geopolítica de India y EE. UU. para contener la Ruta de la Seda

Juan José Ceschan

La visión de política exterior estadounidense en el Indopacífico 85
"Estrategia del Indo-Pacífico de Estados Unidos 2022"

Ana Victoria Marini Wierna

La política exterior de la administración Obama durante la Primavera Árabe 105
Juliana Inda

Sección 2. Estados Unidos y el espacio exterior 119

Estados Unidos en el espacio 121
Historia, trayectoria y perspectivas
Brian Zini

Las estrategias de Estados Unidos por mantener su supremacía en el espacio ultraterrestre frente a los nuevos desafíos 139
Erika Denise Golia

La política espacial en la agenda de seguridad estadounidense 157
Almudena Esteban

Desafiando la gravedad del poder 177
SpaceX y la competencia por la influencia en la arena tecnológico-internacional
Francisco Marchetta

Ciencia y tecnología en la agenda de política exterior de Estados Unidos 195
Hard power*, diplomacia científica y la relación con Argentina (2021-2024)*
Nevia Vera

Sección 3. Desafíos domésticos de los Estados Unidos 217

Federalismo dual 219
Una oportunidad para el desarrollo provincial
Guillermo Samuel Salas

Tensiones constitucionales entre el gobierno federal y los estados en Estados Unidos 237
El enfrentamiento en Eagle Pass
Iván Goldman

La minoría pujante: los latinos en los Estados Unidos 255
Matías F. Carpignano

Con la brújula apuntando al norte 271
El impacto del programa Movilidad Segura en la migración latinoamericana hacia los Estados Unidos
Raúl Gualtruzzi

Proteccionismo agrícola estadounidense en un mundo de incertidumbre alimentaria 289
Lucas Satoru Miyasiro

Los Estados Unidos y el combate al lavado de dinero proveniente del tráfico de fentanilo 307
Comentario al reporte de GAFI de noviembre de 2022
Juan Pablo Ballhorst

Las raíces de los Estados Unidos 323
Teorizando a través de la práctica
Julia Tonelli

Biografías 341

Prólogo

MARIO LEONARDO MICELI[1]

Quisiera comenzar este breve prólogo con una sutil (y discutible) referencia extraída del ámbito de la historia de las ideas y el pensamiento político. Los que nos formamos en las ciencias políticas y las relaciones internacionales hace ya un par de décadas podemos reconocer una especie de basamento teórico-ideológico muy presente en nuestra educación. Un basamento que refiere a la institucionalización de lo político que se habría gestado con la modernidad. Un modelo que habría surgido allá por el siglo XVI y que parecía plantearnos un futuro inexorable. Ante el declive del Medioevo, la política a nivel local e internacional debía fundamentarse en una estructura estatal de podér centralizado y burocrático, complementada a partir del siglo XVIII con un fundamento de constitucionalismo racionalista. Con el tiempo este modelo terminaría cristalizado en una particular visión de la democracia, la cual se debatía entre modelos rousseaunianos o más liberales (entre otros tantos cientos de enfoques), añadiendo ya en el siglo XX una partidocracia jurídicamente establecida, un sistema de derechos subjetivos creciente a través de diversas etapas, y varios etcéteras más. Bajo este esquema de historia y teoría "oficial", debía sumarse la necesidad de controlar el fenómeno religioso que se había desmadrado en la temprana modernidad, y que implicaba casi la obligatoriedad de recluir las creencias religiosas al ámbito individual (es decir, privado, y bien lejos de lo público), pergeñando en algunos casos su virtual

1 Director del Departamento de Ciencias Políticas y Relaciones Internacionales, Facultad de Ciencias Sociales, Pontificia Universidad Católica Argentina.

desaparición. Todo ello a la vez sustentaba una organización del mundo basada en el Estado soberano y en el supuesto sistema westphaliano, usando mucho la imaginación al pretender que los hacedores de la Paz de Westphalia realmente querían crear algo así. Todo parecía cerrar. Los estudios se basaban en la teoría clásica del Estado moderno, y, de manera especular, se iba desarrollando esa novel disciplina que eran las relaciones internacionales, aunque bajo este esquema deberían llamarse "relaciones interestatales" (no sé si era más idílico creer que en el mundo había solo naciones o solo Estados). Ese supuestamente era *el modelo.* Maquiavelo, Hobbes, Grocio y Kant quizás se regocijaban.

Faltaba aclarar que este esquema poseía una profunda raíz eurocéntrica. Y de repente, apareció Estados Unidos. Y aquí las cláusulas en las que se basaban los análisis clásicos comenzaron (lentamente) a crujir. No es que esta nueva potencia no poseía las características antes mencionadas. Sin embargo, parecía desarrollarlas de una forma que la *intelligentsia* ilustrada no había prefigurado, por lo menos hasta Toqueville (y aun este en bastante soledad). Bajo este marco, Estados Unidos brindó un nuevo foco de análisis. Foco que sigue siendo necesario hoy en día. Piénsese solamente en cómo se desarrollaron en este país varias de las dicotomías que marcaron la teoría y práctica política desde la modernidad: poder central y autonomías locales, soberanía estatal e imperialismo, economías abiertas y proteccionismos, religiosidad y secularización, o hasta la relación entre mayorías y minorías socioculturales, por solo mencionar algunos casos.

Por ello, querría especialmente remarcar el concepto de "indispensable" que aparece en el título de esta publicación. Más allá de las posturas ideológicas y políticas que cada uno tenga, Estados Unidos sigue siendo un objeto de estudio del cual no se puede prescindir. Esta obra conjunta que aquí se publica tiene, bajo este gran paraguas teórico, el mérito de presentar diversos aspectos sobre la política local y exterior de esta gran potencia, y cómo estas políticas se conjugan en un mundo que no da respiro en su dinámica de cambio constante. Mundo que, volviendo a lo expuesto en el primer párrafo, nos muestra que la formación de politólogos e internacionalistas ya no puede sustentarse de manera exclusiva a la institución del Estado moderno y el orden poswestphaliano.

Los lectores se encontrarán aquí con una obra muy prolífica en la presentación de problemas actuales, vistos bajo la óptica del rol que cumple, y seguirá cumpliendo, Estados Unidos en este nuevo orden mundial en gestación. Es una compilación que no solo resulta interesante para especialistas en relaciones internacionales o política exterior. Varios de los artículos analizan realidades conectadas a temas tan variados como el derecho constitucional, el federalismo, el rol de las minorías, las migraciones, el lavado de dinero y hasta el impacto de las nuevas tecnologías. Se trata así de una obra interdisciplinaria, completamente acorde para intentar profundizar en el conocimiento de una potencia tan compleja como Estados Unidos.

Querría terminar felicitando a los compiladores de esta edición. Especialmente a Ariel González Levaggi, quien, como director del Centro de Estudios Internacionales del Departamento de Ciencias Políticas y Relaciones Internacionales de UCA, ha liderado el programa de estudios sobre los Estados Unidos en los últimos cuatro años, además de la colaboración de Carolina Lazzaroni, coordinadora académica del Programa Ejecutivo de los Estados Unidos en el siglo XXI, y Sofía Meijide, coordinadora del Seminario Optativo sobre Política Exterior de los Estados Unidos.

Introducción

Ariel González Levaggi, Carolina Lazzaroni
y María Sofía Meijide Hoffmann

En un contexto global definido por la creciente rivalidad entre grandes potencias, como la competencia tecnológica entre Estados Unidos y China, y el impacto persistente de conflictos como el de Ucrania en el orden internacional, comprender el papel de Estados Unidos como la "nación indispensable" resulta más relevante que nunca. Estas dinámicas no solo configuran las estrategias de poder en los ámbitos de la política, la economía y la seguridad global, sino que también condicionan las relaciones internacionales y los márgenes de acción de otros actores en el sistema internacional. "Estados Unidos no es solo una potencia global, sino también un fenómeno cultural, tecnológico y político que influye profundamente en las estructuras de poder y los valores globales". Esta afirmación publicada en *The Future of Power* por el internacionalista Joseph Nye hace una década y media sigue más vigente que nunca. Estudiar los Estados Unidos es, en muchos sentidos, comprender las dinámicas que moldean el siglo XXI.

En un contexto mundial de pugna por la hegemonía, entender a los Estados Unidos no solo como un actor clave en la política internacional, sino también como un referente en áreas como la economía, la tecnología, la cultura y la geopolítica, resulta crucial. El conocimiento de los mecanismos internos y la política exterior de Estados Unidos es fundamental para los países de América Latina, y especialmente para la República Argentina, a fin de poder participar de manera efectiva en el ámbito internacional y abordar los desafíos globales que surgen día a día. Este libro propone un análisis integral de estos desafíos, abordando las dimensiones domésticas e internacionales que definen la posición de Estados Unidos en un mundo cada vez más interconectado y competitivo.

Con este espíritu, hace cuatro años iniciamos las actividades del Programa de Estudios sobre Estados Unidos del Departamento de Ciencias Políticas y Relaciones Internacionales de la Pontificia Universidad Católica Argentina.

Confeccionamos un programa completo y dinámico con el objetivo de ofrecer una inducción integral a los aspectos clave de la política y la sociedad estadounidense. Ante un mundo cada vez más interconectado y cambiante, y con la necesidad de comprender las dinámicas que definen las relaciones internacionales, el programa se ha diseñado para brindar a estudiantes y profesionales una perspectiva profunda y analítica sobre la relevancia de Estados Unidos para el contexto global.

Desde 2020, el programa ha organizado diversas ediciones para públicos de distintos sectores, lo que ha permitido una aproximación amplia y diversa a las temáticas tratadas. De esta manera, el Programa de Estudios sobre Estados Unidos se ha consolidado como un espacio de aprendizaje multidisciplinario y de reflexión sobre los retos y las oportunidades que plantea la nación norteamericana, y su influencia sobre el mundo contemporáneo.

El propósito de este libro es consolidar y difundir los conocimientos y las perspectivas adquiridos a lo largo de las últimas tres ediciones del Programa de Estudios sobre Estados Unidos. Esta obra recoge los 17 mejores ensayos de los participantes, seleccionados por su profundidad analítica y su capacidad para abordar los complejos desafíos que enfrenta Estados Unidos en un mundo globalizado y en constante transformación. A través de estos escritos, los autores no solo reflejan su aprendizaje sobre la política, la economía y la cultura estadounidense, sino que también aportan nuevas interpretaciones y propuestas para comprender el impacto global de las decisiones y estrategias de la nación norteamericana.

El título fue elegido en referencia a una frase de Madeleine Albright, entonces secretaria de Estado de la Administración Clinton, quien, durante una conversación con Matt Lauer en *The Today Show*, de NBC-TV, sobre las tensiones con Irak, afirmaba lo siguiente:

> Estamos haciendo todo lo posible para que los hombres y las mujeres estadounidenses en uniforme no tengan que volver a salir. Es la amenaza del uso de la fuerza y nuestra presencia allí lo que hará que la diplomacia se vea reforzada por la fuerza. Pero, si tenemos que usar la fuerza, es porque somos Estados Unidos; somos la nación indispensable. Estados Unidos sigue siendo esa nación indispensable que utiliza tanto la diplomacia como también las herramientas coercitivas para sostener y fortalecer un orden internacional basado en reglas, orden que se encuentra sujeto a un creciente desafío por parte de potencias autoritarias.

El libro está estructurado en torno a los ejes temáticos tratados en el programa, lo que permite explorar desde el sistema institucional doméstico de Estados Unidos hasta su papel en la escena internacional. Cada sección ofrece una reflexión única sobre los temas más relevantes del presente y del futuro cercano, como el rol de las minorías en la política doméstica o la pugna de poder en la arena tecnológica internacional, contribuyendo a un entendimiento más amplio sobre cómo Estados Unidos sigue siendo una nación indispensable, tanto para América Latina como para el mundo entero.

Además, este libro busca contribuir al diálogo académico y público, ofreciendo un ejercicio de aprendizaje y análisis crítico sobre la política interna y externa de los Estados Unidos desde Argentina, un enfoque fundamental para fomentar una comprensión mutua y fortalecer los lazos de cooperación bilateral en diversos ámbitos.

En este sentido, podrán ver en este libro uno de los pilares fundamentales del Programa de Estudios sobre Estados Unidos: el enfoque multidisciplinario. Cada uno de los autores aquí representados aborda temas relacionados con esta nación desde distintas perspectivas, ofreciendo un análisis integral y enriquecido. Desde cientistas políticos y licenciados en Relaciones Internacionales, hasta abogados y especialistas en economía y comercio exterior, cada autor y autora combinan distintos campos del saber, lo que permite al lector desarrollar una comprensión más profunda y matizada de cómo funcionan los Estados Unidos y cómo sus decisiones impactan al mundo. La capacidad de integrar conocimientos de diversas disciplinas es crucial para comprender la complejidad de los Estados Unidos en el contexto global contemporáneo, un mundo que exige respuestas flexibles y multifacéticas ante sus retos y transformaciones constantes.

Los ensayos que conforman este libro son el reflejo de un proceso de aprendizaje multidisciplinario y colaborativo que hemos llevado adelante desde las distintas actividades formativas del programa. Más de 320 participantes de diversos sectores han tenido la oportunidad de profundizar su comprensión del gigante del norte, lo que ha permitido enriquecer el debate y la reflexión sobre los desafíos y las oportunidades que plantea la relación bilateral con Argentina y la posición de nuestra región en esta pugna por el poder global.

Asimismo, este libro busca destacar la importancia de Estados Unidos como referente global en áreas clave como la tecnología espacial, la economía y la cultura, cuyos impactos trascienden sus fronteras para moldear las dinámicas del siglo XXI. La influencia estadounidense en estos campos no solo define estándares internacionales, sino que también genera oportunidades y desafíos para otros actores en el sistema global. Desde esta perspectiva, resulta fundamental analizar cómo las decisiones estratégicas y los cambios internos en Estados Unidos repercuten en el ámbito internacional, ofreciendo claves para comprender las transformaciones del orden global contemporáneo.

Queremos expresar nuestro sincero agradecimiento a todas las instituciones académicas y gubernamentales cuyo respaldo ha sido fundamental para la realización del programa y para la publicación de este, nuestro segundo libro. Gracias a su colaboración, hemos podido ofrecer a los participantes una formación de calidad, basada en el análisis riguroso y la reflexión crítica sobre los Estados Unidos y su impacto global.

Asimismo, agradecemos profundamente a la Facultad de Ciencias Sociales de la Pontificia Universidad Católica Argentina en la persona de su decano, Roberto Aras, y el secretario académico, Diego Ferreyra, además de Mario Miceli, director del Departamento de Ciencias Políticas y Relaciones Internacionales, Lourdes Puente, directora de la Escuela de Política y Gobierno, y Verónica Muñoz, directora de UCA Internacional, por haber brindado su apoyo para la realización de este proyecto. Sin la colaboración de nuestras autoridades, este libro no hubiera sido posible.

Finalmente, queremos expresar nuestro profundo agradecimiento a los participantes de todas las ediciones del programa. Su dedicación, compromiso constante y capacidad para generar discusiones constructivas no solo han dado vida a las clases y la bibliografía, sino que han hecho posible este libro.

Sección 1.
Estados Unidos en el orden internacional

La Estrategia de Seguridad Nacional como orientadora de la política exterior de Estados Unidos

WALTER RAÚL MOLINA

Resumen

El presente estudio trata de la Estrategia de Seguridad Nacional, un documento que cada cuatro años el presidente de los Estados Unidos elabora para dar la orientación de los intereses de los Estados Unidos, sus objetivos nacionales y los intereses globales y nacionales y para formalizar las prioridades en el empeñamiento de las diferentes políticas, tanto en lo interno de Estados Unidos, como en el extranjero. Cada ESN discute distintos conceptos que amplían los objetivos políticos de la administración y los diversos compromisos en el extranjero.

Los Estados Unidos iniciaron este documento a partir del Acta Goldwater-Nichols, de 1986, para ordenar el Sistema de Seguridad Nacional. Hicieron una configuración de las agencias para tomar un camino correcto en los intereses estadounidenses debido a algunos estados finales no deseados. Algunas acciones políticas contribuyeron a conceptos que llevaron a discusiones en los estudios internacionales. La presente contribución se enfoca en las últimas administraciones.

Tomamos diferentes conceptos y políticas, principalmente en la administración Biden, tales como ondas comerciales, iniciativas sociales, en la formalización interna de los Estados Unidos. El documento ordena políticas que consideran el sistema STEM (Science, Technological, Economics and Mathematical) tendiente a formalizar la política interna que se relacione con las iniciativas de la política exterior. La idea original se da con el "punto de inflexión" que el mundo ha tomado y con la misión global de los Estados Unidos.

Palabras clave

Estrategia de Seguridad Nacional, política exterior, intereses nacionales, Biden, punto de inflexión.

Abstract

The present survey deals with National Security Strategy, a four-years document, that United States president sized when they take over and do the initial guidance in order to present the United States Interests, its national Objectives, the Global and National Interests, and give the priorities in engagement different policies, mainly in the Inner United States, and abroad. Every NSS argues different concepts that strengthen the Administration Political Objectives and different overseas engagements.

The United States started this document on Goldwater – Nichols Act, from 1986, in order to seize the National Security System. They made a configuration of national agencies in order to get in the right way American interest due to some non-wished end states. Some political actions drop concepts that became a discussion in International Studies. The present contribution stresses in later Administrations.

We took different concepts and policies, mainly in the Biden Administration, such as commercial tides, social initiatives, in internal formalization from the United States. The document gets the meaning of policies that take STEM (Science, Technological, Economics and Mathematical) skills, in order to do the internal policy shared in the initiatives on foreign policy. The original idea is that NSS deals with the "inflection point" the world has reached out and the global mission of the United States.

Keywords

National Security Strategy, foreign policy, national interest, Biden, inflection point.

Introducción

La estrategia es una disciplina que emplea saberes prácticos que se relacionan con la alta política. Contribuye a que se alcancen los objetivos políticos en entornos que son cambiantes. El gobierno define los objetivos políticos y la asignación de los medios del poder nacional para lograrlos. Dentro de este contexto, podemos señalar que los Estados Unidos han sido los sistematizadores de estos instrumentos conceptuales y prácticos del poder nacional y, a partir de la segunda mitad del siglo XX, se han extendido a diversas potencias. La gran estrategia es el elemento conceptual que busca establecer la prioridad de empleo de los medios, y deja la determinación de su empleo a la decisión del más alto nivel de conducción de un Estado: el poder ejecutivo.

Por lo expuesto, el objeto del presente ensayo es describir las condiciones de gran estrategia de los Estados Unidos. Para ello buscamos establecer el elemento conceptual y el modo como se han desarrollado en la posguerra de la Guerra Fría para llegar a un análisis de los principales atributos de la gran estrategia en la administración de Joe Biden, lo que constituye el objeto de estudio. El documento que operacionaliza esta actividad y ha servido como unidad de análisis es la *National Security Strategy* (NSS) que las administraciones desarrollan periódicamente.

La estrategia y la seguridad nacional

La estrategia es una actividad o función instrumental. Puede insertarse en los niveles de conducción a continuación de la política nacional de los Estados, de la cual depende, y se desarrolla en conjunto con sus políticas[1]. En este nivel, se va a relacionar la gran estrategia, en concreto, con la política exterior. Cuando hablamos del marco de guerra, se considera el empleo del poder militar. A continuación, se desarrolla el nivel operacional que define las operaciones militares que deben ejecutarse y, finalmente, se encuentra la táctica, que es el nivel de las batallas y de los combates. La estrategia hace referencia al empleo de los medios y de los recursos y a su utilización para lograr los objetivos políticos; en esto interviene una distinción fundamental, que es la determinación para emplearlos. En este contexto, se ubica la gran estrategia.

Por ello, el sentido con el que se estudia y se define la estrategia, el cual se proyecta desde su conformación, se asocia con la afirmación de Clausewitz, en De la guerra (1832), de que la guerra es "la continuación de la política por otros medios" (Libro 1. § 24), derivando en la idea de que "la estrategia es el empleo de los medios militares para lograr los objetivos políticos". En otro sentido, podemos ver la definición de André Beaufre, en *Introducción a la estrategia* (1963), de que la estrategia es "el arte de la dialéctica de las voluntades que emplean la fuerza para resolver su conflicto"[2]. Esta segunda definición toma el criterio de

---

1 Para hacer la distinción que se da en el lenguaje anglosajón, colocamos Política (con mayúsculas), como la idea de conducción nacional de un Estado, así como la disciplina de Estudio, la *Politics*. Colocamos política (con minúsculas), para señalar la idea de acción práctica y la determinación de modo de acción, *policy*. En ese marco surgen la política exterior, *foreign policy*, la política migratoria, *migration policy*, solo como ejemplo.

2 Tomamos el concepto de Carl von Clausewitz. *De la guerra*. Madrid. Ministerio de Defensa. 1999. Trad. Celer Pawlosvky, p. 194. Es la traducción al español de la obra editada y traducida por Michael Howard y Peter Paret,

concepto ampliado de "estrategia" porque hace referencia a los medios del poder nacional, no solamente los militares. Es una estrategia apropiada para el modelo de la disuasión nuclear, con amenaza de empleo del potencial atómico, propio de la Guerra Fría.

En un sentido similar, vamos a encontrar el concepto de "gran estrategia". Hooker la considera como "el uso de todos los instrumentos del poder nacional para asegurar al Estado". Esta aproximación nos puede indicar que la

> gran estrategia está relacionada con, aunque no es sinónimo de, Estrategia de Seguridad Nacional (National Security Strategies), Estrategia Militar Nacional (National Military Strategies), Reporte Cuatrienal de Defensa (Quadrennial Defense Review), u Orientación Estratégica de Defensa (Defense Strategic Guidance). La verdadera Gran Estrategia trasciende los pronunciamientos de seguridad de los partidos políticos o de las administraciones individuales (Hooker, 2016: 1).

Asimismo, cita el concepto de Collin Gray: "empleo útil de todos los medios disponibles que emplea una comunidad de seguridad" (Gray, cit. en Hooker, 2016: 13, n.º 1), lo que nos lleva a una consideración más ampliada, la posibilidad de ejercerla en una comunidad de seguridad, tema que excede el tratamiento del presente ensayo. Dentro de este contexto, podemos observar que los Estados definen sus metas, entre las que podemos advertir "evitar las guerras, ganar las guerras, balancear contra amenazas, ahuyentar el desarrollo de coaliciones hostiles y construir / preservar las posiciones de poder de largo plazo" (Balzacq, Dombrowski y Reich, 2019: 291). En este aspecto se puede determinar cómo los Estados trazan y cumplen su gran estrategia.

En el sentido en que se establece en los Estados Unidos, la Estrategia de Seguridad Nacional, *National Security Strategy* (NSS, en adelante), es el documento en que los

---

On War (Princeton, 1976). De André Beaufre. *Introducción a la estrategia*. Buenos Aires. Editorial Struhart & Cia. 1982, p. 19.

presidentes definen las prioridades y el empleo de los elementos del poder nacional para poder alcanzar los objetivos políticos. "La estrategia de seguridad nacional es el documento de planeamiento estratégico para confeccionar y ejecutar la política exterior de Estados Unidos" (Chin, 2023: 104). Esta actividad se traduce en un documento, de extensión media, que los presidentes elevan al Congreso de los Estados Unidos.

Es una iniciativa que surgió con el Acta Goldwater-Nichols, de 1986, impuesta dentro de toda la configuración del área de defensa, que impone modificaciones desde la conformación del Departamento de Defensa en 1947. Esta trajo diversas modificaciones e innovaciones, entre las que se cuenta el puesto del *chairman* o presidente del Estado Mayor Conjunto, quien actúa como principal asesor del ministro de Defensa. El acta también establece la articulación del comando, especialmente con los comandantes operacionales, fomenta la capacitación del Estado Mayor Conjunto y define el rol de las Fuerzas Armadas en actividades conjuntas, instrucción y equipamiento. Asimismo, promueve su colaboración en las adquisiciones necesarias para mantener las capacidades estratégicas (Balzacq, Dombrowski y Reich, 2019: 30; Ley Goldwater-Nichols, 1986). Estas modificaciones se dan en una actualización de la doctrina de empleo del poder militar, con base en las experiencias surgidas y las lecciones aprendidas.

En orden a registrar los antecedentes, es conveniente considerar algunos eventos de un pasado inmediato que no satisfacían los resultados esperados dentro de la estructura orgánica del proceso de toma de decisiones del Gobierno de los Estados Unidos. Entre los más importantes, están la retirada de Vietnam en 1975; la captura de un buque estadounidense en Camboya, el USS Mayaguez, en la que el rescate fue una operación que fracasó; la fuerza multinacional de paz en Líbano, que había terminado con un ataque, que afectó la vida de 275 marines, la operación en Granada, en 1983 (Operación Urgent Fury) y la fallida operación de rescate de rehenes en Irán (Operación Eagle Clow) (Nemfakos *et al.*, 2010: 6-9). Estas operaciones fracasaron y causaron un interrogante sobre el prestigio de Estados Unidos, como también comprometieron la capacidad de las fuerzas norteamericanas para realizar estas operaciones. Todas ellas en ultramar. Eran conducidas por diferentes agencias, y no demostraron una exacta integración. Lo que llevaba a una reconsideración de las Fuerzas Armadas en el aspecto de la integración conjunta, a raíz de estas inconsistencias en el nivel operacional[3]. Como vemos, se dieron fallas en el nivel operacional, por la intervención de diversas agencias o elementos de comando, como también por las deficiencias en los procesos de toma de decisión.

Con la nueva configuración, se determinan los niveles de conducción, se conforma el nivel operacional y se refuerza el Sistema de Comando y Control, con la conformación de los Comandantes Operacionales, identificados como *Combatants Commanders,* en el Acta de 1986. Así es como se establecen la conformación de los planes, las prioridades del empleo y la asignación de fuerzas, las que, dependiendo de los jefes de Estado Mayor de cada una de las Fuerzas Armadas (*Services,* en doctrina norteamericana), se asignan a los *Commanders in Chief*. Podemos destacar que estas acciones se desarrollan en el nivel operacional, e impactan en el nivel táctico, con los planes de empleo de las grandes unidades y los planes de instrucción y adiestramiento.

Esta configuración respondió a una decisión que materializaba la proyección de una Estrategia de Seguridad Nacional. Podemos afirmar que el sentido de proyección de la reformulación de las Fuerzas, según las disposiciones del acta de 1986, se puso en acción en la guerra del Golfo de 1991, a raíz de la ocupación iraquí de Kuwait.

---

3 Debemos tener en cuenta la *Iniciativa de Defensa Estratégica* del presidente Ronald Reagan, que fue la que llevó a una confrontación en armamentos con la Unión Soviética, y al incremento de las armas nucleares. Estos elementos contribuyeron al fin de la Guerra Fría. Esta demanda un tratamiento específico y ampliado.

Este compromiso a nivel regional trajo aparejado el otro atributo sustantivo de la política exterior de los Estados Unidos: el nuevo orden mundial. Esta fue una manifestación de que se terminaba la Guerra Fría y de que los Estados Unidos se proyectaban como sus vencedores y como potencia global. Tal como lo expresó el presidente Bush ante el Congreso, el 6 de marzo de 1991, "la real manifestación de un nuevo orden mundial", en el cual "los principios de justicia y equidad juegan un importante rol, la protección del débil contra el fuerte" (Busch, citado en Griffin, 2023: 806), y le otorgó un importante rol a las Naciones Unidas. En tal sentido, se pudo ver la capacidad de Estados Unidos para convocar y liderar una importante coalición.

En este sentido, podemos ver que Estados Unidos mantiene esa estrategia de seguridad nacional dentro de un orden que establece su posición como potencia global. Esto lleva a fijar su proyección a nivel mundial buscando periodos de estabilización y a la atención de conflictos localizados en determinadas regiones. Estados Unidos ha diseñado una respuesta a cada elemento de la situación regional y global. Se han formulado los documentos, principalmente las NSS, que se dan en el contexto de la posguerra de la Guerra Fría. Sobre todo, en tiempos que están cambiando y definiendo ese orden mundial que surgió del final de la Guerra Fría y de la eliminación de la Unión Soviética y del Pacto de Varsovia. Estados Unidos quedó como potencia global.

Así, es posible hacer una abstracción de lo que aconteció en un panorama que se inició con las revoluciones en los países bajo dominio de la Unión Soviética, que terminó con la unificación de Alemania y un nuevo marco de entendimiento en el orden franco-alemán, donde se promovieron los acuerdos laterales, bilaterales y multilaterales, la capacidad de formar coalición y el empeñamiento de fuerzas. Estados Unidos surgió como el vencedor de la Guerra Fría. El mundo pasó a ser unipolar. En esta posición de poder emergente, recibió agresiones y ataques que lo llevaron a dar respuesta y a replantear la proyección de su poder.

La Estrategia de Seguridad Nacional

La Estrategia de Seguridad Nacional surgió a partir de la Goldwater-Nichols Act, de 1986. En ella, se establece el *Annual Report on National Security Strategy* (Sec. 603). El presidente lo debe elevar al Congreso junto con el presupuesto anual. También se fijan cuatro puntos que debe contener: los intereses, las metas y los objetivos vitales de los Estados Unidos, en un esquema global; la política exterior norteamericana; la propuesta de empleo en el corto plazo y largo plazo, de poder político, económico, militar y otros elementos de poder nacional; la adecuación de las capacidades de los Estados Unidos para alcanzar la estrategia de seguridad nacional y otra información que sea necesaria (Estados Unidos de América, 1986: 1075. Sec. 603). Como vemos, se trata de elementos del poder nacional que no culminan en lo militar, sino que van más allá. Si bien el acta trata del sistema de defensa, se está dando un sistema integral de la defensa nacional, con la participación de los elementos del poder nacional. De allí el concepto de "gran estrategia".

En este sentido, se puede observar, como lo explican Balzacq, Dombrowski y Reich (2019: 34), empleando el lexicón del Departamento de Defensa (DoD), que los elementos del poder están caracterizados como "acciones diplomáticas, Información, Militar y Económicas (DIME) y los efectos son Políticos, Militares, Económicos, Sociales de Información e Infraestructura (PMESII)". Es lo que puede indicarnos dónde llega el alcance de los elementos de la gran estrategia. Teniendo en cuenta que se desarrollan a partir de la estrategia, que depende de la política. Dentro de un concepto ampliado, que abarca todos los elementos del poder nacional.

Por esto, quizás, el modelo de estrategia que señala Beaufre es el que mejor puede ayudar para explicar las condiciones conceptuales de una estrategia de seguridad nacional, como también para identificar la gran estrategia de los

Estados Unidos. En esta intervienen los componentes del poder nacional. El poder militar es uno de ellos. La NSS de Estados Unidos se eleva dentro de un contexto de configuración de elementos superiores a las Fuerzas Armadas, en la faz de la Goldwater-Nichols, pero incluye a los demás componentes.

Las instituciones de la gran estrategia son el Consejo de Seguridad Nacional, el Departamento de Estado y el Departamento de Defensa (Balzacq, Dombrowski y Reich, 2019: 32). Estas constituyen las agencias del gobierno que intervienen en su formulación. Es esencial disponer de personas que sean expertas en su confección.

La NSS es la formalización y normalización del diseño y la formulación de la gran estrategia de los Estados Unidos. Anteriormente se habían diseñado y formulado las estrategias de seguridad nacional como iniciativas de las administraciones. Empezaron en el año 1977 bajo *Presidential Decision*, agregando el término *National Security Council*, de allí que se llamó PD/NSC 18, modificada por la PD 62. En ella se establecía la amenaza de la Unión Soviética, su influencia en el golfo pérsico y la defensa avanzada (*forward defense*) en Europa. Lo mismo se dio con el presidente Ronald Reagan, que formuló las *National Security Strategy Documents*, NSSD n.º 32 (1982) y la NSSD 238, en 1986 (Chin, 2023: 105; Balzacq, Dombrowski y Reich, 2019). Como se observa, no sigue un orden de tiempo, así como luego de 1986 se continuaron las directivas presidenciales.

Otro de los elementos importantes fue el NSC 68, una iniciativa propugnada por el *National Security Council* (Consejo de Seguridad Nacional) en 1950 para hacer frente a las intervenciones y a la amenaza soviética. Se trataba de responder a la disputa por la hegemonía que pudiera tener la Unión Soviética. Estos contenidos fueron propios de la Estrategia de Seguridad Nacional[4], que estuvieron vinculadas con las estrategias

4 Cabe destacar que no se trató de una NSS, sino que es la estrategia de seguridad nacional, y que han dado el nombre del presidente. En este caso constituyó la doctrina Truman.

de seguridad nuclear y, a su vez, respondieron a doctrinas de empleo.

Cabe consignar que no se han producido estos informes de modo anual. Es destacable considerar que la estrategia es flexible y demanda adaptación a los cambios. Esto adquiere mayor relevancia en los entornos volátiles en que se vive. Pero también, en las relaciones internacionales, se dan los elementos que constituyen la constante en la formulación de política exterior (Balzacq, Dombrowski y Reich, 2019: 34). Por lo que se puede observar, las administraciones han generado como mínimo una por cada periodo de gobierno.

En el marco general estudiado, podemos analizar documentos destacados en el periodo de la posguerra de la Guerra Fría. Uno de ellos, la NSS 1993, confeccionada por el presidente George Herbert Walker Bush, que ocupó el mando entre el 20 de enero de 1989 y el 20 de enero de 1993 –conocido como Bush padre–. El otro documento es de 2002, elaborado por el presidente George Walker Bush, que ocupó el mando entre el 20 de enero de 2001 y el 20 de enero de 2009 –conocido como Bush hijo–. En estas podemos observar cuestiones que hacen a la posición de los Estados Unidos en el orden global, la aspiración a ese nuevo orden mundial, la selección de amenazas y la posición que lleva a una relación de pausa en el ordenamiento de las condiciones globales. Finalmente, se puede analizar la NSS 2022 establecida por el presidente Biden.

En la estrategia de Bush padre, vamos a ver cómo se dio el proceso de conformación de la gran estrategia de una potencia vencedora de la Guerra Fría y con capacidad de proyectar los valores norteamericanos a nivel global. Planteó una *Strategy of Engagement and Leadership*, una estrategia de compromiso y de liderazgo. Podemos observar que la NSS de 1994, de la administración Clinton, fue una *Strategy of Engagement and Enlargement*, una estrategia de compromiso y expansión. En tal sentido se puede ver que el concepto de *enlargement* hace referencia a "una estrategia de expansión de la comunidad de democracias capitalistas (liberales)"

(Chin, 2023: 109). En la NSS 1992, se destacan los objetivos que se buscaron:

> Estabilidad global y regional con un cambio pacífico y de progreso; sistemas políticos abiertos, democráticos y representativos en nivel global; un sistema de comercio internacional y economía con beneficios a todos los participantes; una fuerte fe en América, que pueda liderar una respuesta colectiva ante las crisis mundiales (Estados Unidos de América, 1993: 3).

Como puede observarse, se dan valores de proyección global y se asume que los países que componen la comunidad internacional pueden seguir los dictados de la política exterior estadounidense.

Se destaca el programa de defensa, estableciendo los elementos fundamentales de la estrategia de defensa nacional: "disuasión y defensa estratégica, presencia adelantada, respuesta a las crisis, reconstitución" (pp. 14-15). Sobre la disuasión y defensa estratégica, mantiene el marco de la superioridad nuclear y el establecimiento de un sistema de alarma temprana, manteniendo el control del espacio. Con respecto a la presencia adelantada, se fue modificando en un sistema de "fuerzas de proyección" (*Projection Forces*) a diferencia de la "defensa adelantada" (*Forward Defense*). Esta segunda opción significaba mantener la presencia en todos los países y se optó por la primera, que consistió en estar en apresto para concurrir al compromiso militar.

En lo que hace a la respuesta a las crisis, se da en la capacidad de reacción para evitar que se escale y falle en cuanto a la disuasión del conflicto. Finalmente, sobre la reconstitución se orienta a impedir que los adversarios se militaricen y mantener la disuasión; pero, "si la disuasión falla, mantener la capacidad de recrear una capacidad de combate de nivel global".

Finalmente, en la parte VI, se destaca el deseo de liderazgo a nivel global, así como los diferentes modos que se van a relacionar con los demás estados. Lo que se destaca es la visión que promueve: "buscamos un mundo de cooperación y progreso, no la confrontación; un mundo que no vuelva a estar dividido, pero una comunidad de naciones independientes e interdependientes unidas por valores compartidos" (*ibid.*, p. 21). En esto se destaca que los Estados Unidos no van a aceptar una potencia que pueda arrogarse el sentido de ser orientadora de una política exterior fuerte.

La NSS 2003 resume como aspecto importante la incorporación de la guerra preventiva. Hay que considerar que en los Estados Unidos se estaba bajo la conmoción que había provocado el ataque al World Trade Center el 11 de septiembre de 2001 y se habían iniciado operaciones militares para buscar a las organizaciones que estuvieron en el ataque y aquellos Estados que pudiesen respaldar al terrorismo, *Sponsored States*. Estados Unidos se preparaba, en el marco de la guerra global contra el terrorismo, *Global War on Terrorism* (GWOT), para operaciones militares contra Al Qaeda, e incluso se actualizaban los planes para intervenir en Iraq.

La guerra preventiva merece un estudio detallado, aunque puede generar un punto de aplicación importante, en que Estados Unidos acude a la guerra con supuestos de amenazas que no se han definido aún. Es un tema que excede los marcos de este ensayo, ya que implica considerar las condiciones del *jus ad bellum*, es decir, las condiciones que hacen que una nación acuda a la guerra. Implica acciones antes de que se configuren las amenazas y de que las fuerzas militares del enemigo pudieran dar indicios de poder iniciar una acción contra Estados Unidos.

La Estrategia de Seguridad Nacional del presidente Joe Biden

El presidente Joseph Robinette Biden Jr., conocido como Joe Biden, asumió el 20 de enero de 2021. Unos meses después publicó una NSS interina y, en octubre de 2022, elevó su NSS. Entendemos que han ocurrido eventos importantes para que demorara su confección. Ya que la Estrategia de Seguridad Nacional compromete a los Estados Unidos. Además del fin de las operaciones en Afganistán, el tema más importante del contexto internacional en el que se desempeñó Biden ha sido la guerra de Ucrania, la cual Rusia denomina "guerra de agresión" hacia Ucrania.

Otro último punto importante fue la visita de la presidenta de la Cámara de Representantes, Nancy Pelosi, a Taiwán, el 2 de agosto de 2022, que suscitó reclamos por parte de China. Esta actitud está reflejada en la NSS Interim 2021, donde se afirma el apoyo a Taiwán, "una democracia líder y un socio crítico en economía y seguridad, en línea con los extensos compromisos norteamericanos" (Estados Unidos de América. Interim, 2021: 21). Estos hechos generaron inquietudes y exigieron definiciones que lo llevaron a mantener la libertad de acción durante este tiempo.

En el sentido de ampliar las consideraciones sobre la alianza atlántica, se considera que busca promover el ingreso de Suecia y de Finlandia a la North Atlantic Treaty Organization (NATO, Organización Tratado del Atlántico Norte – OTAN), la NSS Interim 2021 no hacía referencia alguna a incorporar países. En esta NSS se busca "reafirmar, invertir y modernizar la North Atlantic Treaty Organization (NATO) y nuestras alianzas con Australia, Japón y la República de Corea" (NSS 2021, 10).

La NSS 2022 de Joe Biden expone amplios intereses en la proyección hacia la dignidad de los derechos humanos (p. 19) y hacia el lugar de las personas, "dentro de los derechos universales de todos los individuos –políticos, civiles, económicos, sociales y culturales–" (p. 12). Lo que genera un interrogante es que no señala la posición de liderazgo global para los Estados Unidos. No está presente la manifiesta posición de liderazgo, aunque se ven manifestaciones de que Estados Unidos sea el elemento que aglutina indicadores de nivel de la democracia y de los valores, aunque no estén totalmente de acuerdo (p. 8). Vale destacar que hay tres elementos que se manifiestan en las NSS: la promoción de los valores, la promoción de democracia y la intención de liderazgo.

En esta NSS se están tratando temas de inclusión y temáticas distintas de seguridad nacional, como también se considera la inclusión de otros sectores y temas de política doméstica. Se desarrolla la intención de empoderamiento, por ejemplo, en las mujeres y niñas, sobre temas de STEM (*Sciences, Technology, Engineering, Mathematics*), que son las variables que ordenan el estudio de las ciencias y permiten acceder al mundo de las metodologías ágiles y de los sistemas. Uno de ellos, por ejemplo, es de la proyección en el campo de las tecnologías espaciales, los sistemas de comunicaciones y la ciberdefensa. Dentro de este tema, incluye consideraciones para la inclusión y las cuestiones de género. En el mismo sentido, está la inclusión de LGBT+ (NSS, pp. 15 y 20). Como se observa, hay un lugar destacado para otras minorías y se incluyen los procesos propios de otras agendas. Vinculado con el esfuerzo en las tecnologías, recalca que Estados Unidos va a atraer y a retener a los mejores talentos del mundo (p. 33), y que además se van a alcanzar acuerdos conformes al sistema STEM para promover la seguridad nacional y la seguridad de la cadena de abastecimiento. En esa línea, se observa una estrategia focalizada en el talento de las personas, en el capital intelectual.

Podemos observar que no se busca el liderazgo en el orden global. Aunque se establece una diferenciación entre las democracias y las autocracias. No se orienta a la confrontación con los otros poderes. Es necesario considerar que, con el fin de la Guerra Fría, Estados Unidos se ha propuesto como uno de los pilares de la gran estrategia "construir la paz democrática", y esto lo va a alcanzar con los otros cuatro pilares: "defender al territorio (*American homeland*) de ataques; mantener un balance de poder favorable; castigar a los actores fuera de la ley (*rogue actors*) e invertir en las prácticas de buen gobierno y alta capacidad en el extranjero" (Miller, 2012: 7). Como puede verse, estos elementos están presentes en las visiones globales de los Estados Unidos y reflejan una acción global. En tal sentido, Miller lo explica desde el sentido de la paz democrática que tiene raíces históricas, como por ejemplo con el Reino Unido, "las democracias no pelean entre ellas" ("Democracies do not fight each other")[5]. Sostiene este autor que esto puede darse porque "ellos ven el mundo y definen sus intereses de modos similares, y aplican normas domésticas de resolución pacífica de las disputas a las relaciones internacionales entre las democracias" (Miller, 2012: 19)

Un tema evidente es acerca de cómo el mundo se ha vuelto incierto, o inestable; por ello hace referencia a las democracias y a las autocracias. Aquí podemos ver el hecho de que surjan otros poderes *–peer competitors*, en el lenguaje de la posguerra de la Guerra Fría–, que se van a medir en orden de *Great Power Competitor* o *Major Power Competitor*. Con respecto a los competidores del fin de la Guerra Fría, se apreciaba que se mantendrían los que tenían entidad en ese momento. El mundo de posguerra de la Guerra Fría no suponía nuevos poderes, aunque podía darse el refuerzo de los antiguos.

En la manifestación actual del sistema internacional, se observa que están presentes y cómo influyen en el ordenamiento de las naciones. Determinados países desplazan sus lazos históricos, y se orientan hacia esas potencias emergentes. Son con los que van a enfrentarse los Estados Unidos, y que incluso van a influir en el desarrollo de las intenciones de integración. Por ello, se puede afectar la influencia de Estados Unidos, y llevar a los Estados orientados con los Estados Unidos (o la Unión Europea) a inclinarse con uno de ellos o con todos. En este sentido, podemos apreciar que

---

5 Aquí se abre un campo de estudio, y se trata de confrontar y ahondar en la preservación de paz kantiana, la de la Paz Perpetua. Esta consideración se da en contraposición con las doctrinas realistas, tendientes a la lucha dentro del poder o las doctrinas neorrealistas, acerca del sistema de autoayuda. De allí que las democracias pueden conformar alianzas.

puede tratarse de la dinámica que se da con los BRICs (asociación de Brasil, Rusia, India y China) o con el diálogo de Rusia con China o con Corea del Norte.

Un tema relevante que podemos observar es que no habla de movimientos o regímenes totalitarios, solamente autoritarios, como también se refiere a autocracias (p. 8), siendo Rusia "una de las autocracias líderes del mundo" (Miller, 2012: 13). Se tiene en cuenta que estas autocracias van a afectar los intereses de Estados Unidos.

Se destaca además que no se va a permitir la intromisión de otras fuerzas en las elecciones de los Estados Unidos. Aquí se puede tener en cuenta la posible influencia de Rusia en el resultado final de las elecciones en las que Donald Trump fue ganador y se atribuyó vínculos con Rusia.

Otro punto que puede verse es la fortaleza de las relaciones civil–militares, que son una constante de la administración de los Estados Unidos. Esto se ha visto desarrollado a partir de la Goldwater-Nichols Act, pero en la responsabilidad de definir el empleo de las Fuerzas. Tengamos en cuenta que la Goldwater-Nichols hace referencia a la asignación de fuerzas. Pero que los *Combatants Commands* van a desarrollar planes que son del nivel operacional. Por debajo de los niveles de la estrategia, en subordinación a la estrategia y de acuerdo a los objetivos, los medios, las intenciones y las restricciones que impone la gran estrategia.

En este caso, como sostienen Balzacq, Dombrowski y Reich, la NSS se ubica en un nivel superior, y lo que llega a una determinación es lo que establecen los comandos operacionales y es lo que va a llamar *Calibrated Strategies* (Balzacq, Dombrowski y Reich, 2019: 38). Esto lo podemos observar en que, según estos autores, la estrategia de seguridad nacional hace referencia a *Ways*, *Means*, and *Ends* (Balzacq, Dombrowski y Reich, 2019: 5). En tal sentido, la NSS hace referencia a los modos en que se emplean los recursos.

Dentro de esta consideración, surgen las estrategias y los modelos operacionales, esto es, la traducción de los objetivos estratégicos en acciones operacionales, definiendo el modo como se van a ejecutar las campañas. De allí se derivan las tácticas, que son las que constituyen la ejecución de la batalla y los combates. Los medios van a hacer referencia a los recursos que se emplean, que comprometen al poder nacional. Los fines van a ser los que establezca la política, esto es, el presidente como comandante en jefe, y puede o no tener injerencia el Congreso.

En la NSS 2022, Joe Biden establece dos tendencias críticas: "Se eleva la competencia entre democracias y autocracias, y [...] se comparten cambios –se pueden llamar cambios transnacionales– que no respetan las fronteras y afectan a todas las naciones" (p. 9), incluyendo Estados Unidos. En tal sentido, manifiesta la ambigüedad en la que se desarrollan las relaciones internacionales, señalando que el mundo es ahora un punto de inflexión (p. 12). Esto se va a indicar en las condiciones que van cambiando principalmente con el avance chino en Europa Central y Occidental.

En estas condiciones, se determina la posibilidad de llevar el sentido claro de los Estados Unidos a otros países, teniendo en cuenta la promoción de los valores. Y en la búsqueda de asegurar valores compartidos y políticas compartidas. Para ello, referencia a las regiones y expresa las prioridades con cada región. En tal sentido, se puede observar que Estados Unidos evidencia su visión hacia sus aliados democráticos en Europa y en la región indopacífica y a socios democráticos aun cuando "ellos no estén de acuerdo en todas las cuestiones" (p. 8). Esto lleva a la consideración de la paz democrática y a su vigencia en la proyección global.

En lo que respecta a las potencias nucleares, puede hacer una proyección de tener que enfrentar a dos potencias nucleares en el 2030, sin especificar cuáles serán estas. Con este enfoque se modifica el ambiente estratégico de las Fuerzas de proyección en la capacidad de enfrentar a más de dos potencias regionales (Two MRC, *Main Regional Conventional Contingencies*). De este modo, se manifiesta la orientación de la NSS, donde se superan esas posibilidades de conflicto. La doctrina posterior a la Guerra Fría se orientaba a las fuerzas convencionales, en la actual se deriva a las potencias nucleares.

De acuerdo a lo expuesto, podemos sintetizar la afirmación de que el mundo está en un punto de inflexión, "The world is now at an inflection point". Para ello, tienen que insistir en la competencia con China y la amenaza aguda que es Rusia, gestionar cambios, tales como el cambio climático, las pandemias y las turbulencias económicas (p. 12).

En este modelo, promueve su doctrina militar, entendida como "disuasión integrada", la que contiene integraciones dentro del gobierno, y se señalan posibilidades de competencias. Por ello, le asigna cinco atributos de la integración: integración de áreas dominantes; integración a través de las regiones; integración a través del espectro del conflicto; integración a través del Gobierno corporativo; integración con los aliados y socios (p. 22). Con ello, se finaliza la actividad, tendiente a establecer una materia en seguridad e integración abierta que se aleje de la actual, muy cerrada.

En el discurso del 19 de octubre de 2023, detalla los resultados de la visita a Israel y luego retoma la cuestión de la guerra de Ucrania. Por ello, continúa afirmando elementos que son de fondo en cuanto a que "Hamas y Putin representan diferentes amenazas, pero tienen esto en común. Ellos quieren aniquilar completamente una democracia vecina, completamente aniquilarla..." (Biden, 2023). En tal sentido, se desarrolla lo que promueve su visión hacia el compromiso de los Estados Unidos, y lo que ha afirmado en su NSS 2022 sobre el punto de inflexión.

A modo de cierre

Los Estados Unidos han sistematizado la NSS tendiente a definir sus intereses después de la Segunda Guerra Mundial y a mantener su posición de liderazgo global, como promotor de valores y de modelo democrático, al finalizar la

Guerra Fría. El hecho de que Estados Unidos desarrollara el documento de la Estrategia de Seguridad Nacional hace que otras potencias sigan este modelo y formalicen las propias.

En este marco, se da un desarrollo de las agencias que diseñan la Estrategia de Seguridad Nacional y que se ponen en práctica tanto por parte de los gobiernos como de las agencias y corporaciones civiles. En ellas se incrementan nuevos dominios de proyección, tal como es el ciberespacio. Este aspecto va a generar nuevamente una originalidad y un recorrido por las sendas estratégicas para lograr una posición ventajosa sobre los adversarios. De allí que consideramos se incluya el diseño de STEM en la NSS de los Estados Unidos. Aunque, por otro lado, se enfocan en conflictos que presumen un gran incremento de destrucción y de afectación a las poblaciones civiles. En tal sentido, se van a dar condiciones similares a las encontradas al finalizar la Guerra Fría.

Finalmente, el entorno que se configura, mencionado como el punto de inflexión, lleva atributos muy variados –tales como feminismos, colectivos LGBT, población civil, niños, capital intelectual e internacionalización del conocimiento, entre otros– que llevan a comprender su posición en el diseño de las estrategias. Estos influyen en los programas de gobierno, en las organizaciones internacionales y en el lugar que toman las academias. Por ello, se incrementa la necesidad del desarrollo de los estudios de seguridad internacional y de los estudios internacionales. Esto es, no limitado solamente al área de defensa.

Referencias bibliográficas

Balzacq, T., Dombrowski, P., & Reich, S. (Eds.) (2019). *Comparative Grand Strategy: A Framework and Cases*. Oxford: Oxford University Press.

Chin, J. J., Skinner, K., & Yoo, C. (2023). Understanding national security strategies through time. *The Strategist, 6*(4), 104-124.

CNN Politics (2023, 19 de octubre). Biden's remarks on wars in Ukraine and Israel. Recuperado de cnn.it/40lZdyQ (consultado el 22 de octubre de 2023).

Estados Unidos de América (2021, 16 de agosto). Declaraciones del presidente Biden sobre Afganistán. *The White House*. Recuperado de lc.cx/fBdP-R (consultado el 20 de octubre de 2023).

Estados Unidos de América (1986, 1.º de octubre). *Goldwater–Nichols Department of Defense Reorganization Act of 1986*. Washington D. C.: Public Law 99-433.

Estados Unidos de América (1993, enero). *National Security Strategy of the United States*. Washington D. C.: The White House.

Estados Unidos de América (1994, julio). *National Security Strategy of the United States*. Washington D. C.: The White House.

Estados Unidos de América (2021, marzo). *National Security Strategy of the United States. Interim*. Washington D. C.: The White House.

Estados Unidos de América (2022, enero). *National Security Strategy of the United States*. Washington D. C.: The White House.

Griffin, C. J. (2023). Dilemmas of dominance: George H. W. Bush to Barack Obama. En H. Brands (Ed.), *The New Makers of Modern Strategy: From the Ancient World to the Digital Age* (pp. 869-894). Princeton & Oxford: Princeton University Press.

Hooker Jr., R. D. (2016, diciembre). American grand strategy. En R. D. Hooker (Ed.), *Charting a Course: Strategic Choices for a New Administration* (pp. 1-16). Washington D. C.: National Defense University.

Miller, P. D. (2012). Five pillars of American grand strategy. *Survival, 54*(5), octubre-noviembre.

Nemfakos, C., Blickstein, I., McCarthy, A. S., & Sollinger, J. M. (2010). *The Perfect Storm: The Goldwater-Nichols Act and Its Effect on Navy Acquisition*. Santa Monica: RAND Corporation.

Estados Unidos: capacidades y regiones en las Estrategias de Seguridad Nacional (2002-2019)

Rodrigo Campos Winkler

Resumen

Este ensayo examina la importancia de seis áreas geográficas (hemisferio oeste, Europa y Eurasia, África subsahariana, Oriente Próximo, centro y sur de Asia y este de Asia y el Pacífico) para la política exterior estadounidense, a partir de la recopilación de datos sobre las veces que cada región es mencionada en las Estrategias de Seguridad Nacional de las Administraciones Bush, Obama y Trump. Para luego contrastar la importancia dada por los Estados Unidos con la relevancia intrínseca de cada una de estas áreas según sus capacidades materiales.

Palabras clave

Estrategia de Seguridad Nacional, Obama, Bush, Trump, importancia, relevancia, China, Rusia, Medio Oriente.

Abstract

This essay examines the importance placed by U.S. foreign policy on six geographic areas (Western Hemisphere, Europe and Eurasia, Sub-Saharan Africa, Near East, South and Central Asia, and East Asia and Pacific).

Starting with a quantitative analysis, collecting data on how many times each region is mentioned in the National Security Strategy presented by the Bush, Obama, and Trump administrations. The importance given by each administration is then compared with the intrinsic relevance of each one of those geographic areas according to their material capabilities.

Keywords

National Security Strategy, Obama, Bush, Trump, importance, relevance, China, Russia, Middle East.

Introducción

La política exterior de los Estados Unidos (EE. UU.) siempre ha estado moldeada por sus intereses estratégicos en las diferentes latitudes; su condición de potencia global y su influencia derivada lo han hecho emerger en el sistema internacional como aquel que puede influir en el panorama político, económico y de seguridad de todas las regiones en el globo. La relevancia de las distintas áreas geográficas para la política exterior estadounidense ocupa un lugar muy importante en la doctrina y ha sido estudiada tanto por científicos como por hacedores de política.

En este sentido, la política de seguridad es aquella que ha sido materia de análisis de los principales autores de esta disciplina, es por esto por lo que este trabajo elige la perspectiva de seguridad y en particular intenta insertar al lector en hacia dónde ha estado orientada esta política de seguridad en las diversas administraciones.

Para esto se elaboró un doble enfoque en la investigación; el primero de estos, el cuantitativo, se basa en la recopilación de datos sobre las veces que cada región es mencionada en las Estrategias de Seguridad Nacional

(NSS por sus siglas en inglés) de 2002 a 2019, un período que abarca tres administraciones presidenciales. Por otro lado, la pata cualitativa evalúa la distribución de las capacidades materiales de cada región. Estas capacidades incluyen el tamaño de la población, el poderío económico, el poder militar y el poder tecnológico. Este objetivo se buscará cumplir a partir de la utilización del proyecto Correlates of War (CoW), el cual ofrece un índice compuesto de capacidades nacionales (CINC, por sus siglas en inglés) diseñado específicamente para capturar la relevancia estratégica a partir del cálculo de proporción de capacidades nacionales para cada país, y por ende la suma de estos, las capacidades de cada región[1].

En este trabajo se examinará la relevancia de seis áreas geográficas para la política exterior estadounidense: el hemisferio occidental, Europa y Eurasia, África subsahariana, Oriente Próximo, centro y sur de Asia y este de Asia y el Pacífico. Para establecer los límites de cada región, se adoptó la definición exhaustiva del Departamento de Estado[2], el cual organiza las áreas geográficas en correspondencia con sus seis "departamentos regionales".

---

1 Se eligió seguir la metodología de Malamud y Schenoni, quienes excluyen a las grandes potencias en el cálculo de capacidades materiales de cada región (en el periodo que estudiar: China y Estados Unidos).

2 Departamento de Estado de los Estados Unidos (15 de septiembre de 2024). *Countries and Areas List.* En lc.cx/gWmwD4.

Figura 1. Áreas geográficas según el Departamento de Estado de los EE. UU.

Fuente: elaboración propia con base en datos extraídos del Departamento de Estado de Estados Unidos.

El siglo XXI inició marcado por la creencia de ser un periodo de hegemonía estadounidense casi imperturbable; "el fin de la historia", escribía Fukuyama. Sin embargo, al poco tiempo de comenzar el periodo, encontramos una de las tragedias más importantes de la historia de este país, los sucesos del 11 de septiembre de 2001 mostraron a la sociedad –muy de cerca– cuáles son los costos de ejercer esta hegemonía.

La transnacionalización de sus intereses conllevó una globalización de su despliegue, desde lo militar hasta lo cultural, pasando por lo político, económico e incluso ambiental, esa amplia gama de objetivos contiene en sí un costo considerable, que luego el trumpismo rezongaría a sus aliados que le sea subsidiado a un hegemón golpeado por *shocks* internos y externos.

Regiones en la Estrategia de Seguridad Nacional

Para iniciar este proceso, se debe contar con una aclaración, el índice CINC de CoW utilizado por esta investigación incorpora la capacidad material, la cual es definida en tres dimensiones (Singer, Stuart Bremer y Stuckey, 1972; Singer, 1988):

a. demografía, la cual incorpora la población total que cada Estado controla con mayor o menor éxito, sumado al número de personas que viven en aglomeraciones urbanas;
b. capacidad industrial, esta dimensión incorpora consumo industrial de energía y producción de hierro y acero; y, por último,
c. capacidad militar, la cual toma personal activo de las fuerzas armadas, excluyendo reservas y toda fuerza paramilitar, y gasto en lo militar de los últimos cinco años.

Por otro lado, la definición de los términos que acercan las nociones de cada región a la hora de analizar la importancia de estas en cada NSS ha sido definida por el autor con base en acuerdos regionales y tratados de relevancia, aspectos geográficos (principales minerales, *commodities*, ríos, mares, océanos y puntos de interés global), actores no gubernamentales (ONG, actores no legales y gobiernos subnacionales), y temas de coyuntura global y regional.

Primera administración de Bush. Expandir el orden liberal como clave para salvaguardar la seguridad

De esta manera, ingresamos al año 2002 en la administración de George W. Bush, la cual publica *The National Security Strategy of the United States* posterior al atentado del 11 de septiembre. Sorprendentemente, la atención reposa en lo que el Dpto. de Estado hoy llama *Europa y Eurasia,* con alrededor de 68 menciones a lo largo de la NSS, a partir de un énfasis sobre la posición de acercamiento y la búsqueda de insertar a Rusia al orden liberal (ej. ingreso a OMC) y el compromiso de la administración Bush para con sus aliados tradicionales, con ansias de que estos se incorporasen a la guerra contra el terrorismo aplicada. En este sentido, se observa que la segunda región más nombrada es *Este de Asia y el Pacífico,* a partir de la mención de China (18) como crucial en el crecimiento económico norteamericano, se empezaba a conformar la dependencia para con el gigante asiático, además de poner el foco en una apertura del régimen luego de su adhesión a la Organización Mundial del Comercio.

Figura 2. Número de menciones en la NSS del año 2002 (por regiones)

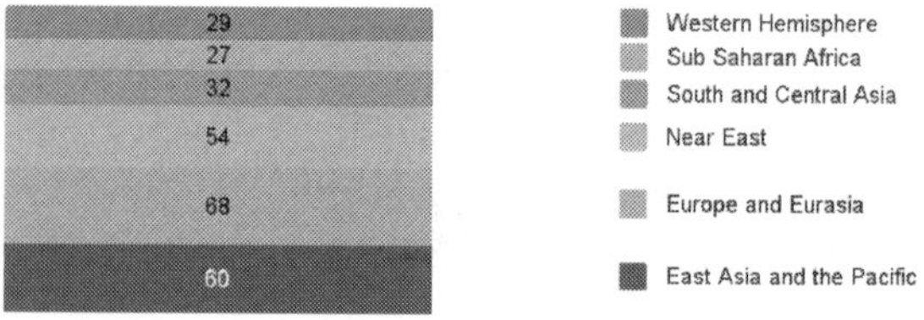

Fuente: elaboración propia con base en datos extraídos de lc.cx/O2Tlfp.

Lo interesante son la tercera y cuarta región más nombradas, *Oriente Próximo* (54) y *Centro y Sur de Asia* (33), respectivamente, que incorporan en ellas el substrato del terrorismo declarado como enemigo en esta administración. No es sorpresa que el término "terrorismo" haya sido el más mencionado en esta NSS (30 veces de manera directa); lamentablemente, al tratarse de un actor ilegal, no es tenido en cuenta en el cálculo del CINC que veremos en esta segunda etapa y genera que Oriente Próximo caiga en importancia relativa. En la región Asia Central y del Sur, se menciona múltiples veces a India como potencial gran actor del siglo y la importancia de generar un intercambio fluido y estable como punto de acceso a la región.

El *hemisferio occidental* se nombra 29 veces, con un énfasis central en la cuestión migratoria y demás temas de frontera; la NSS incorpora en esta problemática a la Organización de Estados Americanos y busca, a partir de ella, generar soluciones, se menciona la idea de construir un hemisferio democrático, seguro y próspero, y, de la misma manera, se tocan posicionamientos sobre integración económica. Por otro lado, *África subsahariana* es mencionada tan solo 27 veces, la mayoría de estas detrás de objetivos humanitarios.

En coherencia con aquella área con mayor número de menciones en la NSS, se observa que *Europa y Eurasia* concentran el 26 % de las capacidades materiales nacionales según el índice CINC; sin embargo, se ve una distribución equitativa de estas. Debido a que la región identificada como *Este de Asia y el Pacífico* suma el 18 %, con una salvedad, a partir de la metodología elegida, se excluye a China (13 %) de lo regional. Entonces, de no ser por esta distinción metodológica, encontraríamos una relevancia alta en términos relativos del área con un 31 % en total. Esta región concentraba también gran parte de la atención de la NSS de la administración Bush, ubicándose en segundo lugar.

Figura 3. Distribución de capacidades materiales por región en el año 2002 (excluidas grandes potencias)

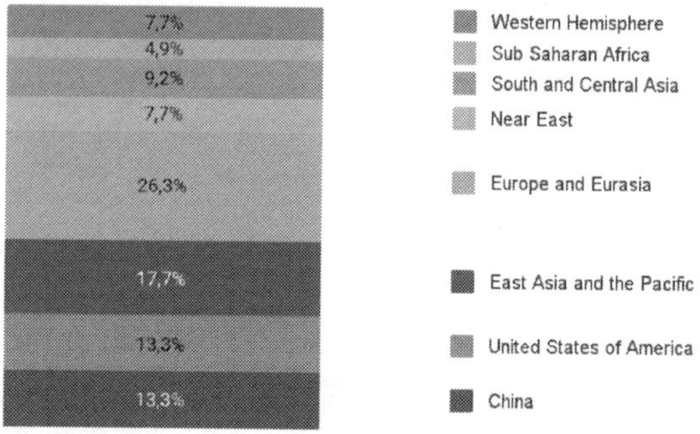

Fuente: elaboración propia con base en datos extraídos del proyecto Correlates of War.

El proyecto CoW identifica a Estados Unidos con 13 % de las capacidades materiales y ubica a lo que denominamos "hemisferio occidental" con 8 %, en sexto lugar en términos de relevancia, en coherencia también con la atención que le brinda la NSS. Aquí seguimos la misma lógica presentada en el párrafo anterior, con la inclusión de la potencia global EE. UU., el hemisferio occidental concentraría alrededor de 23 % de las capacidades materiales, superado en relevancia de esta manera por Europa y Eurasia.

Relegados se encuentran así el *sur y centro de Asia*, naciones que concentran únicamente el 11 % de las capacidades materiales, ubicándose en tercer lugar al quitar del juego a las grandes potencias, y quinto al incorporarlas. La NSS entonces contiene una coherencia a raíz de que esta región se encuentra en cuarto lugar en términos de menciones.

Sin embargo, es aquí donde la NSS, debido a su agenda doméstica –o debido a que el índice utilizado no incorpora a las fuerzas paramilitares en su cálculo–, encuentra en su importancia resultados disímiles a la relevancia que le da el índice. Estados Unidos en el año 2002 consideró a *Oriente Próximo* como la tercera región en importancia para su seguridad, mientras que CoW la posiciona a niveles del hemisferio occidental (8 %).

Con menor importancia se observa la región de *África subsahariana*, la cual incorpora al cálculo solamente el 5 % de las capacidades, en una total correlación con lo que plantea la NSS, que nombra al área tan solo 27 veces.

De esta manera, es posible afirmar que, a pesar de tener un énfasis central la lucha contra el terrorismo, marcada en su atención en la NSS (término más mencionado) y la búsqueda de afianzar la relación con sus aliados tradicionales, la estrategia de la gestión Bush encuentra puntos de conexión fuertes con la relevancia que muestran las capacidades materiales regionales. Sin embargo, se posiciona desde una perspectiva más liberal, con el objetivo de desplegar la democracia y globalizar el orden internacional originado por Bretton Woods.

Segunda administración de Bush. *La lucha contra el terrorismo*

Encontramos una gran diferencia en este segundo documento de la administración Bush, esta NSS publicada en 2006 concentra una mayor atención hacia el terrorismo y los conflictos en Medio Oriente, lo que ubica a *Oriente Próximo* como aquella región, por diferencia, con mayor número de menciones en la NSS (175); de esta manera, en el preludio del proceso de las primaveras árabes, la administración encontraba un potencial estallido y un riesgo potencial de que células iraquíes generasen ataques terroristas.

Figura 4. Número de menciones en la NSS del año 2006 (por regiones)

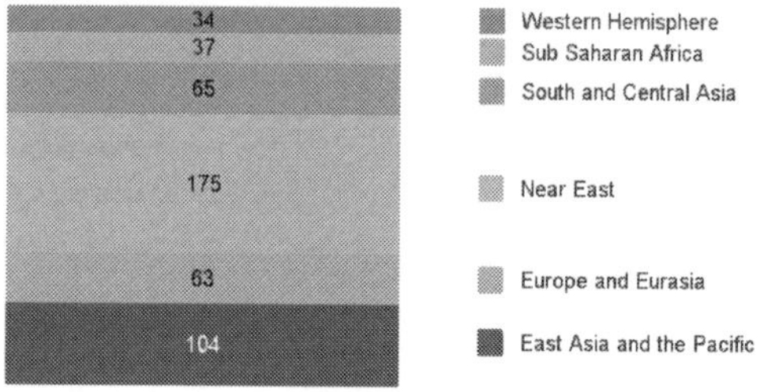

Fuente: elaboración propia con base en datos del Departamento de Defensa.

En segundo lugar en importancia, se ve al *Este de Asia y el Pacífico* (104 menciones), esta área es acarreada a partir de la mayor relevancia de China como punto de atención norteamericano. De esa manera, el *centro y sur de Asia* (67) y *Europa y Eurasia* (63) se posicionan en tercer y cuarto lugar respectivamente, el primero apuntalado por la presencia de Afganistán y Al-Qaeda como destinatarios de mucha atención –25 menciones entre ambos–. Europa y Eurasia encuentran su importancia por la inclusión de Rusia al régimen liberal y la relevancia intrínseca que contiene la OTAN.

Relegados encontramos al *hemisferio occidental* y, una vez más, a *África subsahariana,* estos mantienen la misma atención recibida en la anterior NSS, el continente americano incorporó nociones de migración y controles a los carteles de droga; y los últimos encuentran su importancia en la carencia de derechos humanos fundamentales que viven sus poblaciones.

De esta manera, al observar la distribución de capacidades materiales, se percibe en el primer lugar relativo a Europa y Eurasia con 24,3 %, misma región que ocupaba el cuarto lugar de importancia en cuanto a menciones en la

NSS. En la distribución encontramos una gran fracción en China (15,8 %) y al resto del *este de Asia y el Pacífico* (16,4 %), hallamos así una gran porción de las capacidades (32,2 % aproximadamente) en esta región, la cual estaba en segundo lugar en los objetivos de seguridad de EE. UU.

Figura 5. Distribución de capacidades materiales por región en el año 2006 (excluidas grandes potencias)

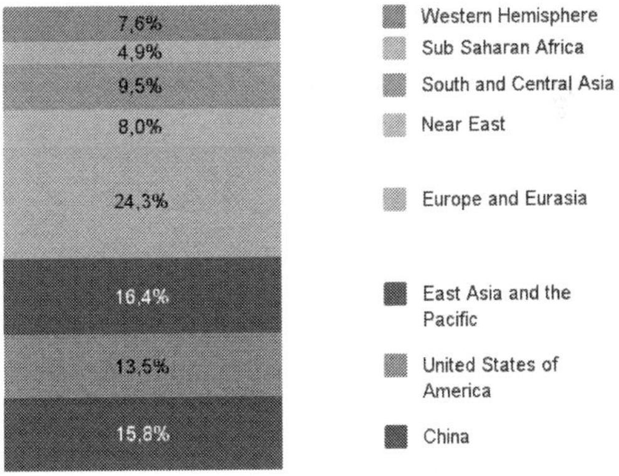

Fuente: elaboración propia con base en datos extraídos del proyecto Correlates of War.

Siguiendo el razonamiento, los Estados Unidos concentraban el 13,5 % de las capacidades materiales, en tanto el resto del continente americano, el 7,6 %, ubicándose en el penúltimo lugar relativo. Esto demuestra que la región no solo fue relegada por la política exterior estadounidense, sino que también encuentra una pérdida importante de su relevancia intrínseca.

De lugar trascendente, y con un leve crecimiento en el índice, las regiones *Oriente Próximo y centro y sur de Asia*, las cuales acumularon 8 % y 9,5 % de la distribución de las capacidades materiales, ubicándose en cuarto y tercer lugar. Estas se revistieron de una importancia mucho mayor en la política de seguridad de la administración Obama, clarificada en la cantidad de veces que estas áreas fueron mencionadas en la NSS del año 2006.

El segundo periodo de la administración Bush observa el crecimiento de China en sus capacidades materiales, la presencia de nuevos polos de poder en el hemisferio occidental y el Indopacífico; sin embargo, la necesidad y la presión doméstica tienen un papel decisivo en la definición de su política de seguridad, manteniendo una atención especial hacia el Oriente Próximo, iniciando así un periodo de sopeso interméstico en la política de seguridad.

Primera administración Obama. El fin de la lucha contra el terrorismo

Con el cambio de color político en la Casa Blanca, la administración Obama presenta su NSS en el año 2010, justo antes del estallido de las primaveras árabes, el consecuente inicio de la guerra civil en Siria y la intervención de OTAN en Libia, entre otros sucesos que tuvieron lugar en *Oriente Próximo* en la década del 2010; no es casualidad, entonces, el mantenimiento –a pesar del cambio de administración– de la importancia de esta región en esta NSS, que es mencionada 143 veces en el documento, liderando en lejanía a las demás.

Le sigue, con menos de la mitad de las menciones, *Europa y Eurasia* (54); la agenda dominada por el mantenimiento de las relaciones entre los "aliados tradicionales", golpeados por la crisis del 2008, ocupa gran parte de esta agenda. Por otro lado, la relación con Rusia fue punto de atención en este documento, debido a encontrarse en un periodo donde los países emergentes comenzaron a fortalecerse. Por último, hay múltiples llamamientos a fortalecer la idea de no proliferación de armas de destrucción masiva.

Figura 6. Número de menciones en la NSS del año 2010 (por regiones)

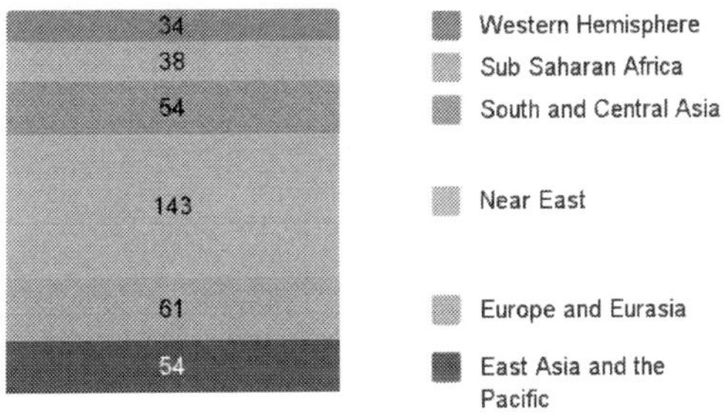

Fuente: elaboración propia con base en datos del Departamento de Estado de Estados Unidos.

En tercer lugar, podemos evidenciar, con una pérdida de importancia relativa, al *Este de Asia y el Pacífico,* mencionada 54 veces. Apalancada por la presencia de China, sobre la cual la administración Obama, al igual que al resto del mundo emergente, posa su atención. Siguiendo esta lógica encontramos al *sur y centro de Asia,* concentrando el mismo número de menciones en esta NSS, empujado claramente por la atención que prestó la administración a Afganistán y Pakistán.

Relegados se encuentran, una vez más, el *hemisferio occidental* y *África subsahariana,* con 34 y 38 menciones, respectivamente. La primera región suma relevancia por la mención del problema migratorio y de los emergentes México y Brasil; por su parte, en la segunda, se observa una búsqueda de sostener la creciente institucionalización de derechos fundamentales en África y la inclusión de Sudáfrica a partir de su posicionamiento como emergente.

A la hora de estudiar las capacidades materiales, cabe destacar un crecimiento de alrededor de tres puntos porcentuales de China en la comparación 2006-2010. Mientras que en el mismo periodo Estados Unidos cayó aproximadamente un 0,5 %.

En términos regionales, en cuanto a distribución de las capacidades materiales, encontramos una continuidad con Europa y Eurasia a la cabeza; sin embargo, sufre una disminución de tres puntos en su tajada –porcentaje que se puede hallar en el crecimiento de China–, entonces hallamos cierta coherencia entre la importancia observada en la región por la NSS y la relevancia relativa de esta. Le sigue el *este de Asia y el Pacífico*, con un relativo mantenimiento de su porción, manteniendo la NSS una correlación.

Figura 7. Distribución de capacidades materiales por región en el año 2010 (excluidas grandes potencias)

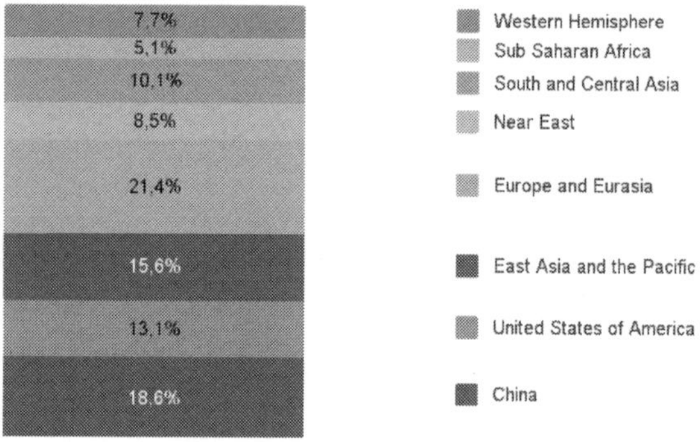

Fuente: elaboración propia con base en datos extraídos del proyecto Correlates of War.

En tercer lugar, se puede evidenciar al *sur y centro de Asia*, región que compone el 10,1 % de las capacidades materiales, observando un crecimiento de 0,6 puntos porcentuales con respecto al año de publicación de la anterior NSS, la administración Obama la encuentra cuarta en importancia por orden de menciones, observando así una conexión clara entre la distribución de capacidades y la importancia en la NSS.

En cuarto lugar, se observa a la región con mayor número de menciones en la NSS, *Oriente Próximo*, que concentra tan solo el 8,5 % de las capacidades materiales mundiales, mostrando así el mantenimiento del sopeso de la política interna y el antiterrorismo en la política de seguridad de Obama. Relegados, al igual que en la importancia dentro de la NSS, se encuentran el *hemisferio occidental* y *África subsahariana*, con 7,7 % y 5,1 % de las capacidades materiales globales, con una caída de la primera y un aumento de la segunda.

La administración Obama, al menos en su primer periodo, mantiene una correlación entre la importancia aplicada a cada región en su NSS y la relevancia que estas tienen según el índice CINC, con la salvedad –que también implica un mantenimiento de una lógica anterior– de la importancia otorgada a *Oriente Próximo*, demostrando que la agenda interméstica parecer ser una cuestión que no conoce de partidos.

Segunda administración Obama. Lo humanitario importa, pero no tanto

La segunda NSS de la administración Obama se publicó en el año 2015, casi al final de su segunda gestión. Esta rompe una lógica anterior a partir de la reducción de la atención prestada a Medio Oriente, a pesar de la apertura de la *Primavera Árabe*.

De esta manera, encontramos en primer lugar a *Oriente Próximo* (110 menciones), con una reducción paulatina; los sucesos anteriormente mencionados impactan poco en la agenda de seguridad de los Estados Unidos; sin embargo, se observa un elemento diferenciador, la NSS nombra por primera vez al ISIS como organización, conllevando una identificación del grupo de una manera que solo la había tenido la organización Al-Qaeda hasta ahora.

Lo sigue el *este de Asia y el Pacífico*, con 87 menciones, a partir del posicionamiento de China como potencia regional –o incluso global–, y la hipótesis de conflicto latente en el mar meridional chino.

Figura 8. Número de menciones en la NSS del año 2015 (por regiones)

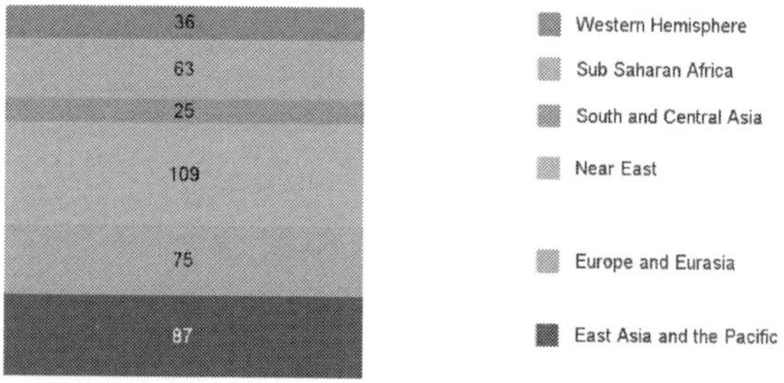

Fuente: elaboración propia con base en datos del Departamento de Defensa de Estados Unidos.

En tercer lugar, se encuentran *Europa y Eurasia*, que cuentan con un número mayor de menciones en la NSS (75, 14 más que la anterior), a partir de la irrupción de trabajos en conjunto con socios europeos en Siria, Yemen, la cuestión Crimea, entre otros, se entiende el crecimiento en importancia de esta región para los Estados Unidos.

En cuarto lugar, se posiciona, con un casi el doble de menciones (63), *África subsahariana*, región destinataria de ayuda humanitaria en este nuevo proceso, a partir de las crisis suscitadas por la epidemia del ébola, y la política de derechos humanos fundamentales encarada en este segundo periodo de la administración demócrata. La región *hemisferio occidental* mantiene el nivel de importancia dentro de la NSS con 36 menciones. Relegada queda ahora la región *centro y sur de Asia*, con tan solo 25 menciones.

En términos de la distribución de capacidades materiales, China mantiene su crecimiento alcanzando el 20,6 % de la distribución de esta; en el mismo periodo, Estados Unidos encuentra una disminución de 1,2 puntos porcentuales (13,1 %).

En lo que a regiones refiere, a pesar de una reducción de sus capacidades, se mantiene el liderazgo de *Europa y Eurasia* con 19 %, y sigue *el este de Asia y el Pacífico*, con 15,6 %, que mantiene el sendero de un crecimiento paulatino. Estas conservan su lugar solo por debajo de Oriente Medio en cuanto a importancia para los Estados Unidos.

Figura 9. Distribución de capacidades materiales por región en el año 2015 (excluidas grandes potencias)

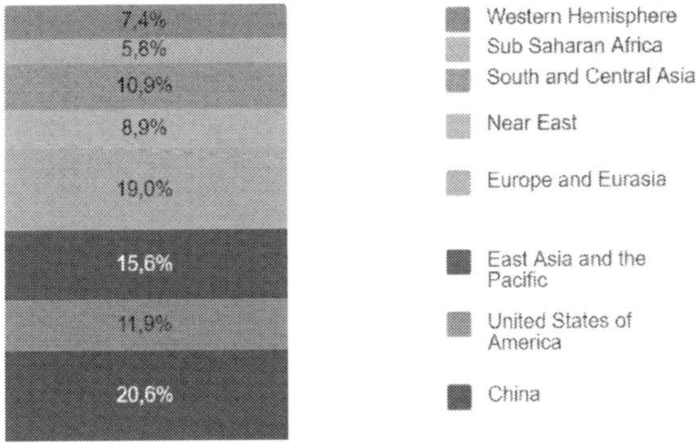

Fuente: elaboración propia con base en datos extraídos del proyecto Correlates of War.

En tercer lugar, se evidencia al *sur y centro de Asia*, el cual mantiene su crecimiento alcanzando el 11 % de la distribución de capacidades, área relegada al último lugar en importancia en la NSS. Seguida por *Oriente Próximo*, que con 8,9 % supera al *hemisferio occidental* (7,4 %) y al *África subsahariana* (6 %).

De esta manera, se observa un acercamiento de la NSS de la segunda gestión de la administración Obama más ideologizada y centrada en cuestiones humanitarias, además de la cuestión *Medio Oriente* y el frágil equilibrio del mar Negro, que muestran un alejamiento con la distribución del poder internacional; ejemplo de este proceso es la poca atención prestada al *centro y sur de Asia*, que concentra, en términos relativos, aproximadamente la misma cantidad de capacidades materiales que los Estados Unidos y no capta la atención de la política de seguridad. Lo que nos deja con una postura más cercana a un idealismo que al sopeso interméstico previo, sin dejar de observar el desarrollo del juego geopolítico.

Administración Trump. El realismo del America First

Con la llegada de Trump a la Casa Blanca, imaginamos múltiples cambios, incluso este publicó su NSS al poco tiempo de asumir. Su cosmovisión incluye una nueva competencia en el liderazgo internacional, enfocada en China, a raíz de la crisis interna hacia dentro de la sociedad norteamericana; del mismo modo, ofrece un levantamiento de mirada hacia el *Lejano Oriente*, concentrándose así en el Pacífico y el Sudeste Asiático.

En términos concretos, la NSS nombra al *este de Asia y el Pacífico* 102 veces, arrebatándole el foco principal a *Oriente Próximo* (77 menciones) después de 15 años. China y Corea del Norte comprenden 44 menciones, número similar a todo el *hemisferio occidental* (un cambio de postura). Entre los actores con más importancia en Oriente Medio, encontramos un actor relegado en NSS anteriores, *Irán* (17).

Figura 10. Número de menciones en la NSS del año 2017 (por regiones)

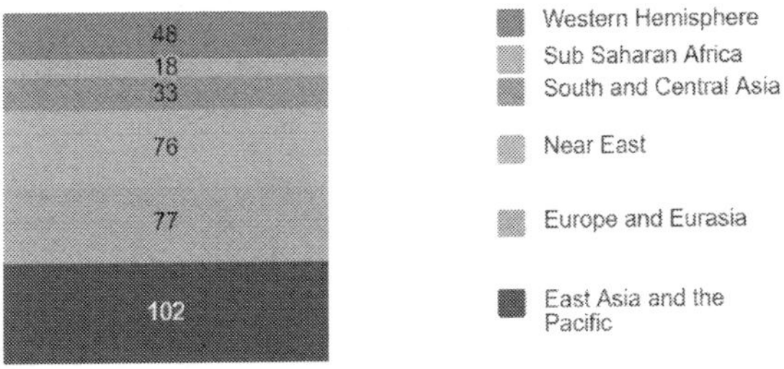

Fuente: elaboración propia con base en datos del Departamento de Defensa de Estados Unidos.

Por otro lado, *Europa y Eurasia* mantienen su importancia relativa al insertarse con 77 menciones en la NSS, apuntalado por los comentarios sobre Rusia (22); el *hemisferio occidental* aumenta su presencia, ubicándose cuarto, siendo 45 veces mencionado, manteniendo las temáticas de narcóticos y migración como principales destinatarias de atención.

A pesar del crecimiento de India y de la retirada de tropas de Afganistán, la región del *sur y centro de Asia* fue nombrada tan solo 33 veces por la estrategia de seguridad de la administración Trump. Por último, *África subsahariana* fue nombrada tan solo 18 veces en esta oportunidad, punto más bajo en todas las estudiadas; las temáticas tenidas en cuenta encuentran un énfasis en el refuerzo de las instituciones de gobierno como mecanismo para solucionar la crisis humanitaria que genera las oleadas de refugiados.

El último índice CINC publicado no nos entrega datos para el año 2017, pero esta investigación accedió a los datos del año anterior, se entienden como válidos al tener en cuenta que este es el panorama que observa la administración Trump para generar su NSS, estos valores no difieren en gran medida a los presentados en el año 2015, y entonces no tendremos grandes cambios en la distribución.

Sin embargo, podemos evidenciar una mayor correlación en la importancia atribuida por la NSS y la relevancia a partir de la distribución, si incorporamos a China (20,7 %) a la región de este de Asia y el Pacífico (15,6 %), podemos ubicar en esa área geográfica el 36,3 % de las capacidades materiales, explicando así el énfasis dado por Trump a esta área en su estrategia, además de posicionar a China como una potencia global y ya no como una emergente.

Europa y Eurasia siguen captando alrededor de un quinto de las capacidades materiales, lo cual confirma la atención de la administración republicana hacia sus aliados tradicionales y hacia una Rusia cada vez más cercana a un poder regional que a una potencia en declive. El *sur y centro de Asia* mantiene ese número de 11 % cercano a la porción estadounidense calculada por el índice; sin embargo, el trumpismo relega a la región, un claro ejemplo de este proceso es la retirada de tropas de Afganistán; EE. UU. comienza a alejarse de la región luego de 15 años.

Figura 11. Distribución de capacidades materiales por región en el año 2016 (excluidas grandes potencias)

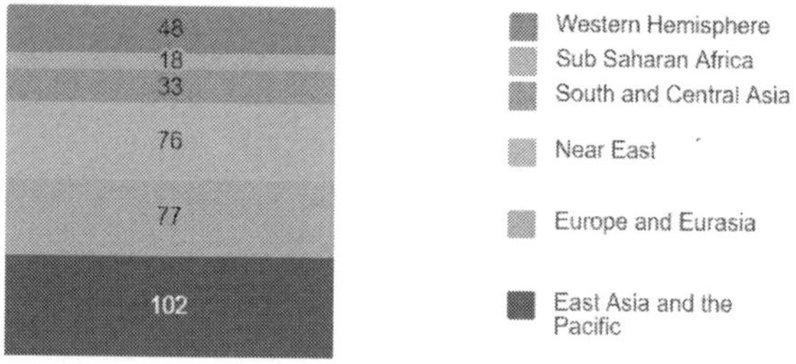

Fuente: elaboración propia con base en datos extraídos del proyecto Correlates of War.

Proceso similar se observa en *Oriente Próximo* y *África subsahariana*, con un retroceso relativo en la distribución y la identificación de nuevos objetivos; pierde, además de la atención de Estados Unidos, la relevancia internacional. Caso aparte para un *hemisferio occidental* cada vez menos relevante a nivel internacional, pero con una demanda de atención continua hacia los Estados Unidos a partir de las problemáticas que comparten, migración, renegociación NAFTA, comercio de narcóticos, entre otros.

Esta administración deja de lado los conceptos humanitarios y la lucha contra el terrorismo para enfocarse en las cuestiones de índole interna inmediatas, migración, narcotráfico, y pone el foco en el Sudoeste Asiático –sobre todo en China– y en Rusia. De esta manera, el *trumpismo* se acerca a una *realpolitik*, con la atención hacia las potencias emergentes, algunas ya posicionadas como actores globales, comprendiendo que es con ellas la disputa por el liderazgo en la arena global.

Conclusión

Este trabajo ha tomado en cuenta las NSS de cinco administraciones, cada una de las cuales contiene una cosmovisión del mundo diferente y, por lo tanto, juzgan distinto a las regiones del mundo. Sin embargo, todas tienen algo en común: observaron la pérdida relativa de relevancia de los Estados Unidos y el crecimiento de cooptación de capacidades materiales de las potencias, primero emergentes, y posteriormente globales.

Figura 12. Distribución de capacidades materiales por región (excluidas grandes potencias), 2002-2016

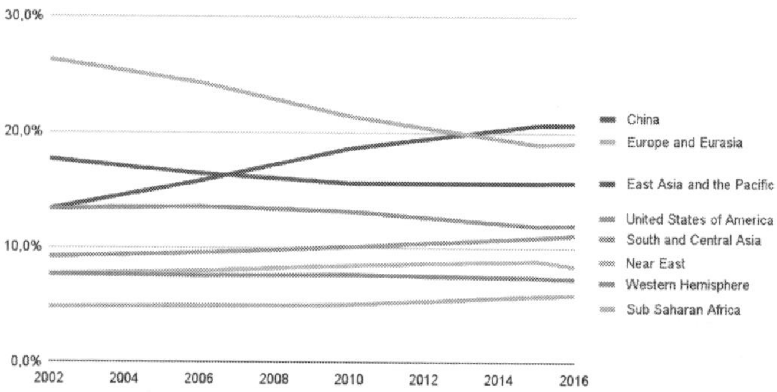

Fuente: elaboración propia con base en datos extraídos del proyecto Correlates of War.

De esta manera, podemos encontrar un hilo conductor en las respuestas dadas por Estados Unidos a la pérdida relativa de poder (Fig. 12), una reacción tardía. Hilo conductor que se puede observar en los títulos de cada uno de los apartados dedicados a estas administraciones, empezando por el primer periodo de Bush, el cual busca solucionar la problemática de seguridad desde un enfoque del globalismo liberal, enfoque que no tiene cabida en el sistema internacional, aunque sí es utilizado por China y Rusia, quienes aprovechan a incorporarse al orden de Bretton Woods sin pagar costos por la demora.

A raíz del fracaso del enfoque globalista, hay un cambio de estrategia para con el terrorismo, la producción de un quiebre unilateral –luego occidental–, actor que gana cada vez más relevancia dentro de la cosmovisión norteamericana; en consecuencia se inserta en un proceso que compromete tanto al segundo periodo de Bush como a la primera etapa de la administración Obama, donde el crecimiento de las potencias emergentes no podía sopesar con las demandas de seguridad de una sociedad estadounidense aún golpeada por el conflicto en Irak y los sucesos del 11 de septiembre. Es por esto por lo que las ambas NSS ponen la atención de lleno en un Medio Oriente que se mantiene relevante, pero a partir del interés de actores externos (China, Rusia, Irán).

Figura 13. Número de menciones en las NSS (por regiones)

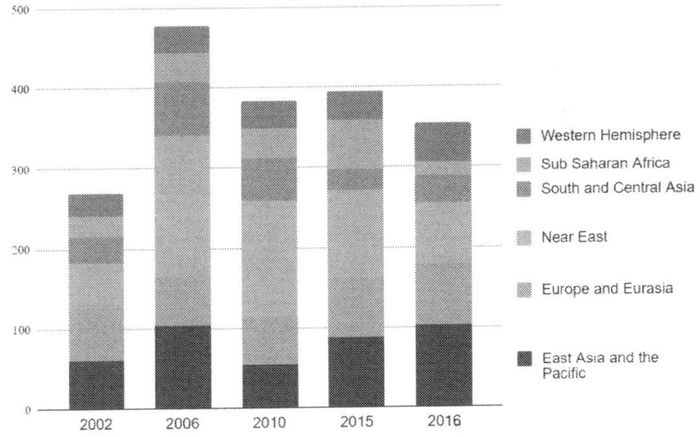

Fuente: elaboración propia con base en datos del Departamento de Defensa de Estados Unidos.

Este peso de la agenda antiterrorista y centrada en Medio Oriente y el norte de África culmina con un proceso cercano al idealismo en la segunda etapa de la administración Obama, que observa al continente africano golpeado por las epidemias, la pobreza y la falta de instituciones, y también al mundo que estaba en terapia intensiva luego de la crisis financiera del 2008; sin embargo, la administración Obama posicionó a Rusia como una amenaza para el delicado equilibrio en Europa del Este y a China como un potencial actor global.

Este proceso de reconocimiento de la situación en la arena internacional desemboca en la administración Trump, la cual inserta un discurso confrontativo hacia una China gigante según el índice CINC; además se observa un alejamiento cabal de Medio Oriente, una reversionada importancia de Europa cercana a la confrontación con Rusia, y reposa la vista en los problemas de frontera, fomentando una protopolítica hemisférica.

Aunque se puede afirmar que Estados Unidos reacciona tarde a los cimbronazos de la arena internacional en este periodo, este autor considera que es consecuencia del ejercicio de la hegemonía. La globalización de sus objetivos y responsabilidades abrió el camino a una gran presión desde el plano interno que obligó a ingresar en un complejo escenario como la guerra contra el terrorismo, guerra larga e intensa que mantuvo la atención del hegemón, mientras que otras piezas han ido creciendo. Dando lugar al escenario actual de potencial caída en la tan mencionada *trampa de Tucídides.*

Referencias bibliográficas

Allison, G. (2021, 21 de junio). The Thucydides Trap: Are the U.S. and China Headed for War? *The Atlantic*. Retrieved from bit.ly/4hlyaJR.

Bush, G. W. (2002). *The National Security Strategy of the United States*. White House.

Bush, G. W. (2006). *The National Security Strategy of the United States*. White House.

Departamento de Defensa de Estados Unidos (n.d.). *National Security Strategy*. Recuperado de lc.cx/iUNTC4.

Fukuyama, F. (1989). The End of History. *The National Interest, 16*, 3-18.

Huntington, S. P. (1993). The Clash of Civilizations? *Foreign Affairs, 72*(3), 22-49. Recuperado de bit.ly/4045Ynx.

Obama, B. (2010). *National Security Strategy*. White House.
Obama, B. (2015). *National Security Strategy*. White House.
Schenoni, L., & Malamud, A. (2021). Sobre la creciente irrelevancia de América Latina. *Nueva Sociedad, 291*, 65-79.
Singer, J. D. (1988). Reconstructing the correlates of war dataset on material capabilities of states, 1816–1985. *International Interactions: Empirical and Theoretical Research in International Relations, 14*(2), 115-132. Recuperado de bit.ly/4jiry0D.
Singer, J. D., Bremer, S., & Stuckey, J. (1972). Capability Distribution, Uncertainty, and Major Power War, 1820 –1965. En B. Russett (Ed.), *Peace, War, and Numbers* (pp. 19-48). Beverly Hills, CA: Sage.
Trump, D. (2017). *National Security Strategy*. White House.

IMEC, la nueva Ruta de las Especias

La estrategia geopolítica de India y EE. UU. para contener la Ruta de la Seda

JUAN JOSÉ CESCHAN

Resumen

Para contrarrestar el impacto económico y geoestratégico de la Ruta de la Seda, la India, junto con los Estados Unidos de América, la Unión Europea, el reino de Arabia Saudita, Alemania, Francia, Italia y los Emiratos Árabes Unidos, han suscripto el Corredor Económico India-Medio Oriente-Europa (IMEC), conocido como la "Nueva Ruta de las Especias". Este proyecto se ofrece como una novedosa alternativa a la Belt and Road Initiative (BRI) china, que viene sufriendo críticas por su falta de transparencia y sus manifiestas pretensiones hegemónicas a costa de la soberanía de otros Estados. Así, IMEC se presenta como la oportunidad estratégica para que la India asegure su rol de líder regional y para que los Estados Unidos de América logren mantener el *statu quo* del escenario global.

Palabras clave

IMEC, India, EE. UU., estrategia, geopolítica, Ruta de la Seda, Ruta de las Especias.

Abstract

To counter the economic and geostrategic impact of the Silk Road, India, along with the United States of America, the European Union, the Kingdom of Saudi Arabia, Germany, France, Italy, and the United Arab Emirates, has signed the India-Middle East-Europe Economic Corridor (IMEC), also known as the "New Spice Route". This project is offered as a novel alternative to the Chinese Belt and Road Initiative (BRI), which has been criticized for its lack of transparency and manifest hegemonic pretensions at the expense of the sovereignty of other States. Thus, IMEC is presented as a strategic opportunity for India to ensure its role as a regional leader and for the United States of America to maintain the statu quo on the global stage.

Keywords

IMEC, India, USA, strategy, geopolitics, Silk Road, Spice Route.

Consideraciones preliminares

En 2013, el presidente de la República Popular China, Xi Jinping, lanzó Belt and Road Initiative (BRI), también conocida como One Belt, One Road (OBOR), o, simplemente, la "Nueva Ruta de la Seda". Esta iniciativa emergió como un ambicioso proyecto de infraestructura que pretendía conectar a China con Asia, Europa y África, buscando ampliar la influencia china a través de inversiones masivas en grandes obras en varios países, generando tanto oportunidades como desafíos para las naciones involucradas.

Sin embargo, las pretensiones de esta iniciativa estratégica también han ocasionado preocupaciones. Especialmente, la República de la India y los Estados Unidos de

América (EE.UU.) han expresado inquietudes sobre la naturaleza geopolítica y económica de la BRI, incluida la posible dependencia de los países receptores de inversiones respecto a China, y las múltiples dudas acerca de la transparencia en los acuerdos financieros del proyecto.

En contraposición a la BRI, India y EE. UU. han estrechado lazos durante la segunda década del siglo XXI, colaborando estratégicamente para, entre varios otros objetivos, contrarrestar la influencia china en la región. El contexto de la sinergia entre ambos actores es la presencia de un gobierno firme en la India, que mantiene desde 2014 una política exterior de asociación o acomodamiento (Ceschan, 2019) con el hegemón mundial, y una mirada proactiva hacia su vecindario, con una marcada vocación de liderazgo regional[1].

Por su parte, las últimas administraciones estadounidenses vienen desarrollando una política exterior de contención hacia el avance chino en el mundo. La rivalidad por mantener la primacía internacional, que algunos han bautizado como "guerra comercial EE. UU.-China", ha hecho necesario que Washington implemente estrategias para contener a Beijing. A propósito de esto, el editor en jefe de la revista *Foreign Policy* ha llegado a afirmar que "la política exterior estadounidense, [...] en pocas palabras, consiste en cualquier cosa que fomente los intereses estadounidenses contra China" (Inamdar, 2023).

Así, en la pasada cumbre del G20 de 2023 en Nueva Delhi, India y EE. UU. establecieron una nueva alianza estratégica bilateral para materializar la sinergia existente y, a su vez, poder contrarrestar la influencia china. Esta alianza (que no se agotó meramente en lo bilateral, sino que fue extendida luego a otros actores estatales) busca ser una

---

1 Narendra Modi, premier de la India durante los períodos 2014-2019 y 2019-actualidad, viene impulsando una política exterior hacia la región de Asia del Sur llamada *Act East Policy*, que consiste básicamente en generar espacios de consenso y de cooperación económica entre los distintos actores estatales de la región.

alternativa basada en principios de transparencia, sostenibilidad y respeto a la soberanía de los países receptores de inversiones. India, con su ubicación geográfica estratégica, y EE. UU., con su capacidad financiera y tecnológica, ansían ofrecer una opción más equilibrada y diversificada a los países que anhelan desarrollo económico a través de la infraestructura, lo cual, quizás, pueda entenderse como una renovación de la vieja Ruta de las Especias[2].

La Nueva Ruta de las Especias

En el marco de las negociaciones que suscitó la cumbre del G20 de 2023 en Nueva Delhi, la República de la India y los Estados Unidos de América suscribieron un Memorando de Entendimiento (MoU, por sus siglas en inglés) junto a la República Federal de Alemania, la República Francesa, la República Italiana, la Unión Europea (UE), los Emiratos Árabes Unidos y el Reino de Arabia Saudita, con el fin de conformar un corredor geoestratégico que resulte útil para "estimular el desarrollo económico mediante una conectividad e integración económica entre Asia, el Golfo Pérsico y Europa" (MoU, 2023).

Así, nació el Corredor Económico India-Medio Oriente-Europa (IMEC, por sus siglas en inglés), auspiciosamente llamado como "Nueva Ruta de las Especias", la iniciativa de conectividad y desarrollo impulsada principalmente por la alianza entre la India y EE. UU. y con la colaboración de los países de Medio Oriente y Europa antes mencionados.

---

2 Durante el siglo XV, el mercader europeo Marco Polo realizó numerosos viajes a Asia con el objetivo de trazar una ruta que le permitiera comerciar, entre otros bienes, especias exóticas y seda, principalmente por tierra. Asimismo, durante el siglo XVI, el navegante Vasco da Gama hizo lo propio, pero por ruta marítima.

El IMEC se basa en la geografía estratégica de la India, que actúa como un puente entre Asia, Medio Oriente y Europa. Este corredor busca principalmente fortalecer la conectividad regional a través de obras de infraestructura, mejorar el comercio, la inversión y la cooperación económica en diversos sectores (tales como el de la tecnología, la salud y la educación), y proveer seguridad energética y alimentaria a los países participantes[3].

El IMEC puede verse como la contrapartida estadounidense a la BRI, el proyecto de construcción de infraestructura que conecta a China con el Sudeste Asiático, Asia Central, Rusia y Europa (y que muchos llaman la "Nueva Ruta de la Seda") (Inamdar, 2023). De esta manera, en un marcado paralelismo entre iniciativas, el IMEC podría considerarse como la "Nueva Ruta de las Especias", pues el origen del corredor económico sería precisamente la República de la India, el mercado de especias por excelencia a nivel global.

Durante la jornada de suscripción del MoU[4], el 10/09/2023, el premier de la India, Narendra Modi, aseguró que el IMEC va a constituir un nuevo capítulo en la conectividad global y el desarrollo sustentable. Posteriormente, en una transmisión radial, agregó que pretende convertirse "en la base del comercio mundial durante cientos de años" (Inamdar, 2023). Por su parte, la actual administración de EE. UU. también demostró interés, sabiendo que "se trata de un proyecto multimodal de conectividad para vincular el subcontinente indio con Europa a través del Golfo [...] que no solo contempla dimensiones físicas, como redes

---

3 El MoU suscrito en Nueva Delhi categoriza como "participantes" a los Estados involucrados en el IMEC.

4 El MoU que da vida al IMEC "es escaso en detalles" (Inamdar, 2023). En efecto, solo está compuesto por seis párrafos bien concisos. Sin embargo, el texto alcanza para mencionar a los Estados participantes, los sitios por los que discurrirán los corredores físicos, los objetivos del proyecto y los compromisos asumidos.

ferroviarias y marítimas, sino también digitales y financieras" (Proto, 2023).

Como puede verse en la figura 1, el IMEC conectará la India al golfo pérsico a través de una ruta marítima; conectará también distintos puntos de Medio Oriente a través de las vías férreas; luego, saliendo por Israel (esquivando, pues, el canal de Suez), llegará a Europa por vía marítima, habiendo conectado nueve países a su pasar (India, Emiratos Árabes Unidos, Arabia Saudita, Israel, Jordania, Grecia, Italia, Francia, Alemania).

Estos tramos de conexión por vía terrestre y marítima constituyen los dos grandes corredores del proyecto: el Corredor Este, que conectará la ciudad india de Mumbai (ex-Bombay) con las ciudades emiratíes de Jabel Ali y Al Ghuwaifat y con la ciudad saudí de Haradh; y el Corredor Norte, que discurrirá por las ciudades saudíes de Riyadh (Riad) y Al Haditha, por la ciudad israelí de Haifa y la ciudad griega de El Pireo (WION, 2023), y que arribará finalmente a la ciudad portuaria de Hamburgo, en el norte de Alemania.

Mencionando las características técnicas del IMEC, es posible afirmar que cuenta, desde el principio, con alrededor de veinte mil millones de dólares de inversión del reino saudí (Moneycontrol, 2023) y con un fuerte impulso de parte de Italia –que, consecuentemente con su participación en este proyecto, ha expresado su deseo de retirarse de la BRI (Inamdar, 2023)–. Además, el corredor, "de 4.800 kilómetros de longitud, constará de un ferrocarril, redes de barco a ferrocarril y otras rutas de transporte" que permitirán conectar físicamente a "un 40 % de la población mundial" (Rizvi, 2023).

La proyección del IMEC es hacer llegar las mercancías indias desde Mumbai a El Pireo (el puerto más importante del sur de Europa), en tan solo 10 días, reduciendo en un 40 % el tiempo de traslado de mercancías entre India y la Unión Europea, pues se trata de una ruta mucho más corta y ágil que la que cruza el saturado canal de Suez (Proto, 2023).

Como aspectos positivos del proyecto, cabe destacar que el IMEC permitirá a los participantes asegurar la cadena global y regional de suministros, así como la facilitación del comercio y la generación de numerosos puestos de trabajo. Según lo firmado, se espera que IMEC "aumente la eficiencia, reduzca los costos, mejore la unidad económica, genere empleos y reduzca las emisiones de gases de efecto invernadero, lo que resultará en una integración transformadora de Asia, Europa y Medio Oriente" (MoU, 2023).

Como aspectos negativos, se ha dicho que los participantes aún tienen que legislar sobre regulaciones, impuestos y asuntos aduaneros (WION, 2023), ya que, al ser reciente la suscripción del MoU que crea a IMEC, aún no coordinaron esas políticas.

> Luego están también las obvias complejidades geopolíticas [...] por los vínculos entre países socios como EE.UU., Israel y Arabia Saudita, que a menudo no están de acuerdo. El corredor incluirá el puerto de Haifa en Israel [y] competirá con el Canal de Suez, la vía fluvial en Egipto utilizada para transportar mercancías entre Mumbai y Europa (Inamdar, 2023).

En efecto, el IMEC enfrenta otros desafíos significativos además del geopolítico, como el de la imperiosa necesidad de una coordinación efectiva de políticas entre la India y EE. UU. en términos de prioridades estratégicas, financiamiento de proyectos y gestión de expectativas de los países receptores de inversiones. Además, la respuesta de otros actores regionales y globales a esta alianza también puede influir en su efectividad y alcance a largo plazo, cuestión que EE. UU. debe gestionar de manera eficiente, aprovechando que es el hegemón internacional (es decir, posee capacidad de coerción) y el único participante del IMEC sito fuera del área geográfica por la que discurrirán los corredores físicos (este punto, lejos de ser un perjuicio para EE. UU., le garantiza una visión ecuánime del proyecto).

En cuanto a los obstáculos que enfrenta el IMEC, están, primeramente, la guerra en Medio Oriente y otros conflictos vigentes. En efecto, si este proyecto permite mejorar las relaciones de EE. UU. con Emiratos Árabes Unidos y Arabia Saudita, perjudicará a la vez las relaciones con Egipto (Inamdar, 2023). Segundo, la falta de claridad sobre cómo evolucionará la financiación del proyecto (el cual se estima que podría costar hasta ocho mil millones de dólares o el equivalente en euros de siete mil cuatrocientos millones). Tercero, el documento del IMEC establece los compromisos políticos de los participantes, pero no crea ni derechos ni obligaciones bajo el régimen del derecho internacional (MoU, 2023). Cuarto, Arabia Saudita, Emiratos Árabes Unidos e Italia aún están adheridos a la BRI, lo cual evidentemente les traerá aparejado un conflicto de intereses entre ambas iniciativas.

Un talón de Aquiles del proyecto es el hecho de que el puerto griego de El Pireo se encuentre en manos de la naviera China Ocean Shipping Company (COSCO), cedido al país asiático en 2016 por una devastada Grecia inmersa en una crisis de deuda soberana. Por lo tanto, es de esperarse que, si el proyecto IMEC alcanza el éxito pronto, China se vea indirectamente beneficiada por el paso de las mercancías por ese puerto (Proto, 2023).

A todas luces, el asunto de este corredor económico tiene mucha tela para cortar. En efecto, los comentarios de los analistas y de la opinión pública han sido muy variados.

Por un lado, están los detractores del proyecto, quienes opinan que el IMEC no es revolucionario –como sí lo fue BRI en el momento de su lanzamiento–, y que no debe ser leído en forma binaria, es decir, como opción contrapuesta a la iniciativa china (Inamdar, 2023), sino como una alternativa incipiente de la que poco se ha concretado hasta ahora.

Por el otro, también hay quienes sostienen que el proyecto "es nada menos que histórico [ya que] será la conexión más directa hasta la fecha entre la India, el Golfo y Europa" (Proto, 2023), como indicó Ursula von der Leyen

–presidenta de la Comisión Europea– durante el lanzamiento del proyecto. Pese a que la Ruta de las Especias tenga un número menor de miembros que BRI,

> se caracteriza por economías sólidas [...] [que superan] los 42 billones de dólares, de los 105 billones de dólares de la economía mundial. Además, varias de estas naciones son miembros o socios de la OTAN y disfrutan del apoyo de Estados Unidos como superpotencia preeminente del mundo (Rojhelati, 2023).

Ampliando el asunto de los objetivos del IMEC, puede afirmarse que el proyecto persigue, principalmente, la facilitación del comercio (busca reducir barreras comerciales y simplificar los procedimientos aduaneros para volverlo más fluido y eficiente entre los actores involucrados) y la incentivación de nuevas inversiones (útiles para crear empleos y obras de infraestructura que coadyuven al crecimiento económico de los participantes).

Además, IMEC pretende ser un puente que conecte Asia y Europa con los demás polos comerciales y ser referente en materia de desarrollo y exportación de energías limpias, fortalecimiento de la seguridad alimentaria y eficiencia en las cadenas globales y regionales de suministro (WION, 2023). Para volver realidad estos objetivos sostenibles, el proyecto aspira a reducir las emisiones de gases de efecto invernadero (GEI)

> con un cable eléctrico y un oleoducto de hidrógeno limpio para fomentar el comercio de energía limpia entre Asia, Oriente Medio y Europa [y mejorar la conectividad] con un cable de datos de alta velocidad para conectar algunos de los ecosistemas digitales más innovadores del mundo y crear oportunidades de negocio a lo largo del camino (Rizvi, 2023).

Por otro lado, la desaceleración de la economía china ha frenado el impulso inicial que tuvo la BRI, la cual, para más inri, ha sido objeto de críticas tales como tener objetivos subyacentes a sus inversiones para el desarrollo, generar cadenas "sino-céntricas" de valor, corrupción y falta de transparencia y de supervisión financiera sólida, el indeseado avance sobre la soberanía de otros Estados, y un impacto ambiental adverso. Todo esto beneficia colateralmente al IMEC, que se presenta como la gran alternativa ofrecida por Occidente.

El gobierno estadounidense ha expresado reiteradamente sus inquietudes sobre la BRI en torno a la transparencia, el endeudamiento de los países receptores, los estándares ambientales y laborales, así como la expansión de la influencia geopolítica china a través de su iniciativa. A raíz de esto, EE. UU. se encuentra cada vez más interesado en proyectos alternativos, como el IMEC, que promoverá estándares transparentes, sostenibles y basados en la cooperación entre casi una decena de actores estatales y supraestatales (la UE).

Como se indicó anteriormente, el Corredor Económico IMEC pone de manifiesto el interés creciente de EE. UU. por el fortalecimiento de los lazos políticos y comerciales con la India, así como con ciertos países de Europa y Medio Oriente, como parte de su propia estrategia de equilibrio de poder en esas regiones. Sin embargo, su participación directa, que puede enmarcarse en una política de contención de la Ruta de la Seda china, podría depender de varios factores, tales como el mantenimiento de buenas relaciones bilaterales con los participantes y sus propios intereses estratégicos y a largo plazo en el corredor.

En definitiva, a través de un acuerdo "minilateral" (Rizvi, 2023), la India y EE. UU. han proyectado fortalecer su presencia y compromiso en Asia, Medio Oriente y Europa, promoviendo una gran red de cooperación económica que respalde el desarrollo sostenible y minimice los tiempos y costos en las cadenas globales de valor. Para India, el IMEC se presenta como la oportunidad estratégica de asegurar su rol como líder regional. Y para EE. UU., es una herramienta útil para mantener el *statu quo* y lograr estabilidad geopolítica.

Consideraciones finales

El IMEC representa un esfuerzo significativo para promover la integración económica y la colaboración entre regiones geográficamente distantes, pero conectadas por intereses comunes. Al aprovechar la posición geográfica de India como un punto central entre el Medio Oriente y Europa, el corredor busca impulsar el desarrollo económico y la prosperidad en estas áreas, al tiempo que fortalece la cooperación regional e internacional.

EE. UU. está dispuesto a contrarrestar la creciente influencia de la BRI en el escenario global mediante estrategias alternativas. No obstante, debido a que el contexto geopolítico actual es adverso (principalmente, en Medio Oriente), EE. UU. deberá valerse de sus vínculos históricos con ciertos actores estatales y desarrollar otros nuevos para ampliar su margen de maniobra en una zona tan lejana. Así, busca que el fruto de su alianza estratégica con India devenga en la construcción de la "ciudad indoeuropea" (Wang, 2023), producto de la estrategia geopolítica y militar estadounidense para asegurar la paz en el Indopacífico.

En conclusión, cabe afirmar que el IMEC representa un esfuerzo conjunto de EE. UU. y la India para contrarrestar la influencia de la BRI en Asia y en Europa. El corredor, que aspira a ofrecer una alternativa más equitativa, "justa" y transparente en el desarrollo de las obras de infraestructura y en la promoción de la cooperación internacional, se presenta como una novedosa iniciativa que será útil para mantener la estabilidad geopolítica y el *statu quo* de la hegemonía en un escenario global cada vez más dinámico y competitivo.

Más aún, pese a su reciente fecha de lanzamiento, el IMEC ya ha sido considerado incluso como el proyecto geoeconómico y geoestratégico más grande del siglo XXI por su enorme potencial para contrarrestar la hegemonía china y ubicar a la India en el mapa global (WION, 2023). En efecto, si las elevadas ambiciones esbozadas en Nueva Delhi se volviesen realidad, harían del planeta un sitio más seguro y habitable (Inamdar, 2023).

Referencias bibliográficas

Ceschan, J. J. (2019). *La República de la India en el Gobierno de Narendra Modi: Política Exterior de Asociación y Cooperación Sur–Sur.* Tesis de grado no publicada, presentada para optar por el título de Licenciado en Gestión de Negocios Internacionales. Universidad Nacional de Rosario (UNR). Rosario, Santa Fe, Argentina.

Covering MEA (2024). *India-Middle-East-Economic-Corridor-Activity*. LinkedIn. En lc.cx/Ar5MXn.

Inamdar, N. (2023.10.04). *El corredor India-Europa respaldado por EE.UU. que quiere rivalizar con la Nueva Ruta de la Seda de China*. BBC News. Consultado en marzo de 2024. En lc.cx/MOVZzg.

Indonordicassociation3 (2015/06/29). INDIA's Spice Route v/s CHINA's Silk Road. Blogspot. Consultado en marzo de 2024. En lc.cx/qWEfPL.

Moneycontrol (2023, 13 de septiembre). India-Middle East-Europe Economic Corridor Explained | Why IMEC Is Bigger & Better Than China's BRI. Archivo de video. YouTube. En lc.cx/FlQC-n.

NEWS9 Live (2023, 11 de septiembre). India-Middle East-Europe Economic Corridor: What is the New Spice Route IMEC? [Archivo de Video]. YouTube. En lc.cx/4Pu46w.

Proto, L. (2023, 21 de septiembre). Llega el IMEC: un corredor para acabar con una de las mayores anomalías del comercio global. *El Confidencial*. Consultado en marzo de 2024. En lc.cx/QcqgGg.

Rizvi, O. (2023, 15 de diciembre). From India to Europe: What opportunities and challenges will the new corridor bring? Euronews.com. Consultado en marzo de 2024. En lc.cx/WP3kmo.

Rojhelati, Z. (2023, 17 de septiembre). Spice Route; A Bitter Pill for Iraq to Swallow. Research Center. Consultado en marzo de 2024. En lc.cx/Onm4tI.

Memorandum of Understanding on the Principles of an India – Middle East – Europe Economic Corridor (MoU). September 10th, 2023. The White House. Consultado en marzo de 2024. En lc.cx/_bJmlX.

Wang, M. (2023, 18 de septiembre). El "corredor económico"... ¿Logrará competir con la "Franja y la Ruta" china? Al Mayadeen. Consultado en marzo de 2024. En lc.cx/oSJee_.

WION [Molly Gambhir] (2023, 16 de septiembre). Gravitas Plus: India-Middle East-Europe Economic Corridor Explained | Can IMEC counter BRI? [Archivo de Video]. YouTube. En lc.cx/oSJee_.

La visión de política exterior estadounidense en el Indopacífico

"Estrategia del Indo-Pacífico de Estados Unidos 2022"

Ana Victoria Marini Wierna

Resumen

Este artículo tiene como objetivo analizar la visión de la política exterior de Estados Unidos hacia el Indopacífico centrándose en un documento específico, "Estrategia del Indo-Pacífico de Estados Unidos 2022". Además, busca examinar la aplicación de tal documento en relación con la política exterior norteamericana hacia la República de la India. A tales efectos, se analizará el concepto de Indopacífico y su importancia y la visión de las últimas tres administraciones en la Casa Blanca al respecto. El artículo concluirá presentando la estrategia del Indopacífico como un componente clave de la política exterior norteamericana y sus implicancias para la relación entre Estados Unidos e India.

Palabras clave

Estados Unidos, estrategia, Indopacífico, India, política exterior.

Abstract

This article aims to analyze the United States' foreign policy vision toward the Indo-Pacific, focusing on the Indo-Pacific Strategy 2022. Furthermore, it seeks to examine the application of this document concerning US foreign policy respecting the Republic of India. To achieve this, the concept of the Indo-Pacific, its importance and the perspectives of the last three White House administrations will be analyzed. The article will conclude by presenting the Indo-Pacific Strategy as a key component of US foreign policy and its implications for the US-India relationship.

Keywords

United States, strategy, Indo-Pacific, India, foreign policy.

Introducción

Desde finales del siglo XX hasta nuestros días, el eje de la política mundial se estuvo trasladando desde el Atlántico Norte hacia la región del Indopacífico. El fin de la era unipolar estadounidense y la nueva distribución de poder a nivel mundial, con el ascenso de nuevos centros de poder, especialmente de China, ha dado lugar a reordenamientos significativos en el tablero del orden internacional, los cuales se fueron traduciendo en importantes variaciones respecto a las estrategias de política exterior de los distintos países. En las dos últimas décadas, la mencionada relevancia del crecimiento de la región del Indopacífico en los asuntos mundiales y, particularmente, el papel de China, percibido por Estados Unidos como una gran amenaza, determinaron que tal zona del globo fuera considerada como uno de los ejes prioritarios y claves para la política exterior de Washington.

Con base en lo mencionado anteriormente, el presente ensayo estará orientado a estudiar la visión de política exterior de los Estados Unidos en relación con la región del Indopacífico en el marco de los objetivos de la estrategia del Indopacífico del año 2022, como clara expresión de la visión norteamericana sobre la región, y se analizará, específicamente, la visión estadounidense respecto a la India sobre la base de tales enunciados. Para un correcto abordaje de la investigación, primero, será imprescindible hacer aclaraciones conceptuales sobre términos claves como "relaciones internacionales" y "política exterior", así como clarificar la diferencia que existe entre el concepto de región de Asia-Pacífico y región del Indopacífico. Seguidamente, se analizará la importancia de la región para Washington y la perspectiva de la política exterior norteamericana acerca del Indopacífico en las últimas tres administraciones. Para finalizar, se desarrollará la visión de la administración actual con respecto a la región teniendo en cuenta los cinco objetivos postulados en la estrategia del Indopacífico enunciada en 2022, y se expondrá, en un apartado especial, de qué modo la óptica de Washington hacia Nueva Delhi plasma los lineamientos del documento de Estado en cuestión.

Relaciones internacionales y política exterior

Hoy, el mundo es visto como una gran "aldea global", y las redes de interdependencia que existen en ella hacen imposible tanto para los Estados como para otros actores existir y sobrevivir de forma aislada. Así, cada uno de ellos precisa interactuar con otros, desarrollando y fortaleciendo sus relaciones mutuas. Las relaciones internacionales, según la definición de Frederick S. Dunn, "pueden ser consideradas como las relaciones concretas que tienen lugar a través de las fronteras nacionales, o como el cuerpo de conocimientos que tenemos sobre tales relaciones en cualquier momento dado" (citado en Dougherty y Pfaltzgraff, 1993: 24).

Para actuar en ese mundo de las "relaciones internacionales" o de la "anarquía internacional", entendidas en el primer sentido de la definición, los Estados diseñan y emplean su política exterior, la cual es posible definir como "una política pública, así como la forma que tienen los estados de vincularse con el mundo y el conjunto de decisiones gubernamentales que conforman las estrategias y acciones externas de un estado en el mundo" (Turzi, 2017).

En algunos casos, es posible hablar de una estrategia de política exterior, entendiendo a la estrategia como un "principio organizador o modelo conceptual que anima todas las relaciones del Estado con el mundo exterior, con el propósito de protegerse y maximizar sus intereses" (cit. en Balzacq *et al.*, 2019: 8). Así, la formulación de tal estrategia, como la configuración de sus instrumentos y la posterior selección de políticas y tácticas, corresponde a la naturaleza de los intereses de un Estado y a las amenazas que enfrenta (Balzacq *et al.*, 2019).

Indopacífico: un concepto y múltiples intereses

Dentro de esta inmensa región del Indopacífico, es posible identificar distintas caracterizaciones según diferentes actores y sus intereses.

En lo que concierne al trabajo en cuestión, multiplicidad de estudios académicos ponen el énfasis en la distinción entre dos conceptos que hacen referencia a la zona del globo aludida, aunque con ciertas divergencias: el de Asia-Pacífico y el de Indopacífico. En general, se habla de una especie de transición del primer concepto hacia el segundo, basada, principalmente, en intereses geopolíticos y geoeconómicos y, sobre todo, respaldada por la emergencia de nuevas potencias, especialmente la India.

Si bien no existe una definición única y exclusiva ya que cada Estado tiene su propia lectura, Asia-Pacífico es una región geopolítica que comprende a todos los países del continente asiático y oceánico, excepto Mongolia y Rusia, cuyas costas son bañadas por el océano Pacífico.

Ahora bien, aunque tal concepto se sigue empleando, también ha aparecido y cobrado preponderancia la idea del Indopacífico, del cual, al igual que lo que sucede con el anterior, cada país tiene su propia interpretación basada en sus intereses nacionales. Frente a ello, la distinción entre ambas nociones recaería en que la región del Indopacífico hace referencia, fundamentalmente, a la "confluencia de los océanos Pacífico e Índico, que se interconectan en el Sudeste Asiático" (Avdaliani, 2020: 1). Esta idea se respalda y sostiene en el hecho de que

> la gran mayoría de los flujos mundiales de mercancías, pero también los suministros de energía, se transportan a través de rutas marítimas que atraviesan estos dos océanos [...]. En consecuencia, ha ganado importancia geopolítica y geoeconómica durante las últimas dos décadas. Además, muchos actores asiáticos lo ven no sólo como una construcción "puramente" geográfica sino también como una alternativa a la Iniciativa china "Belt and Road" (BRI) (Heiduk y Wacker, 2020: 7).

Sumado a ello, es posible agregar que la noción de Indopacífico representa una clara manifestación de que, más allá de la importancia de la región en general y de ambos océanos, el centro estaría anclado en el Índico, exaltando, a su vez, la relevancia en términos económicos, políticos, estratégicos y de seguridad que ha alcanzado la India en los últimos años.

Por todo lo mencionado, Beijing rechaza ampliamente la idea de Indopacífico, considerándolo un producto de los esfuerzos conjuntos entre Estados Unidos y sus aliados por contener sus crecientes capacidades económicas y militares.

En resumen, si bien no dejan de ser conceptos confusos y diversos según los casos, para este estudio se tomará la idea del Indopacífico como se definió párrafos atrás en cuanto se busca abordarlo desde la visión de la política exterior norteamericana.

Los factores que justifican el foco de Washington en el Indopacífico

El interés que hoy existe en los asuntos externos norteamericanos hacia los países del Indopacífico es relativamente reciente. La política exterior norteamericana ha oscilado a lo largo de la historia, de modo que ha puesto foco en diversas temáticas y en distintas regiones del mundo según los intereses nacionales del país en un determinado periodo.

A modo de síntesis general, la política exterior norteamericana tuvo una larga y marcada tradición de aislacionismo que se quebró tras la primera contienda mundial. A partir de ese momento, y progresivamente, la aparición del país como un actor hegemónico global no pudo evitar mantenerlo alejado y neutral frente a los eventos mundiales. Durante el orden bipolar de la Guerra Fría, el claro objetivo de política exterior fue contener la expansión del comunismo e incrementar el poderío económico y militar norteamericano, pero, al caer el Telón de Acero y disolverse la URSS, el país retomó los legados del internacionalismo liberal. Los ataques terroristas del 11 de septiembre centraron los objetivos de política exterior, particularmente, en la región de Oriente Medio y en las cuestiones de seguridad. Sin embargo, si bien la amenaza del terrorismo que percibe Washington y la atención que le otorga no han acabado, un enorme conjunto de factores determinó la importancia de darles un lugar de privilegio a los asuntos asiáticos en los lineamientos de los asuntos externos estadounidenses.

Para empezar, El Indopacífico alberga más de la mitad de la población mundial, incluyendo más de dos mil millones de personas que viven bajo sistemas democráticos (Blinken, 2021). La región genera el 60 % del PBI global y dos tercios del crecimiento mundial (Blinken, 2021). Y Estados Unidos tiene más comercio con las naciones del Indopacífico en conjunto que con cualquier otra región del mundo (Blinken, 2021).

Sumado a lo anterior, el océano Índico se ha vuelto más importante en términos estratégicos, superando a los océanos Atlántico y Pacífico en cuanto al nivel de actividad y los flujos comerciales. De ese modo, garantizar la seguridad de las vías marítimas desde el mar Rojo hasta el estrecho de Ormuz y el estrecho de Malaca constituye un interés vital y estratégico tanto para Washington como para todos los países de Asia y el Pacífico (Hu y Meng, 2020).

Por otro lado, el auge del poder chino es considerado por los estudios académicos como uno de los factores centrales en el viraje de la política exterior de Estados Unidos hacia el Indopacífico. De hecho, dicho factor es mencionado en los documentos estratégicos y de seguridad norteamericanos como el primer factor que enciende la alerta estadounidense en la región. Washington percibe como una gran amenaza el enorme y veloz crecimiento de la República Popular China, sobre todo en términos económicos, militares y tecnológicos; así como el aumento de sus capacidades para influir y moldear el sistema de gobernanza global. Al mismo tiempo, otro desafío que existe para el país y sus aliados en la región reside en las acciones llevadas a cabo por el régimen de Corea del Norte en relación con su programa misilístico y las pruebas que, en consecuencia, realiza constantemente.

En ese marco de disputa con China y de amenaza norcoreana, es importante destacar que Washington tiene importantes aliados estratégicos en la zona. Las relaciones entre Japón y Estados Unidos han sido firmes desde la Segunda Guerra Mundial, y el país nipón representa un importante aliado para Estados Unidos. Lo mismo se da en el caso de Corea del Sur, fundamentalmente atendiendo a la amenaza norcoreana. Por su parte, Australia ha sido un país destacado en el Indopacífico en cuanto a su alineamiento estratégico con Washington y, también, en cuanto a sus acuerdos comerciales, además de ser un arquetipo en la promoción de los valores democráticos y liberales.

De especial atención e interés es el potenciamiento de la vinculación con la India. Lugar espiritual por antonomasia, aparece, hoy, como una gran potencia emergente, constituyéndose en el país más poblado del mundo. Su capital, Nueva Delhi, al igual que Bombay, su ciudad con más habitantes, representa el eje de un país enormemente rico en términos de naturaleza, cultura y comercio. La cooperación bilateral con esta nación se ha vuelto cada vez más amplia y multisectorial y tiene una gran significación para el posicionamiento norteamericano en esta zona.

A las mencionadas relaciones con potencias importantes de la región, hay que agregar el hecho de que Estados Unidos ha conformado o se ha unido a sólidas alianzas estratégicas en el Indopacífico. Una de las más renombradas es el Diálogo de Seguridad Cuadrilateral (QUAD por sus siglas en inglés) con Japón, Australia e India, impulsado como un foro estratégico "informal" en 2007 por iniciativa del primer ministro japonés, Shinzō Abe. Por mencionar otra, con Australia y Nueva Zelanda posee la alianza ANZUS (acrónimo proveniente de los nombres de los tres países en inglés) con el fin de garantizar la seguridad en el Pacífico Sur.

Para finalizar el apartado, Scott (2018) resume que la estrategia de Estados Unidos hacia el Indopacífico pone de manifiesto tres procesos sucesivos entre sí. En primer lugar, el ascenso de China representa un desafío de "transición de poder" para Estados Unidos. En segundo lugar, la respuesta que Estados Unidos está dando a ese desafío es buscar un "equilibrio", tanto en términos de desarrollar su propia fuerza ("equilibrio interno"), como de fortalecer sus alianzas y asociaciones estratégicas ("equilibrio externo"). Y, por último, las consideraciones de "equilibrio de amenazas" operan no solo para Estados Unidos, sino también para Japón, Australia e India frente a China (Scott, 2018).

La visión estadounidense sobre el Indopacífico: de Obama a Biden

Las relaciones entre los países asiáticos y Estados Unidos, al igual que la participación de este último en los asuntos asiáticos, tienen extensa data. Pero, en lo que respecta al presente trabajo, el punto de viraje de la política exterior norteamericana hacia el Indopacífico ha sido situado, generalmente, por los distintos medios de comunicación y la vasta literatura, en el mandato presidencial de Barack Obama.

En su discurso en Tokio, en 2009, Obama se presentó como el "primer presidente del Pacífico", y durante su mandato el foco de la política exterior fue el "pivote hacia Asia" o el "rebalance" (*rebalancing* en inglés) hacia Asia-Pacífico. Tal política hace referencia a

> un intencionado y declarado giro de la política global de los Estados Unidos hacia la región Asia-Pacífico sobre la base de un concepto estratégico de dominio único que involucra a otros países aliados e interesados, desde posiciones de subordinación, con extensiones de políticas multifacéticas de carácter duro y suave (Monzón Barata, 2017: 18-19).

El océano Índico no fue mencionado explícitamente en los documentos oficiales y de Estado, pero estuvo implícitamente incluido en el concepto de Asia-Pacífico. Es posible identificar esto último, por ejemplo, en el hecho de que, aunque el informe de Estrategia de Seguridad Nacional no adoptó la palabra "Indopacífico", incluyó a la India en la región, enfatizando la necesidad de continuar fortaleciendo la asociación estratégica y económica con tal país (Hu y Meng, 2020).

La llegada de Trump al poder en enero de 2017 y su idea del "America First", donde los intereses estadounidenses y la seguridad nacional eran la prioridad, implicaron una amplia transformación de la política exterior norteamericana llevada a cabo por administraciones anteriores. En el caso de la región asiática, el nuevo gobernante buscaba un nuevo concepto a fin de distinguir su política exterior hacia la región de la de su antecesor. Susan Thornton, entonces subsecretaria de Estado en funciones para asuntos de Asia Oriental, expresó a principios de 2017 que el giro hacia Asia había terminado (Hu y Meng, 2020). En octubre de 2017, el secretario de Estado, Rex Tillerson, presentó una visión de la estrategia estadounidense hacia la región donde señaló, por primera vez, que el Indopacífico, incluido todo el océano Índico, el Pacífico Occidental y las naciones que los rodean, será la parte más trascendental del globo en el siglo XXI (Hu y Meng, 2020).

La victoria electoral del demócrata Joe Biden en las elecciones presidenciales del año 2020 se dio en el marco de la declinación global de Estados Unidos, a su vez, marcada por la coyuntura crítica de la pandemia del covid-19. Frente al desalineamiento programático de los asuntos externos durante la era Trump, el candidato demócrata no pudo evitar pronunciarse sobre la política exterior durante la campaña presidencial. Así, se imponía un nuevo viraje en el relacionamiento externo, "el mantra 'America First' fue sustituido por el eslogan-propuesta "America Must Lead Again" y por su versión más optimista y asertiva 'America Is Back'" (García e Ibáñez, 2020: 180). Estas dos formulaciones reflejaban la visión de Biden sobre el papel de liderazgo que Estados Unidos debía recuperar, el cual, a su vez, debía cimentarse en el restablecimiento de las instituciones internacionales, la revitalización de la red de alianzas y asociaciones "malquistadas" por su antecesor, la utilización de la diplomacia y la modernización de las capacidades militares (García e Ibáñez, 2020).

Dentro de esa formulación, el presidente Biden ha ido construyendo con cautela su política para el Indopacífico, fundamentalmente, con vistas a contrarrestar el auge chino. La última afirmación se erige como el objetivo principal de la política exterior hacia la región, pero es igualmente cierto que, al centrarse en el Indopacífico, Estados Unidos también busca defender y promover el libre comercio, reforzar las alianzas y potenciar los acercamientos multilaterales, cuidando especialmente la relación con la India.

Numerosos discursos del presidente Biden, pronunciamientos de sus asesores y funcionarios de la Casa Blanca, al igual que documentos oficiales, han mantenido esa percepción de China como amenaza y la centralidad del Indopacífico como prioridades en la agenda de política exterior. La Estrategia de Seguridad Nacional (ESN) del año 2022 lo refleja, ve a China como un "desafío de alcance global" e identifica a la región indopacífica como el epicentro de la competencia con el gigante asiático.

Ante lo expuesto, es posible resaltar que las tres administraciones, sin entrar en detalles acerca de las estrategias de cada una de ellas frente al Indopacífico, han visto la puja por el poder frente a China y la potencialidad de la región como temas preeminentes para el relacionamiento externo. Asimismo, el Indopacífico como concepto empieza a emplearse de manera explícita con la administración Trump (2017-2021), para acentuarse y profundizarse en la actual administración.

"Estrategia del Indo-Pacífico de Estados Unidos 2022"

En febrero de 2022, fue publicada la "Estrategia del Indo-Pacífico de Estados Unidos 2022" ("Indo-Pacific Strategy of the United States 2022"). En función de la continuación sobre la idea de la centralidad de la región, vista en el apartado anterior, se puede establecer que el documento tiene como claros antecedentes la política de "*pivot* hacia Asia" de la administración Obama y, también, algunas líneas formuladoras de la estrategia del Indopacífico de la administración Trump.

La estrategia es un documento de diecinueve páginas que esboza el actual lineamiento de la agenda externa norteamericana hacia el Indopacífico, y, como tal, representa una clara manifestación de la importancia que se le está dando a la región.

En ese marco, el documento establece que Estados Unidos perseguirá cinco objetivos en el Indopacífico en concierto con sus aliados, socios e instituciones regionales. Estos objetivos son los siguientes:

1. Avanzar por un Indopacífico libre y abierto. Este punto está vinculado a la larga tradición del internacionalismo liberal norteamericano. Estados Unidos busca ser un socio en el fortalecimiento de las instituciones democráticas, el Estado de derecho y la gobernanza democrática responsable, y, a la vez, busca garantizar que la región permanezca abierta y accesible en términos económicos y que los distintos espacios de dominio sean utilizados de acuerdo al derecho internacional. Por último, incluye la idea de trabajar con sus aliados y socios de la región para promover enfoques comunes respecto a las tecnologías críticas y emergentes, internet y el ciberespacio.

2. Construir conexiones dentro y fuera de la región. El documento apela a modernizar las alianzas de larga duración, fortalecer las asociaciones emergentes e invertir en las organizaciones regionales, entendiendo que la capacidad colectiva es la piedra angular del potenciamiento de la región para afrontar los desafíos del siglo XXI y aprovechar sus oportunidades.
3. Impulsar la prosperidad regional. Los esfuerzos en este objetivo estarían dirigidos a formar una base estrecha de integración económica basada en los principios de libre acceso a los mercados.
4. Reforzar la seguridad del Indopacífico. El argumento detrás de esta afirmación reposa en la idea de una "disuasión integrada" entendida como la integración de los esfuerzos de Estados Unidos y sus aliados en todos los posibles dominios de guerra y conflicto para disuadir o derrotar cualquier forma o ámbito de agresión. Así, Washington busca fortalecer su red de alianzas y asociaciones de seguridad.
5. Construir resiliencia regional ante las amenazas transnacionales. Frente a los nuevos desafíos globales, sobre todo pensando en los riesgos y las amenazas para el medioambiente y la salud, el razonamiento se apoya en desarrollar objetivos, estrategias, planes e iniciativas para mitigar cuestiones como el aumento de la temperatura global, ampliar el despliegue de tecnologías de energía limpia y promover la descarbonización del sector energético.

Navarro Quiñones (2023) expresa que la propuesta del documento resulta integral y orgánica, al mismo tiempo que está configurada para ser ejecutada de manera estable en el tiempo. Además, sostiene que es relevante destacar la notable carga político-ideológica al punto de que la promoción de los valores y de la cultura estadounidenses se tornan una tarea necesaria y un componente imprescindible de sus planes estratégicos respecto a China.

En línea con todo lo mencionado hasta acá:

> Si la doctrina estratégica naval estadounidense está dirigida a disuadir y contrarrestar la creciente presencia china en el Indo Pacífico, la estrategia presentada por la administración del Presidente Joseph Biden define a EE.UU como una potencia Indo-Pacífica, lo que se debe a los intereses económicos y de seguridad nacional que EE.UU concentra en esta región. Pero aún más importante es el hecho de que esta estrategia es claramente definida en términos geográficos al especificar el área sobre el que EE.UU proyecta su acción exterior. Esta incluye el noreste y sudeste de Asia, el sur de Asia y Oceanía (The White House cit. en Vidal Pérez, 2022: 57).

La visión de política exterior hacia la India como expresión de la estrategia hacia el Indopacífico

Mención especial merece la cooperación entre Estados Unidos y la India dado que son el reflejo de esta última en su papel de potencia mundial emergente y del interés rectificado por Estados Unidos en la estrategia del Indopacífico de 2022 por contener al gigante asiático, incrementando y reforzando los lazos con sus aliados sobre la base de los cinco objetivos expuestos anteriormente. En este último apartado, se buscará ver cómo los objetivos enunciados en el documento estadounidense del Indopacífico se rectifican en el lineamiento de la política exterior norteamericana hacia el país del Índico.

El primer objetivo de un Indopacífico libre y abierto encuentra su máximo potencial en la vinculación con la India, particularmente, dado que se erige como la democracia más grande del mundo. Estados Unidos y la India promueven cada vez más una visión compartida para el Indopacífico con base en un liderazgo que garantice que la región siga siendo libre y abierta. Esto ha implicado desarrollar hábitos de cooperación entre ambos gobiernos, incluso en los más altos niveles y al interior de las propias sociedades nacionales (*US Embassy*, New Delhi 2020). La democracia, la diversidad, el compromiso con el orden internacional basado en reglas y la cooperación multilateral, los vínculos entre los pueblos y la asistencia para el desarrollo hacen a Estados Unidos y la India socios naturales (*Integrated Country Strategy* India, 2022).

El propósito de construir conexiones dentro y fuera de la región se refleja en la idea de que, para garantizar la seguridad regional y global, no solamente es necesario reforzar las alianzas estratégicas con India, sino que también resulta imprescindible fomentar un mayor intercambio de información puertas adentro, o sea, en ambas sociedades y en estrecha colaboración con el gobierno indio.

El tercer objetivo de impulsar la prosperidad regional se ha visto respaldado en cuanto ambos países fueron ampliando sus estructuras de diálogo y consulta de alto nivel en el área económica, comercial, financiera y de desarrollo. La "Estrategia de País Integrada India" (*Integrated Country Strategy* India, 2022) expone que Estados Unidos busca expandir el comercio y la inversión para fortalecer la prosperidad equitativa en ambos países, a la vez que se propone aprovechar los talentos innovadores de ambas naciones para ampliar la cooperación en ciencia y tecnología y fomentar el crecimiento económico sostenible e inclusivo.

El cuarto objetivo de reforzar la seguridad en el Indopacífico aplicado a la India se puede distinguir en la idea norteamericana de "apoyar el papel de la India como proveedor de seguridad en el Indo-Pacífico". Fortalecer las capacidades militares, diplomáticas y de respuesta a desastres por parte de la India garantizará que la asociación entre Estados Unidos y esta nación sea una fuerza para el bien global y mejorará el reparto de cargas. Esto también requerirá aplicar la interoperabilidad de las fuerzas mediante entrenamientos, ejercicios y planificación, y se beneficiará de la cooperación industrial en defensa (Integrated Country Strategy India, 2022).

Esta última visión se materializa en la amplia cantidad de tratados de defensa signados por Estados Unidos e India. Los asuntos de seguridad y defensa han alcanzado un gran desarrollo entre ambas naciones, uno de ellos es el mecanismo "Iniciativa sobre Tecnologías Críticas y emergentes" (iCET por sus siglas en inglés), que fue establecido en mayo de 2022 y tiene por objetivo elevar y ampliar la asociación tecnológica-estratégica y la cooperación industrial en defensa entre los gobiernos, las empresas y las instituciones académicas de ambos países (The White House, 2023).

El último objetivo referido a construir resiliencia regional ante las amenazas transnacionales se traduce, para la relación entre Estados Unidos e India, en avanzar en el desarrollo de energías limpias y accesibles y en el trabajo conjunto para la protección de sus territorios y para combatir el terrorismo y otras amenazas. Asimismo, el trabajo conjunto se aplica en materia de salud, "los esfuerzos conjuntos para abordar la pandemia de covid-19 demuestran la importancia de fortalecer la asociación con la India frente a desafíos de seguridad que van desde el medio ambiente hasta los narcóticos y la trata de personas" (Integrated Country Strategy India, 2022: 2).

Gupta (2021) afirma que

> la estrategia estadounidense no era simplemente fortalecer las relaciones con la India, fue una táctica para apuntalar activamente a India con la esperanza de que una India más fuerte económica, militar y diplomáticamente seria beneficiosa para enfrentar el desafío chino (Grupta, 2021: 3).

El documento del Departamento de Estado de los Estados Unidos, Integrated Country Strategy India (2022), expone lo siguiente:

> Mientras Estados Unidos y la India celebran 75 años de relaciones diplomáticas, está claro que el próximo capítulo de la

> Asociación Estratégica Global Integral entre Estados Unidos y la India ayudará a garantizar que ésta sea una relación definitoria del siglo XXI (Integrated Country Strategy India, 2022: 3).

Conclusiones

El tablero del orden mundial que hoy existe revela el valor geopolítico, geoestratégico y geoeconómico que ha adquirido la región del Indopacífico en las últimas décadas. Al mismo tiempo, tal concepto, ambiguo y plagado de múltiples intereses, pone el foco en la centralidad de los países cuyas costas están bañadas por el océano Índico, especialmente, la ineludible relevancia de la India. Desde la presidencia de Obama, la visión de la política exterior de Estados Unidos comprendió tal fenómeno, cuya atención fue en incremento hasta la actualidad.

La "Estrategia del Indo-Pacífico de Estados Unidos 2022" es de crucial importancia como una especie de "hoja de ruta" de los asuntos exteriores estadounidenses en tan relevante zona del mundo. No se debe perder de vista que el factor principal de su elaboración reside en la percepción de amenaza que representa el auge del gigante asiático para Washington. Los cinco objetivos que alcanzar, acompañados por una serie de acciones (que no fueron expuestas en este ensayo), están orientados a minar tal suceso.

En la consecución de tales propósitos, Nueva Delhi es un actor vital. Su peso poblacional y económico, sus avances en materia tecnológica y de defensa y sus tradicionales valores nacionales no han podido evitar que Estados Unidos se mantenga distante.

El futuro sigue siendo muy incierto, pero, si algo está claro, es la trascendencia del Indopacífico en los asuntos mundiales hoy y en los años venideros. De esa manera, posicionar, estratégicamente, la política exterior hacia esa zona emerge como un deber, no solo para los Estados Unidos, garantes del orden internacional por décadas, aunque en un marcado declive, sino también para cada una de las naciones que conforman la comunidad internacional.

Referencias bibliográficas

Balzacq, T.; Dombriwski, P. y Reich, S. (2019). "Introduction: Comparing Grand Strategies in the Modern World". En *Comparative Grand Strategy. A Framework and Cases.* Reino Unido: Oxford University Press.

Blinken, A. (2021). "Un Indo-Pacífico libre y abierto". Discurso en la Universidad de Indonesia. Yakarta, Indonesia. 14 de diciembre de 2021. En lc.cx/igJvHO.

Dougherty, J. E., y Pfaltzgraff, R. L. (1993). *Teorías en Pugna en las Relaciones Internacionales.* Traducido por Cristina Piña. Buenos Aires: Grupo Editor Latinoamericano S.R.L.

García, C. e Ibáñez, J. (2020). "Nuevo internacionalismo en la política exterior estadounidense de la Administración Biden. Balance de 100 días de gobierno". *Anuario CEIPAZ 2020-2021.* En lc.cx/7Ka_IZ.

Gupta, A. (2021). "Nature and Nurture: How the Biden Administration Can Avance Ties with India. Asia Society". En lc.cx/38rnw2.

Heiduk, F. y Wacker, G. (2020). "From Asia-Pacific to Indo-Pacific: significance, implementation and challenges". Berlín: Stiftung Wissenschaft und Politik- SWP- Deutsches Institut für Internationale Politik und Sicherheit. En lc.cx/gwsYFv.

Hu, W. y Meng, W. (2020). "The US Indo-Pacific Strategy and China's Response". *China Review,* 20(3), 143-176. En lc.cx/_y2Cnj.

Indo Pacific Strategy of the United States (2022). The White House. En lc.cx/Gc7Une.

Integrated Country Strategy India (2022). US Department of State. En lc.cx/cOft5J.

Monzón Barata, P. (2017). "Apuntes sobre la política de pívot de Estados Unidos en Asia Pacífico y la normalización de Japón". *Revista de Estudios Estratégicos*, (4). En lc.cx/lSy4rl.

Navarro Meza, M. (2009). "Política Exterior y Política de Defensa. Una Cercanía Esquiva". *Revista Política y Estrategia*, (114).

Navarro Quiñones, J. (2023). "La Estrategia del Indo-Pacífico de EE. UU., reflexiones tras la gira por Asia del presidente Joe Biden en 2022". *Revista Política Internacional*, 5(1), 81-94. En lc.cx/1pbZQP.

Public Affairs Section Embassy of the United States of America New Delhi, India (2020). *The US- India Partnership: Ambition and Achievement*. En lc.cx/9_lcX7.

Scott, D. (2018). "The Indo-Pacific in US Strategy: Responding to Power Shifts". Rising Powers Quarterly, 3(2), 19-43. En lc.cx/5ryT1d.

The White House (2023). Fact Sheet: United States and India Elevate Strategic Partnership with the initiative on Critical and Emerging Technology (Icet). En in.usembassy.gov/fact-sheet-united-states-and-india-elevate-strategic-partnership-with-the-initiative-on-critical-and-emerging-technology-icet.

Turzi, M. (2017). *Todo lo que necesitas saber sobre el (des) orden mundial*. Paidós: Ciudad Autónoma de Buenos Aires.

Vidal Pérez, E. (2022). "El giro Indo-Pacífico de la política exterior de Estados Unidos: una aproximación geopolítica desde el realismo neoclásico. A geopolitical approach from neoclassical realism". *Revista del Instituto Español de Estudios Estratégicos*, (20), 39-68. En lc.cx/6QY069.

La política exterior de la administración Obama durante la Primavera Árabe

Juliana Inda

Resumen

Esta investigación se centra en estudiar la política exterior del presidente estadounidense Barack Obama frente al suceso denominado como Primavera Árabe, que comenzó en el norte de África y Oriente Próximo hacia fines de 2010. Se buscará, en primer lugar, describir las causas que provocaron estas rebeliones, para luego comprender su impacto en los Estados Unidos de América y la consecuente respuesta de Obama ante los sucesos. A su vez, se buscará comprender si, en su política exterior, existió correlación entre lo discursivo y la práctica, a partir del análisis de los discursos enunciados antes de que las rebeliones árabes estallasen.

Palabras clave

Obama, Estados Unidos, Primavera Árabe, política exterior, Oriente Próximo.

Abstract

This research focuses on studying the foreign policy of US President Barack Obama in the light of the event known as the "Arab Spring", which took place in North Africa and the Near East in 2010 onwards. It will first seek to describe the causes that triggered these rebellions, in order to later understand their impact on the

United States of America, and Obama's subsequent response to these events. At the same time, we will seek to understand whether there was a correlation between discourse and practice in his foreign policy, based on the analysis of his speeches, made before the Arab rebellions broke out.

Keywords

Obama, United States, Arab Spring, foreign policy, Near West.

La Primavera Árabe

Se conoce como Primavera Árabe una serie de manifestaciones y protestas populares de carácter político que se sucedieron en Medio Oriente a finales del 2010, en regímenes de afán represivo. Según Nathaly S. Veintimilla Jaramillo,

> la "Primavera Árabe" supuso el derrocamiento de algunos gobiernos existentes, estableciendo un quiebre el sistema establecido hasta el momento, y en donde el pueblo supo valer sus demandas, aunque en ningún momento se debe entender como un proceso de transición democrática (Veintimilla Jaramillo, 2015: 15).

Esta autora expone que los acontecimientos que se produjeron fueron parte de un

> conjunto de violentas transformaciones políticas y sociales que comenzaron a gestarse en Túnez y Egipto, para luego expandirse al resto de los países que conforman las regiones del Magreb y del Máshreq. Existe un largo debate en torno a la fecha en que comenzó a gestarse la "Primavera Árabe": algunos prefieren fijarla en octubre de 2010, cuando el

> campamento establecido en Gdeim Izik por civiles prosaharauis fue violentamente abortado por el gobierno marroquí, mientras, otros se remontan a la irrupción del Movimiento Verde como respuesta al fraude electoral en las presidenciales de Irán, en junio de 2009 (Veintimilla Jaramillo, 2015: 13).

Estos hechos se caracterizaron por surgir desde de protestas populares –lo cual era poco habitual en el mundo árabe–, que fueron en aumento y alcanzaron a varios Estados de Oriente Próximo y África. Posteriormente, los eventos se dieron de distintas formas en los Estados: en países como Túnez y Egipto, las rebeliones lograron derrocar al gobierno en unas pocas semanas, mientras que en Libia esto se logró recién a los seis meses, y en Siria, a pesar de que se lograron algunas reformas, no se consiguió deponer al gobierno vigente.

Las movilizaciones populares se desataron por motivos de diversa índole. Con base en lo esclarecido por Nathaly S. Veintimilla Jaramillo (2015), se expondrán algunas de las razones que las provocaron.

Por un lado, se observan motivaciones de índole económica: estos países árabes se encontraban atravesando una gran crisis económica. Esto produjo que gran parte de la población no lograse satisfacer sus necesidades básicas a causa del elevado precio de alimentos y de otros bienes. A su vez, la desigualdad en estas sociedades era una constante.

Por otro lado, existieron factores políticos, tales como el alto nivel de corrupción, ineficiencia y afán represivo de los regímenes de la zona, que constantemente se encargaron de silenciar a su población, y la existencia de las dictaduras de partido único. Estas cuestiones eran estructurales en las sociedades árabes.

En cuanto a las manifestaciones, puede observarse que tuvieron como protagonistas a los jóvenes, que se movilizaron visibilizando las pocas expectativas que tenían de poder desarrollarse a futuro, comprobable al observar los altos índices de desocupación.

Volviendo a los hechos, la denominada Primavera Árabe comenzó en Túnez, que se encontraba bajo el gobierno dictatorial de Zine El Abidine Ben Ali. Todo comenzó en la ciudad de Sidi Bouzid, el 17 de diciembre de 2010, cuando un vendedor ambulante llamado Mohamed Bouazizi fue despojado por la policía de sus mercancías y cuentas de ahorros, y acto seguido se inmoló en forma de protesta. Ante esta situación, el resto de la población salió a las calles para manifestarse y mostrar su repudio al gobierno de Ben Ali.

Lo que sucedió en Túnez fue reproducido en varios de los países del mundo árabe. En Egipto la población se manifestó en contra de Hosni Mubarak (que llevaba 30 años en el poder), quien terminó renunciando en febrero del 2011; también en Libia protestaron contra Muamar Gadafi (42 años en el poder). En este país incluso se produjo una intervención extranjera liderada por la OTAN; en Siria las protestas fueron contra Bashar al-Assad (15 años entonces, tras suceder a su padre, que gobernó por 29 años), lo cual derivó en una guerra civil; en Yemen, la población se expresó contra Ali Abdullah Saleh (21 años entonces), quien, luego de las protestas, abandonó el poder en el año 2012; por último, en Baréin, que se encontraba bajo el gobierno del sultán de Omán Qabus bin Said Al Said y del rey Hamad bin Isa Al Jalifa, también se produjeron manifestaciones en busca de una reforma del sistema político, para hacer que este fuera más democrático.

Barack Obama en la Casa Blanca y el desafío en Medio Oriente

Cuando la Primavera Árabe se produjo en los países de Oriente Medio, en los Estados Unidos de América, gobernaba Barack Hussein Obama, quien fue el primer afroestadounidense en llegar a la presidencia, habiendo sido nominado por el Partido Demócrata. Obama asumió en el año

2009, y, ya desde los comienzos de su mandato, anunció su intención de dar un "giro hacia el Pacífico" en lo que respectaba a la política exterior de su gobierno.

Basándonos en lo expuesto por Juan Tovar Ruiz (2014), en la política exterior de la administración Obama hacia los países de Oriente Medio, pueden distinguirse dos etapas. El punto de quiebre entre estas dos etapas es el surgimiento de la Primavera Árabe. Tomando esta distinción, nos enfocaremos, en primer lugar, en comprender la política exterior ejercida hasta antes de la Primavera Árabe. Luego, en otro apartado, analizaremos su política exterior a partir de la Primavera Árabe, vislumbrando continuidades y rupturas.

La política exterior estadounidense antes de la Primavera Árabe

Obama, ya cuando era candidato presidencial, quiso distanciarse de la política exterior ejercida por su predecesor, George W. Bush, principalmente en lo que se refiere a la imposición de la democracia liberal mediante el uso de la fuerza, como ya se había visto en países como Afganistán e Irak. En sus discursos electorales, a la hora de exponer su postura respecto a la política exterior del país, siempre puso foco en buscar una conciliación con los enemigos de los Estados Unidos, darle mayor importancia a la región de Asia y el Pacífico, y también fortalecer el proceso de paz en Oriente Próximo, a partir de una estrategia multilateral que reforzase las alianzas, e incluso negociando directamente con países como Irán o Siria, y rechazando, tal como se mencionó anteriormente, la imposición del modelo de democracia liberal por la fuerza (Tovar Ruiz, 2014).

Un discurso reconocido de Obama fue el pronunciado el día 4 de junio de 2009 en El Cairo, llamado "Remarks by the President at Cairo University", de vital importancia para comprender cuál era su visión respecto a la región del Próximo Oriente. Este se produjo en un determinado contexto: aún se vivía una tensión entre los Estados Unidos y la sociedad musulmana, como consecuencia del ataque a las Torres Gemelas del 11 de septiembre y la posterior reacción de EE. UU. bajo la administración de Bush, que se tradujo en la conocida "guerra contra el terror", que se trató de una campaña llevada adelante por Estados Unidos con el objetivo de terminar con el terrorismo internacional.

En este discurso, primero se ocupó de abordar las relaciones de EE. UU. con los países musulmanes. Se hizo presentar con su nombre completo, Barack Hussein Obama, con el objetivo de recordar a la audiencia cuáles eran sus raíces y vínculos familiares con el mundo musulmán. En segundo lugar, habló de la necesaria cooperación entre iguales. Por último, hizo un análisis de las cuestiones más controvertidas en el mundo musulmán (Bermúdez Vázquez, 2017).

En este discurso, el presidente expresó una actitud conciliadora: expuso la necesidad de "reconciliar" el islam con los Estados Unidos. El presidente se encargó de señalar cómo el islam y los valores sostenidos por su país (como la democracia y los derechos humanos) pueden ser compatibles entre sí. Es por esto por lo que hizo énfasis en que se debe luchar contra los estereotipos negativos del islam, y en particular luchar contra los "extremismos", palabra que él utiliza para no emplear el término "terrorismo".

A su vez, Obama se encarga de aclarar que los Estados Unidos no impondrán ninguna forma de gobierno mediante el uso de la fuerza, a pesar de considerar que la democracia es compatible con los valores del islam. Esto lo vinculó con los conflictos que aún se mantenían en Afganistán e Irak.

Por último, para comprender la visión de Obama respecto a esta región durante sus primeros años de mandato, debemos tener en cuenta el documento de su administración que refiere a la Estrategia de Seguridad Nacional, publicado en el año 2010. En lo que respecta a la región del Próximo Oriente, bajo su gobierno se le da una gran importancia al mantenimiento de alianzas fuertes con sus aliados, principalmente con Estados como Egipto, Jordania o los Estados de la Organización para la Cooperación en el golfo pérsico. A su vez, menciona el apoyo hacia aquellas organizaciones civiles de la región que defienden la propagación de los derechos humanos a nivel universal, así como también apoyan al multilateralismo. También le da mucha importancia a la retirada de Irak y la necesidad de combatir a Al-Qaeda, buscando prevenir que se produjeran ataques en suelo estadounidense y que esta organización adquiriese armas de destrucción masiva. En este documento también se aclara que combatir a Al-Qaeda bajo ninguna circunstancia significa llevar adelante una guerra contra el islam, sino que la guerra es contra una red terrorista (Tovar Ruiz, 2014).

La política exterior estadounidense durante la Primavera Árabe

El 19 de mayo de 2011, en la sede del Departamento de Estado en Washington, Barack Obama recitó un discurso, "Remarks by the President on the Middle East and North Africa", en donde dio a conocer su punto de vista respecto a los acontecimientos producidos en el marco de la denominada Primavera Árabe. "Este discurso puede considerarse una segunda etapa en la política de la Administración Obama hacia la región, abiertamente distinta de la planteada en el famoso discurso de El Cairo de 2009" (Tovar Ruiz, 2014: 39).

En esta conferencia se encarga de mencionar algunos de los acontecimientos más relevantes de la Primavera Árabe, comenzando por la inmolación de Mohamed Bouazizi en Túnez, siguiendo con la expansión de las protestas a lo largo del mundo árabe.

También expuso su visión respecto a la situación de la región, calificándola de insostenible, debido a que en estos Estados no se respeta la autodeterminación de los individuos.

En cuanto a lo general, Obama expone que los Estados Unidos de América rechazan la violencia y la represión contra los sectores sociales que se manifiestan pacíficamente y que, por otro lado, defienden los valores vinculados a los derechos humanos, que considera que son valores universales y no de determinadas culturas, por lo cual podrían ser compatibles con el islam. A su vez, en su discurso alienta a que se lleven a cabo reformas políticas y económicas en la región basadas en las aspiraciones de los pueblos, que se sintetiza en la frase "It will be the policy of the United States to promote reform across the region, and to support transitions to democracy". En concordancia, termina por enunciar un paquete de medidas de ayuda dirigidas a Túnez y Egipto, con el objetivo de mejorar sus economías (Soriano Díaz, 2017).

Al momento de comentar la situación de cada país en particular, el presidente menciona los casos en los cuales la transición ha requerido del uso de la fuerza (el caso libio, en donde intervino la OTAN); por otro lado, también menciona el caso de Siria, y expone que el presidente Asad tendría dos opciones: o liderar la transición o marcharse.

Según Tovar Ruiz (2014), lo relevante de este discurso es que en este pueden observarse contradicciones estadounidenses en cuanto a cómo actuar en el proceso de cambio. Estas contradicciones refieren a que los Estados Unidos no tuvieron una misma respuesta para todos los países que atravesaron la llamada Primavera Árabe, sino que su accionar fue variando.

En el caso de Túnez, país en donde comenzó la Primavera Árabe, se logró producir una transformación política, por lo cual la oleada de protestas alcanzó su objetivo. En este país, los Estados Unidos no tenían grandes intereses, por lo cual rápidamente se apoyó el proceso de transición y se condenaron los actos represivos por parte del gobierno de Zine El Abidine Ben Ali. Incluso, concluida la transformación, para mostrar apoyo se entregó al país una ayuda económica simbólica de 39 millones de dólares y referencias al mutuo reconocimiento inicial como Estados independientes y soberanos (Tovar Ruiz, 2014).

Muy distinta fue la reacción de la administración hacia el caso de Egipto, debido a que se trataba de un Estado cuyo *statu quo* regional era de vital importancia para los intereses estadounidenses, por lo cual el apoyo hacia las transformaciones en el país no fue manifestado de inmediato. Hosni Mubarak había sido considerado un aliado importante desde hacía mucho tiempo. En primer lugar, por el apoyo que le había brindado a Estados Unidos en distintos conflictos, como el de la guerra del Golfo, y, a la vez, por ser aliado de países relevantes en la región tales como Arabia Saudita o Israel. Por último, también tenía un rol central en el proceso de paz en Oriente Próximo. Agustín Galli en su texto considera que "la Alianza entre los Estados Unidos y Egipto era fundamental: controla el Mar Rojo, parte del Mediterráneo oriental, y despliega su influencia en la región desde Siria hasta Yemen" (Galli, 2013: 13). Esta influencia es ejercida desde el punto de vista cultural, pero también desde el religioso.

Tovar Ruiz (2014) cree que Obama les dio su apoyo a las protestas masivas en la plaza Tahrir una vez que fue evidente la incapacidad del presidente egipcio para hacerles frente, y luego de haberse producido cierto debate hacia dentro de la administración, e incluso con cierta oposición por parte del Congreso estadounidense. Originalmente, la administración había buscado que los derechos y las libertades públicas de la población fueran respetados sin que esto implicase la salida del presidente egipcio. Sin embargo, la figura de Mubarak se vio cada vez más debilitada, por lo que, finalmente, Obama apoyó su salida, e incluso, en su libro, *A Promised Land* (Obama, 2020), Obama narra que incluso llegó a solicitarle al propio presidente egipcio su renuncia, en una conversación que mantuvieron cuando viajaba en el avión presidencial. La decisión tomada por los Estados Unidos también tuvo como consecuencia la oposición de algunos de sus aliados, como los saudíes.

Otro caso importante fue el de Libia. La importancia de este caso radica en que, a diferencia de lo sucedido en el resto de los países, se produjo una intervención militar conducida por la OTAN. En este país, las protestas fueron reprimidas por el gobierno de Gadafi, y posteriormente se terminó desatando una guerra civil en el territorio. Ante esto, se produjo una intervención y se estableció una zona de exclusión aérea. Esta acción, en el Consejo de Seguridad de Naciones Unidas, contó con la abstención de Alemania y de los países del BRIC. Sin embargo, la Resolución 1973/2011 de ONU autorizó a los países a tomar todas las medidas necesarias para acabar con la situación. La iniciativa de participar en este conflicto fue europea: fue el presidente francés Sarkozy quien se destacó. La intervención en Libia también fue muy debatida hacia el interior de la administración Obama. A pesar de que en un inicio el presidente no estaba de acuerdo con intervenir, posteriormente terminó por alinearse a la postura de Susan Rice y Samantha Power, quienes eran sus asesoras en materia de política exterior, y sostenían una postura liberal intervencionista.

Obama justificó la intervención en un discurso pronunciado el 28 de marzo de 2011 en la National Defense University, en Washington D. C., denominado "Remarks by the President in Address to the Nation on Libya". Los argumentos principales fueron, por un lado, la necesidad de impedir que la represión de Gadafi hiciese que el resto de dictadores se mantuvieran por la fuerza. Por otro lado, anunció que buscaba impedir que ocurriera un genocidio. A su vez, aclaró que, con base en lo sucedido anteriormente en Afganistán e Irak, rechazaría la presencia de tropas sobre el terreno, como también la imposición de un nuevo tipo de régimen, si así ocurriese (Tovar Ruiz, 2014).

Tovar Ruiz (2014) considera que las contradicciones de la política exterior estadounidense se hacen evidentes al atender los casos de Baréin, Siria o Yemen. En el caso de Yemen, la administración Obama presionó para lograr la salida del presidente Ali Abdullah Saleh, en un contexto en donde había inestabilidad, ataques separatistas, y la creciente presencia de Al-Qaeda. Por otro lado, en Baréin, los intereses estadounidenses eran importantes: se trataban de intereses de seguridad vinculados a las monarquías del golfo y de Irán. A su vez, en este país, Estados Unidos tenía la base de la quinta flota estadounidense. Es por esto por lo que la administración no estaba dispuesta a dejar caer el reinado de Baréin, por lo que las protestas de la población no lograron más que un respaldo verbal y relativo del gobierno estadounidense.

Distinto ha sido el caso de Siria, que se veía respaldada por Rusia, que no estaba dispuesta a dejar caer al gobierno de Asad ya que sus intereses se veían comprometidos. La represión empleada por la administración Siria para repeler las protestas condujo al pedido por parte de Obama para que Asad liderase una transición en el país, y posteriormente se retirase. A pesar de que, hacia adentro de la administración Obama, surgieron debates respecto a si se debía armar a los rebeldes sirios, la idea de intervenir militarmente Siria no prosperó en Naciones Unidas, ya que fue posterior a la controvertida intervención en Libia, y además había una gran oposición por parte de Rusia y China.

Tomando lo expuesto por Tovar Ruiz (2014), podría decirse que la solución diplomática del caso sirio ha permitido "volver a marcar un cambio en la política exterior de la Administración o, si se quiere, un retorno a los orígenes de la misma" (p. 45). En sus orígenes, Obama, si bien no deja completamente de lado la defensa de valores como la democracia y los derechos humanos, reconoce los límites de los Estados Unidos, entendiendo qué es lo que verdaderamente puede conseguir en lo que respecta a las transformaciones regionales.

Autores como Ramón Luis Soriano Díaz (2014) consideran que, en las rebeliones producidas en el marco de la Primavera Árabe, Obama aplicó los mismos criterios. Según este autor, estos criterios fueron las siguientes: el rechazo de la violencia y la opresión contra las aspiraciones de cambio de las sociedades civiles; la no interferencia directa en el desarrollo de las rebeliones (con la excepción de Libia), principalmente porque Obama rechazaba el accionar llevado a cabo por el presidente Bush y los neoconservadores estadounidenses, en donde se intervenía en los cambios de regímenes políticos con el objetivo de convertir tiranías en democracias; por último, el apoyo a los rebeldes en su defensa de los derechos humanos, coincidentes con los valores americanos, que Obama concreta en las libertades y la democracia.

Igualmente, a pesar de que esos tres criterios han sido utilizados en los distintos casos de la Primavera Árabe, el autor sostiene que esto no se tradujo en un programa político claro y firme, ni en una ayuda real a los disidentes en sus luchas por unas nuevas democracias. Por el contrario, se produjeron actuaciones puntuales y dispersas, al ritmo de los acontecimientos.

Por último, Soriano Díaz (2014) agrega que estos criterios respecto a las rebeliones de la Primavera Árabe se contradicen con la política pragmática y realista que Obama planteó al inicio de su mandato.

Conclusión

Lo estudiado muestra que la política exterior de la administración Obama hacia la región de Oriente Próximo ha cambiado durante el transcurso de su mandato. Mientras que, en un primer momento, el presidente demócrata buscó diferenciarse de las políticas llevadas por su antecesor, Bush (principalmente a partir del uso del diálogo como herramienta fundamental, y sosteniendo la no intervención para modificar regímenes por la fuerza), posteriormente esta postura se debilitó ante el estallido de las revueltas producidas en el marco de la Primavera Árabe. El dilema se produjo porque, en casos como el de Egipto, el cambio del *statu quo* afectaba los intereses vitales de Estados Unidos.

El caso de Libia es uno de los más interesantes al momento de observar cambios en la política exterior de Obama, ya que fue la única ocasión en la que se produjo una intervención militar. Como se mencionó anteriormente, la iniciativa no fue estadounidense, pero igualmente significó una ruptura en el accionar de Obama, al mostrarse a favor de la postura liberal intervencionista.

Siguiendo lo expuesto por Tovar Ruiz (2014), su política exterior fue "no coherente, repleta de contradicciones y dobles estándares" (p. 48). Podría decirse que, en la política exterior de Obama, prevalecieron los intereses nacionales de Estados Unidos, calculándolos sobre la base de las circunstancias del momento, es decir, el hecho y el lugar concretos, la situación de cada Estado de la región. Tomando lo señalado por Ramón Luis Soriano Díaz (2014), podemos sostener que, durante la Primavera Árabe, Obama tuvo como prioridad el control de la región y su estabilidad, junto con los intereses estadounidenses. Es por esto por lo que, en cada caso concreto, se actuó con la pretensión de control y dominio de Estados Unidos en la región, y a su vez, al momento de ayudar a líderes o a grupos, se lo hizo pensando en que el éxito de este grupo en el conflicto pudiera generar una situación política favorable a los intereses estadounidenses.

Referencias bibliográficas

Bermúdez Vázquez, M. (2017). "El poder y la palabra: análisis del discurso político, el caso de Obama en El Cairo en 2009", en M. Bermúdez Vázquez y R. D. Macho Reyes (Ed.), *Análisis del discurso mediático: un enfoque multidisciplinar.* Sevilla: Egregius.

Galli, A. (2013). "Estados Unidos y el Medio Oriente durante la presidencia de Obama". *Estudios,* 1-17.

Obama, B. (19 de mayo de 2011). Remarks by the President on the Middle East and North Africa [Discurso]. Departamento de Estado de los Estados Unidos de América. En lc.cx/iacR4y.

Obama, B. (2020). *A promised land.* Harlow, England: Penguin Books.

Obama, B. (28 de mayo de 2011). *"Remarks by the President in Address to the Nation on Libya"* [Discurso]. National Defense University, Washington D. C., EE. UU. En lc.cx/SQNXkk.

Obama, B. (4 de junio de 2009). Remarks by the President at Cairo University [Discurso]. Universidad de El Cairo, Egipto. En lc.cx/xUoBWi.

Resolución 1973. La resolución 1973/2011 de la Asamblea General A/RES/1973/2011. En lc.cx/zvjTWP.

Revilla, M. y Hovanyi, R. (2015). "La Primavera Árabe y las revoluciones en Oriente Medio y Norte de África: episodios, acontecimientos y dinámicas". *XI Congreso Español de Sociología.* Madrid.

Soriano Díaz, R. (2017). "La guerra justa de Barack Obama y la Primavera Árabe. De la retórica discursiva a la experiencia práctica". *Universitas,* 26, pp. 99-135.

Tovar Ruiz, J. (2014). "¿Una estrategia coherente para una región en cambio? La política exterior de la Administración Obama y la Primavera Árabe". *UNISCI Discussion Papers,* 36, pp. 29-50.

Veintimilla Jaramillo, N. (2015). *La transformación de la política exterior de Libia con la administración de Barack Obama en el periodo 2010-2015* [Tesis de grado]. Universidad San Francisco de Quito.

White House (2010). National Security Strategy.

Sección 2. Estados Unidos y el espacio exterior

Estados Unidos en el espacio

Historia, trayectoria y perspectivas

BRIAN ZINI

Resumen

Estados Unidos ha sido el motor de numerosos avances tecnológicos que han transformado profundamente el mundo, siendo Internet el más revolucionario de todos. Este sistema global de comunicación depende en gran medida de los satélites en órbita terrestre, que facilitan las interacciones modernas. Sin embargo, el desarrollo de Internet tal como lo conocemos hoy no habría sido posible sin el contexto geopolítico de la Guerra Fría, que impulsó una intensa carrera espacial entre Estados Unidos y la Unión Soviética. La exploración espacial no solo sentó las bases para el mundo digital actual, sino que también redefinió las dinámicas del trabajo y el ocio. Este ensayo explora en profundidad los esfuerzos de Estados Unidos en la exploración espacial, estructurados en tres etapas clave: la carrera espacial inicial (antes de 1975), un período de cooperación y expansión (1975-2000), y la era contemporánea marcada por la seguridad nacional y la participación de empresas privadas (desde la década de 2000 hasta la actualidad).

Palabras clave

Relaciones internacionales, Estados Unidos, geopolítica, espacio exterior, futuro.

Abstract

The United States has been at the forefront of numerous technological advancements that have profoundly shaped the modern world, with the Internet being the most revolutionary. This global communication system relies heavily on satellites orbiting the Earth, which enable seamless connectivity. However, the development of the Internet as we know it today would not have been possible without the geopolitical context of the Cold War, which fueled a competitive space race between the United States and the Soviet Union. Space exploration not only laid the groundwork for today's digital world but also redefined the dynamics of work and leisure. This essay delves into the United States' efforts in space exploration, divided into three key stages: the initial space race (before 1975), a period of cooperation and expansion (1975-2000), and the contemporary era characterized by national security concerns and the rise of private companies (since the 2000s).

Keywords

International affairs, United States, geopolitics, outer space, future.

Etapa 1. Carrera espacial (previo a 1975)

El caso de Estados Unidos (EE. UU.) y su construcción como nación es particular, fundado en la idea del excepcionalismo. Los padres fundadores pensaron en la Constitución norteamericana como un vehículo para transmitir a la humanidad toda los valores de igualdad, separación de poderes y Estado de derecho, entre otros.

Posteriormente, a medida que EE. UU. se consolidaba, surgió la idea del destino manifiesto donde la transmisión de sus valores de civilización estaba guiada por Dios. Al respecto Oueslati (2014) sostiene:

> ... el destino manifiesto de los Estados Unidos era que se extendería por todo el continente designado por la Providencia para el desarrollo en libertad de los millones de habitantes que se multiplican anualmente [...] dándole la Providencia a los EE. UU. la misión de expandir lo más posible la democracia republicana (Oueslati, 2014: 472).

Bajo estos principios EE. UU. recorría el camino hacia su conversión en superpotencia mundial, siendo la Doctrina Monroe el punto fundacional en el cual determinó su zona de influencia regional, dando su primer paso hacia la dominación global. Posteriormente, se destacarían los presidentes Theodore Roosevelt y Woodrow Wilson, quienes sumarían los enfoques realista y liberal, en línea con el excepcionalismo y el destino manifiesto.

Un evento crucial para la consolidación de EE. UU. como superpotencia sería la Segunda Guerra Mundial, como magistralmente describe Herring (2008):

> La guerra [...] produjo que el mundo dominante eurocéntrico llegue a su fin a través de un proceso de autodestrucción. Un nuevo sistema bipolar lo reemplazó. Primero Estados Unidos y luego la Unión Soviética emergieron de la guerra capaces de ejercer influencia significativa más allá de sus fronteras (Herring, 2008: 596).

Al finalizar esta guerra, fue el presidente Harry Truman quien construiría un sugestivo *blend* entre estos conceptos para describir la posición norteamericana al inicio de la Guerra Fría:

> Suscribiendo a convicciones internacionalistas que mezclaban el moralismo civilizacional universal con [...] una creencia en la justa necesidad de la fuerza militar –y potencialmente la fuerza física– en defensa del Derecho [...] el mundo estaba dividido entre dos formas de vida, una basada en la voluntad

> de la mayoría, y distinguida por instituciones libres, gobierno representativo, elecciones libres, garantías de las libertades individuales, libertad de expresión y religión [...]. El segundo estaba basado en la voluntad de una minoría impuesta a la fuerza por la mayoría. Se basa en el terror y la opresión, una prensa y una radio controladas, elecciones fijas y la supresión de las libertades personales. El primer modo de vida libre lo encarna el sistema estadounidense, el segundo la Unión Soviética (Oueslati, 2014: 474).

De esta manera, quedaba claro que la competencia con la Unión Soviética (URSS) no se limitaba únicamente a una disputa por el liderazgo global, sino que además encarnaba la defensa de un sistema de vida considerado superior y por ello debía ser defendido y extendido lo más posible frente al peligro del paradigma comunista.

En la Guerra Fría, no era posible un enfrentamiento directo entre ambas superpotencias (ya que, como ambas tenían armas nucleares, de producirse se generaría la destrucción mutua asegurada o *Mutual Assured Destruction-MAD*). En cambio, compitieron en las llamadas *proxy wars*, y en planos no militares como la cultura, los Juegos Olímpicos y, por supuesto, en los avances científicos.

Como sostiene Jordan Johnson (2017) refiriéndose a esta competencia:

> Más que una pelea abierta, entre ambos bandos se apresuraron a encontrar formas para demostrar superioridad sobre el otro [...] esto llevó a rápidos avances en ingeniería y tecnología con proyectos que abrieron nuevas fronteras de innovación [...] uno de los capítulos más destacados en esta era de competencia fue sin dudas la era espacial (Johnson, 2017: 8).

En los primeros años posteriores a la Segunda Guerra Mundial, EE. UU. lideró el avance científico en cuanto a la exploración espacial, llevando al primer mamífero al espacio en 1949, y al primer cohete en la exosfera, la capa más externa de la atmósfera terrestre, superando los 1000 kilómetros de altura en el año 1956.

No obstante, después de 1957 y por varios años, la Unión Soviética recuperó la iniciativa, con logros impresionantes, incluyendo el primer satélite en orbitar la Tierra exitosamente (Sputnik en 1957), el primer hombre en orbitar la Tierra (Yuri Gagarin, 1961), así como la primera mujer en conseguirlo (Valentina Tereshkova, 1963).

El lanzamiento del Sputnik no solo representaba una humillación en la carrera espacial para EE. UU., sino que además generó preocupaciones en el plano militar debido a que el cohete soviético propulsor fue el primer misil balístico intercontinental del mundo (llamado R-7), lo que representaba una grave amenaza a la seguridad nacional de EE. UU.

Esta extrema preocupación se extendió en Occidente, llevando a la percepción en EE. UU. de que la exploración espacial debía ser un asunto prioritario para reducir la brecha tecnológica con los soviéticos. Este período en 1957 fue acuñado con el término "crisis del Sputnik". Sin embargo, generó el definitivo inicio de la carrera espacial:

> Los soviéticos lanzaron el misil continental R-7 llevando al primer satélite artificial del mundo [...] el Sputnik era muy simple: apenas una esfera brillante y pequeña de aluminio, de unos 56 centímetros de diámetro [...] pero por su rol histórico, Sputnik fue enorme. Marcó el inicio de la era espacial (Mieczkowski, 2013: 12).

Ante el temor ocasionado por el lanzamiento del Sputnik, la administración de Dwight Eisenhower reaccionó de manera calma, pese a que los titulares de los diarios elevaban la alarma cuestionando incluso la superioridad del capitalismo frente al comunismo:

> Eisenhower manejó la crisis del Sputnik con admirable tranquilidad [...]. El presidente sabía –aunque no podía divulgarlo públicamente– que si bien el Kremlin había asegurado una enorme victoria propagandística de corto plazo, sus misiles no podían llegar a los Estados Unidos [...] Einsenhower limitó

> las críticas tomando medidas modestas, como un pequeño incremento en el gasto en defensa para calmar la opinión pública y la creación de la NASA para promover la exploración espacial (Herring, 2008: 692).

Así, en sus inicios, la exploración espacial y la formación de la Administración Nacional de Aeronáutica y el Espacio (NASA) tuvo una estrecha relación con la presión de la opinión pública. Como muchas veces ocurrió en la historia de EE. UU., su política exterior tuvo como factor decisivo la influencia del votante:

> Los historiadores llevan mucho tiempo reconociendo y evaluando la influencia de la opinión pública en la elaboración de la política exterior estadounidense [...]. El historiador Melvin Small [...] ha argumentado que "no se puede entender la historia diplomática estadounidense sin comprender el papel central de la opinión pública en esa historia" (Johnstone & Laville, 2010: 11).

En 1958 el Congreso de EE. UU. aprobó la creación de la NASA, unificándola con otros organismos preexistentes como el Consejo Nacional de Aeronáutica. La NASA aumentaría su presupuesto aún más bajo la presidencia de su sucesor, John F. Kennedy. La exploración espacial se transformó en una política de Estado.

El presidente Kennedy, luego de una investigación exhaustiva del Consejo Espacial liderado por el vicepresidente Lyndon Johnson, decidió

> aumentar los esfuerzos en la exploración espacial para mantener una imagen positiva de liderazgo global. En esa época, la NASA era una agencia poco experimentada con tres años de antigüedad y dificultades para crear un programa espacial nacional con fondos limitados. El Comité de Transición presidencial liderado por el científico Jerome Wiesner había advertido a Kennedy sobre los riesgos militares y desventajas para Occidente si el liderazgo espacial de la Unión Soviética no era enfrentado. Intrínseco a esta amenaza era el temor de

que otros países asumieran que dicho liderazgo en el espacio implicaba también un liderazgo en misiles (Koman, 1994: 42).

La administración Kennedy fue consciente de que la década de 1960 se inscribía en los momentos decisivos en la Guerra Fría. Por ello, fijó como uno de sus máximos objetivos llevar al hombre a la Luna para recuperar el liderazgo en la carrera espacial.

En este sentido, la NASA jugó un rol central para mantener el interés de la opinión pública en la exploración espacial y justificar su creciente presupuesto: alcanzó un récord en 1967 de USD 7 billones, en la previa del alunizaje, y nunca más volvió a estar cerca de dichos valores ajustados por inflación (Domitrovick y Broadwater, 2017). Este presupuesto en su mayor proporción fue la base para el lanzamiento del programa Apolo, que terminaría con la famosa misión del Apolo 11, la que consiguió exitosamente llegar a la Luna.

Sin embargo, no fue la NASA la única agencia del Estado en participar activamente: el Departamento de Defensa proveyó material clave como mapas de la superficie lunar y construyó el Complejo Espacial en Cabo Cañaveral desde donde se lanzó el Apolo 11, asistiendo en la construcción del artefacto que llevó la nave, sistemas de propulsión sólida, y planeadores orbitales tripulados que luego se utilizarían para misiones espaciales.

De esta manera, con el objetivo cumplido, EE. UU. finalizó la década recuperando la iniciativa frente a la URSS. Sin embargo, la carrera espacial había agotado los recursos de ambas superpotencias, y en relaciones internacionales comenzó a gestarse la *Détente*, término acuñado al cambio de política exterior de ambas superpotencias desde fines de los 60 para apaciguar tensiones y cooperar en un amplio y creciente rango de áreas.

En este contexto, se firmó en el marco de las Naciones Unidas el llamado Tratado sobre el Espacio Ultraterrestre. Entrando en vigor en el año 1967, hasta la fecha ha sido ratificado por más de 110 naciones. Entre sus puntos principales, prohíbe emplazar armas de destrucción masiva, y resalta que la exploración del espacio debe ser en beneficio de la humanidad toda, impidiendo el reclamo de soberanía de cualquier cuerpo celeste. Esta primera etapa finalizó con este legado de cooperación, que continúa siendo el marco jurídico principal que rige las relaciones entre países en el espacio.

Etapa 2. Cooperación y expansión (1975-2000)

En el contexto de la *Détente,* sumado a una crisis económica global desde 1973, y crecientes tensiones sociales en su interior, en EE. UU. la exploración espacial quedó relegada a un segundo plano en esta etapa, a diferencia de las dos décadas previas. Esto fomentó la búsqueda de proyectos en colaboración con otros países, tendiendo a misiones no tripuladas y reduciendo el presupuesto de la NASA.

Luego del alunizaje exitoso, la NASA se encontró en una encrucijada sobre los siguientes pasos de exploración espacial. La caída de fondos se hacía notar: la NASA pasó de alcanzar un pico de 4,41 % del total del gasto nacional medido en términos del PBI en 1966 a un magro 0,98 % apenas nueve años después.

No obstante, el Programa Apolo continuó: la misión 12 llevaría a otros tres astronautas a la Luna, con una duración de la misión más prolongada, así como una gran cantidad de muestras recogidas de la superficie. Sin embargo, la crisis del Apolo 13 en 1970, si bien demostró la capacidad de la NASA para evitar la muerte de los tripulantes, y generó un renovado interés en la exploración espacial, produjo una nueva caída del presupuesto asignado en años subsiguientes.

La Unión Soviética también alcanzaría ambiciosos objetivos: creó las primeras estaciones espaciales exitosas en el marco del programa Salyut, en 1971, creando las bases para la futura Estación Espacial Internacional. Asimismo, con éxito llevó a los Lunojod a la Luna desde 1970, siendo los primeros robots manejados a distancia en un cuerpo celeste. Por último, consiguió, con la misión Mars 3 en 1971, el primer descenso controlado en Marte.

Sin embargo, a nivel propagandístico la llegada del hombre a la Luna por parte de EE. UU. en 1969 generó un gran impacto que superó el logro soviético del Sputnik. Pese a que había superado a su rival temporariamente, en EE. UU. no había perspectivas de continuar con una carrera espacial agotadora en términos de recursos.

Por este motivo, a nivel histórico y geopolítico, sin dudas el proyecto Apolo-Soyuz fue el más significativo. En 1975, EE. UU. y la URSS coordinaron una misión conjunta para que naves de ambos países se acoplaran en el espacio, testeando la compatibilidad de los sistemas de encuentro y acoplamiento, haciendo real la posibilidad de un rescate espacial internacional.

En este proyecto binacional, tuvo éxito la viabilidad técnica, y se generó el esperado efecto político: los astronautas de ambas naciones compartiendo momentos en el espacio juntos marcaron el inicio de una etapa colaborativa y más ambiciosa en la exploración del cosmos. De esta manera, representó el fin de la carrera espacial para la mayoría de los estudiosos y el inicio de una nueva era.

Pese a su decaimiento relativo, la URSS consiguió en 1988 el testeo exitoso de naves espaciales reutilizables con el lanzamiento del Buran; la primera estación espacial modular en ser ensamblada en el espacio, Mir (operativa entre 1986 y 2001); y las sondas Vega 1 y Vega 2 (1986), que exploraron el planeta Venus y el cometa Halley, donde los soviéticos colaboraron estrechamente con el bloque europeo para guiar a la sonda Giotto, signando el espíritu colaborativo de esta nueva etapa en la exploración espacial.

Del lado norteamericano, se lanzó la estación espacial Skylab, solo operativa entre 1973 y 1974 por falta de fondos, sentando las bases para la futura y permanente Estación Espacial Internacional. En 1977 las sondas Voyager partieron hacia los gigantes gaseosos Júpiter, Saturno, Urano y Neptuno y sus satélites. Su éxito rotundo generó extensiones de sus misiones, y muchos de sus instrumentales científicos, contra todo pronóstico, siguen operativos en 2024. Hoy son los objetos más lejanos hechos por el hombre, ubicándose fuera del sistema solar en el espacio interestelar, a más de 20 billones de kilómetros del Sol.

En 1981 inició el revolucionario programa Space Shuttle, que se extendería por tres décadas. Su objetivo fue conseguir que se pueda reutilizar el equipamiento necesario para llevar astronautas en diferentes misiones al espacio. Luego de alcanzar con éxito la órbita baja de la Tierra, la nave volvía al planeta. El programa completó 135 misiones, llevando a 355 astronautas de 16 países hasta 2011. Permitió reducir los costos, para generar que el transporte de pasajeros y carga fuera más rutinario.

Sin embargo, tuvo dos resonantes fracasos, el más reciente en 2003; pero el más famoso por su impacto en la exploración espacial fue el del Challenger en 1986, que dejó siete personas fallecidas. No se analizarán aquí las razones técnicas de esta tragedia. Sin embargo, expertos consideraron que, mientras que las misiones Apolo tuvieron suficiente presupuesto, el Space Shuttle fue desfinanciado desde el principio, en un contexto de reducción del gasto estatal (Trudy y Esch, 2016). De hecho, en 1985, año previo a la tragedia, la NASA tuvo un presupuesto de USD 15.960 millones, uno de los menores desde su creación. En 1987, luego de la tragedia, los fondos asignados serían elevados a USD 22.030 millones (Our World in Data Team, 2022).

La Oficina de Administración y Presupuesto (*OMB*) del Gobierno Federal inicialmente fue escéptica de la viabilidad del proyecto. Sin embargo, la NASA brindó una explicación análoga al bajísimo riesgo del transporte aerocomercial. Como las dudas persistían, la *OMB* recomendó que se contratara a alguien externo para comparar este proyecto con otros sistemas, siendo el primero en ser sujeto a este proceso.

La NASA aprendería del desastre del *Challenger*, cambiando su cultura organizacional y aceptando los límites de un proyecto de esa magnitud. Se concentraría entonces en el desarrollo de artefactos que orbitarían la Tierra, como el Telescopio *Hubble* (lanzado en conjunto con la agencia europea en 1990) que revivió el interés popular en la astronomía y permitió descubrimientos de estrellas y galaxias; y la construcción de la Estación Espacial Internacional (ISS), espacio permanente en el cosmos habitado desde 1998, en colaboración con las agencias espaciales de Europa, Rusia, Japón y Canadá.

Etapa 3. Seguridad nacional junto a privados (2000-actualidad)

Como se ha explicitado, las dos etapas previas se caracterizaron por un dominio casi absoluto por parte de los Estados nacionales de la exploración espacial, tanto en la cuna del capitalismo, como en la nave insignia del socialismo.

En contraste, hacia el siglo XXI, se generó un rotundo cambio de paradigma tendiente a la fuerte incorporación del sector privado. Esto comenzó en EE. UU., donde empresas privadas pasaron a intervenir crecientemente en la industria espacial, para reducir el costo estatal de la exploración espacial, fomentar la innovación, y brindar un enfoque comercial del uso del espacio, con foco en la posible explotación de materiales raros en cuerpos celestes, y el uso comercial de la órbita baja de la Tierra con viajes de turismo en el mediano plazo.

No sin ironía, se ha caracterizado esta nueva etapa como la era espacial comercial. Es menester destacar que la infraestructura espacial vital que comenzaron a proveer estas compañías en colaboración con agencias gubernamentales contribuyen crecientemente a los intereses de seguridad nacional y defensa.

En otro punto clave, EE. UU. declaró la exploración del cosmos como un asunto de seguridad nacional mediante la creación de una Fuerza Espacial. Sin embargo, su historia viene de varias décadas atrás, debido al creciente rol del espacio como espacio de competencia con la otrora superpotencia, la Unión Soviética.

En el año 1954, se creó el Comando de Defensa del Aire (CONAD) con potestad para defender a EE. UU. de posibles ataques soviéticos provenientes del espacio. En 1982, la Fuerza Aérea creó su propio Comando Espacial. Treinta años después, luego de los atentados del 11-S, el Departamento de Defensa dividió el Comando en dos ramas y le asignó a cada una un rol crucial en la llamada "guerra contra el terrorismo".

En 2017 se presentó la propuesta formal para la creación de la USSF (Fuerza Espacial de los EE. UU.) con respaldo de ambos partidos políticos mayoritarios. En junio de 2018, el presidente Donald Trump oficialmente ordenó al Departamento de Defensa que fuera establecida como una rama independiente dentro de las FF. AA. El Pentágono en 2019 dictó las primeras medidas administrativas, y en diciembre Trump firmó oficialmente la ley.

Sin embargo, fuera del efecto propagandístico, su presupuesto asignado es muy bajo: USD 15 billones en 2021, apenas una tercera parte de lo asignado a los marines (USD 46 billones) (Farley, 2020). La Oficina de Presupuesto del Congreso (OPC 2019) estimó, en contraste, costos únicos entre USD 1.000 y 3.000 millones, con incrementos anuales de entre USD 840 y 1.300 millones de dólares.

Expertos advierten que la USSF posee escaso poder de negociación para mejorar su presupuesto a futuro. A diferencia de otras ramas de las FFFA, su *lobby* es débil y tiene escasa injerencia en el Congreso, al no contar con veteranos y tener una burocracia poco especializada. Así, su permanencia dependerá en gran medida del apoyo de la opinión pública.

Al analizar la opinión pública, se observa que, para un 61 % de los encuestados, es vital mantener la USSF operativa, cifra notoriamente inferior a otras ramas de las FF. AA. (Sabin, 2021). La encuesta muestra que tampoco existe un respaldo mayoritario para profundizar la colonización espacial. En cambio, un 63 % sostiene que es vital monitorear elementos clave del sistema climático de la Tierra.

Se estima que la NASA representa menos del 0.05 % del presupuesto. El Congreso aprobó casi todo el financiamiento requerido por la agencia en 2021, lo que permitiría llevar una persona a la Luna a fines de 2024, tal como se había planificado.

Volviendo a los privados, las compañías más destacadas son SpaceX (de Elon Musk), pionera en llegar a la ISS y siendo su sistema de tripulación certificado oficialmente por la NASA; y Blue Origin, fundada por Jeff Bezos, creadora del cohete New Shepard para turismo espacial. Virgin Galactic (de Richard Branson) es otra empresa clave que está participando en vuelos suborbitales. En tanto la aerocomercial Boeing busca probar con éxito su sistema en un vuelo de prueba con tripulación para obtener la certificación oficial de la NASA.

Iniciativas como el COTS (Commercial Orbital Transportation Services) han permitido que compañías como SpaceX y Orbital Sciences transportaran astronautas y carga a la ISS. El éxito de esta colaboración público-privada construiría el cimiento de la exploración espacial liderada por privados años después, que se sostiene hasta la actualidad.

Otro ejemplo característico: el Commercial Crew Program fue lanzado por la NASA en 2011, y sigue operativo en la actualidad. Mediante contratos con las compañías Boeing y SpaceX, la NASA consiguió transportar equipamiento y astronautas con costos más convenientes, con lo que logró misiones en la ISS más prolongadas.

La NASA pasó de centrarse en el transporte de carga y astronautas (delegada en contratos con privados) para pasar al diseño de naves destinadas a las regiones más recónditas del espacio, en colaboración con países aliados. En este sentido, inició el programa New Frontiers, con tres misiones actualmente activas: New Horizons, desde 2006, que pasó por Plutón y Arrokoth, el objeto celeste más distante de la Tierra jamás visitado; Juno, lanzada en 2011, que llegó a Júpiter en 2016 y ha descubierto aspectos de ese planeta que echaron por tierra viejas teorías; y OSIRIS, lanzado en 2016.

Esta última misión retornó en septiembre de 2023 con muestras del asteroide Bennu. Este asteroide orbita cerca de la Tierra y, al tener una antigüedad de 4.5 billones de años, cercana a la datación de la formación del planeta, promete brindar datos sobre el origen de la vida. Se anunció preliminarmente que las muestras contienen un elevado contenido de agua y carbono, materiales de interés que seguirán siendo estudiados (Fox *et al.*, 2023).

En los últimos años, la NASA se focalizó en la misión Artemis, que planea llevar al ser humano a la Luna después de medio siglo y construir una base permanente en la Luna. Asimismo, mediante acuerdos con 32 países, incluida la Argentina, busca ser el punto de partida para una cooperación multilateral en la exploración del espacio. El objetivo es sentar las bases para llevar al ser humano al planeta Marte en el mediano plazo.

Otro caso destacado es el telescopio Webb, operativo desde 2021 y mucho más potente que el Hubble, en colaboración con 14 naciones. Fue lanzado desde la Guayana Francesa, utilizado tradicionalmente para los lanzamientos por la Agencia Espacial Europea, demostrando la sólida cooperación entre EE. UU. y el bloque del Viejo Continente.

Respecto a Internet, se ha generado una revolución en su velocidad con la irrupción de Starlink, servicio de Internet de banda ancha brindado por SpaceX. Se utilizan satélites propios de la empresa, que circundan la Tierra en una órbita mucho más cercana al planeta, reduciendo el tiempo de latencia y aumentando significativamente la velocidad de Internet (Delgado, 2020). Sin el capital privado fluyendo en esta nueva etapa de la exploración espacial, es altamente probable que este nuevo servicio de Internet no esté disponible aún.

Se podría continuar describiendo casos, pero, por razones de espacio, se han descripto brevemente solo los más significativos. Para el Estado norteamericano, resulta beneficioso incorporar capital privado a la exploración espacial, por lo que es de esperar que esta tendencia siga *in crescendo* en el futuro.

Próximas décadas y conceptos finales

¿Qué pasará en el futuro con la exploración espacial? La realidad es que, si bien hay pistas, sigue siendo un misterio su alcance y línea temporal, aunque será un escenario clave para la disputa geopolítica en próximas décadas. El autor Tim Marshall (2023) esboza algunos trazos: en principio, visualiza una situación simultánea de competencia y cooperación, ya que cada vez más países están lanzando misiones al espacio al disminuir los costos.

Asimismo, Marshall sostiene que, si no surgen reglas más estrictas para la exploración del cosmos, inevitablemente se generarán esferas de influencia y relaciones conflictivas entre bloques de países. La nación que logre ser la primera en colonizar la Luna tendrá una ventaja inmensa en la geopolítica y en lo económico. Por ejemplo, se estima que en la Luna existen al menos un millón de toneladas de helio-3, un extraño elemento con escasa presencia en la Tierra que tiene un rol vital en la producción de energía.

En términos financieros, Morgan Stanley (2020) estima que la economía espacial generará USD 1 trillón en ganancias en 2040, principalmente de la mano de la inversión privada, muy por encima de los USD 400 billones de la actualidad. Esta previsión de crecimiento se espera que continúe atrayendo capital privado y fomentando proyectos más ambiciosos.

En las próximas décadas, la exploración espacial estará enmarcada en la innovación y la colaboración entre naciones y con privados. Estados Unidos buscará volver a la Luna, llegar a Marte y seguir explorando el cosmos. Proyectos conjuntos con otras naciones y empresas privadas, sumados a tecnología de punta, prometen que Internet será aún más veloz, y que el turismo espacial y hasta la colonización de otros cuerpos celestes sean una realidad en el mediano plazo.

Referencias bibliográficas

Delgado, R. (2020). The New Space Race: Bringing Internet to the Other 4 Billion.

Domitrovick, B. & Broadwater, J. (2017). Was federal spending on the space race justified? Bill of Rights Institute. Disponible en billofrightsinstitute.org/activities/was-federal-spending-on-the-space-race-justified. Consulta: 18 de diciembre de 2023.

Farley, R. (2020). Space Force: Ahead of Its Time, or Dreadfully Premature? Disponible en www.cato.org/policy-analysis/space-force-ahead-its-time-or-dreadfully-premature. Consulta: 3 de enero de 2024.

Fox, K., Morton, E. & Vereen, S. (2023). NASA's Bennu Asteroid Sample Contains Carbon, Water. Disponible en www.nasa.gov/news-release/nasas-bennu-asteroid-sample-contains-carbon-water. Consulta: 27 de diciembre de 2023

Herring, G (2008). *From Colony to Superpower.* Londres: Oxford University Press.

Johnson, J. (2017). *Sputnik and the Space Race.* Nueva York: Cavendish Square Publishing.

Johnstone, A. & Laville, H. (2010). *The US Public and American Foreign Policy*. Londres: Routledge.

Koman, R. (1994). "Man on the Moon: The U.S. Space Program as a Cold War Maneuver". *OAH Magazine of History*, 8, pp. 42-50.

Marshall, T. (2023). *The Future of Geography: How Power and Politics in Space Will Change our World.* Londres: Elliott & Thompson.

Mieczkowski, Y. (2013). *Eisenhower's Sputnik moment: the race for space and world prestige*. Ithaca: Cornell University Press.

Morgan Stanley Team (2020). Space: Investing in the Final Frontier. Disponible en www.morganstanley.com/ideas/investing-in-space. Consulta: 5 de enero de 2024.

OPC (2019). *The Personnel Requirements and Costs of New Military Space Organizations.* Washington D. C.: Congreso de Estados Unidos.

Oueslati, S. (2014). "U.S. Foreign Policy and the Complex Factors in the Decision-Making Process". *Society*, 51, pp. 472-481.

Our World in Data Team (2022). Annual Budget of the NASA. Disponible en ourworldindata.org/grapher/nasa-annual-budget. Consulta: 22 de diciembre de 2023

Sabin, S. (2021). Nearly Half the Public Wants the U.S. to Maintain Its Space Dominance. Disponible en https://tinyurl.com/2nb3jjrc. Consulta: 26 de diciembre de 2023.

Trudy, B. & Esch, K. (2016). The Challenger Disaster: A Case of Subjective Engineering. Disponible en spectrum.ieee.org/the-space-shuttle-a-case-of-subjective-engineering. Consulta: 14 de diciembre de 2023.

Las estrategias de Estados Unidos por mantener su supremacía en el espacio ultraterrestre frente a los nuevos desafíos

Erika Denise Golia

Resumen

En el presente ensayo, se analiza la evolución de la carrera espacial desde el lanzamiento del satélite Sputnik por parte de Rusia, que marcó el inicio de una competencia en la que Estados Unidos ha tenido un rol preponderante. Se examinan los programas y proyectos espaciales desarrollados bajo las administraciones estadounidenses, desde Kennedy hasta Trump, y se destaca cómo el avance en tecnologías misilísticas ha puesto en evidencia vacíos en el marco regulatorio internacional sobre actividades espaciales. En la actualidad, China y la Unión Europea han emergido como actores significativos, mostrando un creciente interés en el espacio ultraterrestre. Para Rusia y Estados Unidos, los primeros países en incursionar en este ámbito, el espacio reviste una importancia estratégica clave, dada su capacidad de realizar ataques preventivos. Actualmente, Estados Unidos, China y Rusia lideran el desarrollo de nuevas tecnologías enfocadas en la militarización del espacio. Este escenario plantea, por un lado, amenazas para la seguridad global, especialmente por el aumento de la basura espacial; pero, por otro lado, ofrece ventajas estratégicas relacionadas con la vigilancia y la defensa de los Estados. A pesar de los avances notables de China en capacidades satelitales y de la Unión Europea en tecnologías espaciales, Estados Unidos mantiene un liderazgo indiscutido, basado en tres líneas de acción clave que subrayan su predominio en la militarización del espacio.

Palabras clave

Política espacial, carrera armamentística, supremacía, derecho internacional, espacio exterior, militarización del espacio, sistemas militares, espacio ultraterrestre.

Abstract

This essay analyzes the evolution of the space race starting with the launch of the Sputnik satellite by Russia, which marked the beginning of a competition where the United States has played a prominent role. The study reviews the space programs and projects undertaken during U.S. administrations from Kennedy to Trump, emphasizing how advancements in missile technologies have exposed gaps in the international regulatory framework for space activities. Currently, China and the European Union have emerged as significant actors, showing increasing interest in outer space. For Russia and the United States, the first countries to venture into this field, space holds critical strategic importance due to their capacity for preemptive attacks. Today, the United States, China, and Russia are at the forefront of developing new technologies aimed at the militarization of space. This context presents both threats to global security —particularly due to the growing issue of space debris— and strategic advantages related to the surveillance and defense capabilities of states. Despite the remarkable progress of China in satellite capabilities and the European Union in space technologies, the United States maintains undisputed leadership, based on three key lines of action that reinforce its dominance in space militarization.

Keywords

Space policy, arms race, supremacy, international law, outer space, militarisation of space, military systems, outer space.

Introducción

En el presente ensayo, se analizan los acontecimientos que marcaron el inicio de la carrera espacial, poniendo especial énfasis en los proyectos desarrollados por Estados Unidos desde finales de la década de 1950 hasta el año 2021. También se examina el marco normativo del derecho internacional en materia espacial, detallando las disposiciones más relevantes. En este contexto, se concluye que la normativa jurídica vigente resulta desactualizada, pues no aborda adecuadamente la cuestión de la militarización del espacio.

Uno de los principales motivos para estudiar este tema radica en comprender cómo las potencias espaciales buscan mantener su primacía en el sistema internacional, asegurando la capacidad de neutralizar el control de las comunicaciones, la inteligencia y la vigilancia de sus adversarios (Pérez Gil, 2020).

Asimismo, la militarización del espacio representa una amenaza para la seguridad global, entre otros factores, debido a la creciente acumulación de basura espacial. Sin embargo, los satélites ofrecen ventajas estratégicas significativas, tales como la vigilancia y la defensa de los Estados (Ruiz y Gómez, 2020). La carrera espacial pone de manifiesto cómo la competencia entre potencias estimula la innovación, impulsando importantes avances en la exploración del espacio profundo. En este contexto, actores emergentes como la Unión Europea y China enfrentan el desafío de desarrollar frentes estratégicos para consolidar su supremacía espacial, con especial énfasis en la colonización de la Luna y Marte (Fermín Romero, 2024). En la actualidad, el panorama refleja un escenario complejo, con Estados

Unidos, Rusia, China y la Unión Europea en una competencia constante por la supremacía espacial, enmarcada en avances tecnológicos y científicos de vanguardia (Fermín Romero, 2024).

Marco normativo sobre el espacio exterior

Para el año 1961, las Naciones Unidas comenzaron a elaborar normativa internacional destinada a regular el uso del espacio ultraterrestre. Según Ruiz y Gómez (2020), se establecieron ciertas conductas para garantizar que las actividades en el espacio se desarrollaran de manera pacífica y en beneficio de todos los pueblos, sin importar su nivel de desarrollo económico o tecnológico (ONU, 2002; Ruiz y Gómez, 2020). Este marco normativo inicial fue impulsado por la Comisión sobre la Utilización del Espacio Ultraterrestre con Fines Pacíficos y su Subcomisión de Asuntos Jurídicos, organismos responsables de estructurar un cuerpo de reglas internacionales (Ruiz y Gómez, 2020).

En 1963, la Asamblea General aprobó la Declaración de los Principios Jurídicos que deben regir las actividades de los Estados en la exploración y utilización del espacio ultraterrestre (ONU, 2002; Ruiz y Gómez, 2020). Posteriormente, estos principios fueron consolidados en el Tratado del Espacio Exterior, aprobado en 1966 y vigente desde 1967, también conocido como la "carta magna del espacio". Este tratado establece las normas fundamentales para la exploración y el uso pacífico del espacio, incluyendo la Luna y otros cuerpos celestes (Resolución 2222 XXI, ONU, 2002; Ruiz y Gómez, 2020).

A pesar de estos avances, el desarrollo de tecnologías misilísticas por parte de un selecto grupo de países evidenció vacíos y lagunas en la regulación de las actividades espaciales. Durante la Guerra Fría, comenzaron a regularse las actividades relacionadas con armamentos en el espacio.

Inicialmente, Estados Unidos y Rusia se disputaron la dominación del espacio, pero actualmente China también muestra un interés estratégico creciente en esta zona. Según Rosario Fernández García (2011), tres elementos destacan como fundamentales en la importancia estratégica del espacio: la existencia de recursos (órbitas y frecuencias) esenciales para aplicaciones civiles y militares; la estabilidad del medio, evitando que los desechos espaciales inutilicen áreas críticas; y la seguridad en el control de activos espaciales, vinculada al ciberespacio.

En el contexto actual, la regulación internacional se ha mostrado insuficiente frente a una posible carrera armamentista. Según Francisco Hernández Fernández (2021), el derecho internacional carece de un tratado vinculante que regule específicamente el uso de armas en el espacio. La militarización del espacio, aunque costosa, representa una amenaza significativa a la paz y la seguridad internacionales. El régimen jurídico vigente, basado en principios y declaraciones que constituyen *soft law*, no ha logrado adaptarse a los avances tecnológicos y misilísticos. Aunque la Asamblea General de las Naciones Unidas ha adoptado diversas resoluciones y principios relacionados con el espacio, estas no son vinculantes, y el desarrollo de normas adecuadas sigue siendo una tarea pendiente (Francisco Hernández Fernández, 2021).

El Tratado del Espacio de 1967 establece una distinción entre el espacio ultraterrestre y los cuerpos celestes, siendo estos últimos los que deben ser explorados y utilizados exclusivamente con fines pacíficos. Sin embargo, este tratado omite regular aspectos críticos como la militarización pasiva, permitiendo actividades no agresivas como el reconocimiento, la vigilancia y las comunicaciones militares (Cesáreo Gutiérrez Espada, 2006; Julio Rivera Alejo, 2013). Estas omisiones reflejan el contexto de la Guerra Fría, cuando las superpotencias buscaron evitar limitaciones a sus actividades espaciales, manteniendo regímenes informales para el reconocimiento y la vigilancia mutuos (Gutiérrez Espada, 2006; Julio Rivera Alejo, 2013).

A lo largo de los años, se intentó ampliar las prohibiciones. Por ejemplo, los acuerdos SALT-II de 1979 entre Estados Unidos y la Unión Soviética buscaban restringir el desarrollo de sistemas FOBS, satélites equipados con armas nucleares. Sin embargo, estos acuerdos no fueron ratificados por Estados Unidos, lo que evidencia la falta de compromiso y eficacia de los esfuerzos multilaterales en este ámbito (Cesáreo Gutiérrez Espada, 2006).

Una de las lagunas principales que se destacan en el vacío normativo es que la desnuclearización del espacio ultraterrestre era total, ya que el Tratado no contemplaba el hecho de los ingenios balísticos cuya trayectoria se desarrolla parcialmente a través del espacio exterior (Cesáreo Gutiérrez Espada, 2006).

A lo largo de la historia, hubo un intento de ampliar la prohibición debido a que, por ejemplo, el texto normativo no prohibía el ensayo de sistemas FOBS, los cuales son satélites provistos de armas nucleares.

Haciendo foco puntualmente en el juego de Estados Unidos frente a esto, según los acuerdos SALT-II del año 1979, concertados tanto por dicho país como por la Unión Soviética, prohibía el ensayo, desarrollo y despliegue de armas nucleares de sistemas FOBS. Estos acuerdos no fueron ratificados por Estados Unidos, ya que se llegó a la conclusión por parte de ambos países de que la prohibición no les obligaba a destruir ni a desmantelar tales sistemas, los cuales poseían ambos países (Cesáreo Gutiérrez Espada, 2006).

Desde una mirada basada en los hechos actuales, se hace más evidente que nunca la llamada de atención a los riesgos y las amenazas que pueden identificarse tanto en, como desde y hacia la actividad espacial. Es por esto por lo que la proliferación de los activos espaciales supondrá disponer de nuevas capacidades que pondrán a prueba nuestra habilidad para coexistir en ese "marco global", acordado en los tratados suscritos para el uso pacífico del espacio, ante un nuevo escenario, de emergentes nuevos riesgos y amenazas, de diversa naturaleza (Jaimen Sánchez Mayorga, 2023).

La realidad de nuestros días abre paso hacia un nuevo orden en el uso del espacio, que cambia el efecto de la facilidad del acceso a él, para dirigirnos hacia la era de la habitabilidad en el espacio (Jaimen Sánchez Mayorga, 2023).

El rol desarrollado por el derecho internacional desde el comienzo de las actividades espaciales ha sido insuficiente ante la potencial militarización. Hay que tener en cuenta, tal como afirma (Julio Rivera Alejo, 2013), que el contexto en el que nació el derecho espacial era realmente complejo; en el momento de la Guerra Fría, no era claro prever el desarrollo tecnológico en el plano militar y los riesgos que, derivados de este, son amenazas para la actualidad.

En un principio, la declaración de su artículo IV establece el uso del espacio "exclusivamente para fines pacíficos", así como "la desmilitarización de los cuerpos celestes al prohibir el establecimiento de bases militares, instalaciones y fortificaciones, pruebas de cualquier tipo de armas y la realización de maniobras militares en los cuerpos celestes" (Julio Rivera Alejo, 2013). Sin embargo, por un lado, el tratado impedía la militarización "activa" del espacio, dejaba la puerta abierta a su militarización "pasiva", esto es, al uso del espacio para funciones militares no agresivas como pudieran ser las comunicaciones, el reconocimiento, la vigilancia y la alerta (Sebesta, 2019: 27-28; Julio Rivera Alejo, 2013).

Con respecto a la desmilitarización del espacio *per se*, el Tratado guarda silencio. Esta omisión intencionada tiene sentido debido al contexto de la Guerra Fría, en el cual nació el tratado, en el que las dos potencias de la época buscaron eludir de mutuo acuerdo toda limitación al potencial uso militar del espacio, más allá de las restricciones impuestas para la Luna y el resto de los cuerpos celestes, estableciéndose un régimen informal paralelo al tratado por el que las dos superpotencias admitían de forma tácita su derecho a cometer actividades militares de reconocimiento y vigilancia. En definitiva, a espiarse mutuamente (Gutiérrez Espada, 2006: 110-113; Julio Rivera Alejo, 2013).

Se puede afirmar, para concluir el tema respecto al derecho espacial, que sus muchas lagunas han eludido la cuestión de la militarización del espacio, ya que, además de las actividades militares satelitales tradicionales, es posible desplegar en el espacio todo tipo de armas que no sean nucleares o de destrucción masiva, lo que incluye la posibilidad de colocar en órbita nuevos tipos de armas (Julio Rivera Alejo, 2013). Haciendo especial foco en Estados Unidos, la negativa de tal país a actuar en pro de la no militarización del espacio parece lógica a la vista de los hechos que traiga consigo la búsqueda por parte de China de entrar en la carrera por la militarización y el control del espacio.

Estados Unidos en la carrera espacial

A lo largo de su historia, Estados Unidos ha desarrollado una amplia variedad de programas y proyectos enfocados en el ámbito militar espacial. A finales de la década de 1950, el país dio inicio a sus primeros proyectos militares en el espacio. Con el fin de la Guerra Fría y el comienzo de la globalización, se produjo un giro hacia las tecnologías de la información, lo que incrementó la demanda de sistemas espaciales para comunicaciones, navegación y exploración (Pérez Gil, 2020). Durante este período de hegemonía imperfecta, Estados Unidos fortaleció su dominio en el espacio, priorizando la explotación pacífica de este ámbito (Pérez Gil, 2020).

En el último año de la década de 1990, la NASA inició un programa de vehículos espaciales no tripulados con la misión principal de destruir satélites adversarios (Pérez Gil, 2020). Con la administración Clinton, en 1996, y tras el fin de la Guerra Fría, la Iniciativa de Defensa Estratégica (SDI) fue desmantelada, y se adoptó un enfoque distinto para el control del espacio, renunciando a desplegar armas en este ámbito (Ruiz y Gómez, 2020). Bajo esta administración, también se implementó el Proyecto de Defensa Nacional Antimisiles (NMD), un sistema defensivo contra misiles balísticos intercontinentales (Sebaste, 2010; Gutiérrez Espada, 2006; García Cantalapiedra, 2008; Ruiz y Gómez, 2020).

En 2001, la administración de George W. Bush implementó una nueva política espacial que promovía la militarización activa del espacio. Ese mismo año, Estados Unidos se retiró del Tratado de Misiles Antibalísticos (ABM) con el objetivo de avanzar en el desarrollo del NMD (Gutiérrez Espada, 2006; Ruiz y Gómez, 2020). La nueva Política Espacial Nacional enfatizaba que "la libertad de acción en el espacio es tan importante para Estados Unidos como su supremacía naval y aérea" (Gutiérrez Espada, 2010).

En 2005, Estados Unidos lanzó un proyecto secreto denominado Experimento de Navegación y Orientación Automatizada en el Espacio Cercano, que incluyó el desarrollo de microsatélites autónomos capaces de detectar e inspeccionar otros objetos en el espacio (Pérez Gil, 2020). Durante la administración de Bush, la política espacial se basó en tres principios fundamentales: garantizar la libertad de acción de Estados Unidos en el espacio, rechazar las capacidades espaciales hostiles de sus adversarios, y oponerse a cualquier régimen legal que limitara su libertad de acción en el espacio (U.S. Office of Science and Technology Policy, 2006; Ruiz y Gómez, 2020).

En 2010, la administración de Barack Obama presentó una nueva Política Espacial Nacional. Esta promovía la cooperación internacional en actividades espaciales, planteaba la posibilidad de nuevos acuerdos internacionales de control de armas si estos eran efectivos y compatibles con la seguridad nacional, y mantenía los sistemas de armas espaciales existentes, además de fomentar el desarrollo de nuevas capacidades (Gutiérrez Espada, 2010; Ruiz y Gómez, 2020). Entre 2014 y 2016, se lanzaron varios satélites del

Programa de Conciencia de la Situación Espacial Geosíncrona (GSSAP) para mejorar la vigilancia espacial (Pérez Gil, 2020). En 2016, Obama presentó un informe al Congreso con propuestas para reforzar la seguridad espacial y aumentar la financiación de programas avanzados, incluyendo aviones extraatmosféricos (Pérez Gil, 2020).

La administración de Donald Trump continuó con estas iniciativas. En 2017, reinstauró el Consejo Nacional del Espacio, que había sido disuelto en 1993, como señal del liderazgo estadounidense en este ámbito (Pérez Gil, 2020). Durante su mandato, se completó la quinta misión del programa de aeronaves no tripuladas de la Fuerza Aérea, y aterrizó el X-37B tras 780 días en órbita. Además, DARPA financió el desarrollo del avión XS-1, diseñado para ejecutar misiones espaciales de manera más rápida y eficiente (Pérez Gil, 2020).

En 2019, Trump consolidó el programa espacial militar con la creación de la Fuerza Espacial de Estados Unidos, priorizando el desarrollo de aeronaves espaciales y sistemas de defensa antimisiles. En 2020, el país implementó actualizaciones en sensores e interceptores, fortaleciendo su capacidad de contraataque y disuasión frente a amenazas potenciales. Para finales de 2021, se preveía el lanzamiento de una nueva flota del X-37B (Ruiz y Gómez, 2020). Durante este período, también se acordaron tácticas con los países de la OTAN para responder ante agresiones a satélites o ataques con misiles de gran altitud (Ruiz y Gómez, 2020).

El continuo desarrollo de tecnología espacial y misilística por parte de Estados Unidos tiene un objetivo claro: mantener su superioridad y primacía en el espacio. Como señala Pérez Gil (2020), estos avances incluyen aviones espaciales equipados con armamento avanzado, como láseres y armas diseñados para inutilizar o destruir satélites y otros activos orbitales en caso de conflicto. Este esfuerzo refuerza la posición estratégica de Estados Unidos en un entorno espacial cada vez más competitivo.

La importancia del espacio y su creciente militarización

El espacio ultraterrestre ha adquirido una importancia estratégica indiscutible en el sistema internacional. Actualmente, solo Estados Unidos y Rusia poseen la capacidad de llevar a cabo ataques preventivos en este ámbito. Las grandes potencias compiten por mantener su primacía, buscando garantizar que, en caso de conflicto, puedan neutralizar los sistemas de comunicaciones, inteligencia y vigilancia de sus adversarios (Pérez Gil, 2020).

La militarización del espacio ya es una realidad. Estados Unidos, China y Rusia invierten significativamente en programas espaciales y en el desarrollo de tecnologías avanzadas, como satélites no convencionales y aviones espaciales (Pérez Gil, 2020). Según Friedman, las guerras del futuro se librarán en el espacio, ya que los conflictos estarán dirigidos a inutilizar los sistemas espaciales que proporcionan capacidades bélicas fundamentales, como la navegación y las comunicaciones (Pérez Gil, 2020).

Esta creciente militarización representa una amenaza para la seguridad global. El despliegue de armas en el espacio podría alterar el equilibrio estratégico entre los Estados, desatando una carrera armamentista por su control (Rivera Alejo, 2013). Además, otro problema crítico es la acumulación de basura espacial. Según Rivera, de los 8700 artefactos espaciales lanzados en los últimos cincuenta años, solo el 6 % permanece en funcionamiento. Una mayor militarización, acompañada de pruebas y lanzamientos de armas espaciales, agravaría considerablemente esta problemática (Rivera Alejo, 2013).

Desde el lanzamiento del Sputnik, el inicio de la carrera espacial incentivó a las potencias a desarrollar capacidades para acceder a las órbitas terrestres y operar en ellas. Actualmente, esta competencia se ha transformado en una lucha por dominar el espacio ultraterrestre y defender los activos espaciales allí desplegados. Además de su valor militar, los satélites proporcionan ventajas estratégicas esenciales para la vigilancia y la defensa de los Estados (Ruiz y Gómez, 2020).

En el ámbito civil, el espacio desempeña un rol crucial. La economía global depende de sistemas espaciales para garantizar la continuidad de servicios clave, como las comunicaciones, el transporte terrestre, naval y aéreo, las operaciones bancarias y las redes eléctricas. Este creciente uso explica el aumento sostenido del número de satélites en las últimas décadas (Jordán, 2023). No obstante, desde una perspectiva militar, el Tratado del Espacio Exterior de 1967, aunque prohíbe el despliegue permanente de armas nucleares en órbita terrestre y cuerpos celestes, no restringe el empleo del espacio para fines de inteligencia, comunicaciones o geolocalización, facilitando así su militarización pasiva (Jordán, 2023).

La historia y los acontecimientos actuales confirman que el espacio ya está militarizado. Según sir Halford Mackinder, quien controle el espacio dominará la *World Island* y, por ende, la Tierra en un conflicto bélico (Pérez Gil, 2020). Ruiz y Gómez (2020) refuerzan esta idea al describir el espacio ultraterrestre como un verdadero teatro de guerra. La normativa internacional asumió erróneamente que las intenciones de los países en el espacio eran pacíficas, pero los desarrollos en misiles y tecnología espacial han demostrado lo contrario (Soles & Hernández, 2020; Ruiz y Gómez, 2020).

Desde la Guerra Fría, el desarrollo militar en el espacio no se ha detenido. La exploración, la inversión y la búsqueda de supremacía espacial son impulsadas por el interés de demostrar poderío militar y capacidad destructiva (Ruiz y Gómez, 2020). Actualmente, el ritmo acelerado de estos avances supera las normativas existentes, lo que convierte al espacio en un escenario operativo para posibles conflictos armados (Ruiz y Gómez, 2020). Aunque los discursos oficiales promueven el uso pacífico del espacio, la militarización ha sido un componente estratégico desde el inicio de la carrera espacial, subrayando la necesidad urgente de revisar y actualizar el marco normativo global (Paolini, 2015; Ruiz y Gómez, 2020).

La búsqueda de supremacía espacial

La necesidad de un uso pacífico del espacio, junto con la concientización de su importancia como ámbito para la seguridad, la prosperidad y el avance científico, es un punto de consenso en los documentos estratégicos de Estados Unidos y otras potencias mundiales (Javier Jordán, 2023). Sin embargo, el destacado desarrollo económico estadounidense ha generado una particular dependencia de las infraestructuras que orbitan la Tierra (Javier Jordán, 2023). Es fundamental señalar que, desde el inicio de la carrera espacial, el contexto ha cambiado significativamente debido a la creciente participación de nuevos países, empresas y programas internacionales en la exploración y uso del espacio ultraterrestre (Javier Jordán, 2023).

Estados Unidos ha ratificado cuatro de los cinco tratados de la Comisión de las Naciones Unidas sobre los usos pacíficos del espacio ultraterrestre (Naciones Unidas, 2002; Javier Jordán, 2023). Sin embargo, no es firmante del Acuerdo que debe regir las actividades de los Estados en la Luna y otros cuerpos celestes de 1984 (Javier Jordán, 2023). A pesar de ello, la importancia militar del espacio para Estados Unidos es indiscutible, como lo demuestran documentos clave como la Estrategia Nacional para el Espacio (NSfs) de 2018, la Estrategia Nacional de Defensa (NDS) de 2018 y la Estrategia Espacial de Defensa (DDS) de 2020. Este último documento destaca cómo Rusia y China buscan socavar la ventaja militar estadounidense mediante doctrinas, organizaciones y capacidades diseñadas para competir efectivamente en el dominio espacial (Javier Jordán, 2023).

En su obra "Competición entre grandes potencias y militarización en el espacio exterior", Javier Jordán (2023) enfatiza que el objetivo de la estrategia norteamericana es incrementar su presencia en el espacio. Este poder se define como la capacidad de desarrollar actividades diplomáticas, informativas, militares y económicas en tiempos de paz y guerra, destinadas a alcanzar los objetivos nacionales. La finalidad última de esta estrategia, según Jordán (2023), es obtener superioridad. Al analizar este concepto, resulta relevante recurrir a la teoría del realismo ofensivo de Mearsheimer, quien plantea que las grandes potencias buscan garantizar su seguridad maximizando su poder relativo frente a los demás actores (Mearsheimer, 2003; Javier Jordán, 2023).

Para fortalecer su dominio en el espacio, Estados Unidos, China y Rusia han creado fuerzas espaciales como organismos institucionales dedicados a la defensa de sus intereses en este ámbito. Estos esfuerzos buscan desarrollar capacidades estratégicas que les permitan obtener ventajas decisivas en caso de un conflicto internacional (Ruiz y Gómez, 2020). En el actual contexto internacional, marcado por una carrera armamentista en el espacio, Rusia y China trabajan activamente para superar las capacidades estadounidenses, reconociendo la relevancia estratégica del dominio espacial, que crece año tras año.

De acuerdo con Mearsheimer (2003) y Javier Jordán (2023), en un entorno de competencia por la supremacía, Estados Unidos, China y Rusia buscan maximizar su poder relativo. Esta búsqueda inevitablemente genera tensiones y recelos entre los competidores, particularmente en el caso de Rusia y China. Estados Unidos, en línea con su estrategia de control del espacio, se retiró en 2001 del Tratado sobre Defensa Antimisiles Balísticos y rechazó respaldar el Tratado para Prevenir una Carrera de Armamentos en el Espacio Exterior (PAROS) (Javier Jordán, 2023).

La superioridad estadounidense en el espacio se basa en el volumen de recursos invertidos en este ámbito. Según datos del International Institute for Strategic Studies (2020), Estados Unidos opera 140 satélites militares, que incluyen 45 dedicados a comunicaciones, 17 a ISR (inteligencia, vigilancia y reconocimiento), 27 a inteligencia electrónica y de señales, y varios más para geolocalización, meteorología y alerta temprana (Javier Jordán, 2023). Además, cuenta con el minitransbordador espacial no tripulado X-37B y con empresas líderes como SpaceX, United Launch Alliance, Astra y Rocket Lab. Estas compañías han creado un ecosistema de innovación que refuerza el poder espacial estadounidense (Javier Jordán, 2023).

Por último, Estados Unidos dispone de capacidades ASAT (antisatélite) destructivas, que incluyen sistemas diseñados para identificar objetivos en el espacio ultraterrestre (Agrawal & Fernengel, 2019; Javier Jordán, 2023). Estas capacidades refuerzan su liderazgo y subrayan su posición dominante en la militarización del espacio. El aporte de Javier Jordán Enamorado y Josep Baqués Quesada (2018) en el ensayo "Robots, ciberguerra y militarización del espacio" es fundamental para entender las tres líneas de acción de la doctrina estadounidense para neutralizar las capacidades espaciales enemigas:

- Ataque a infraestructuras terrestres: destruir los recursos terrestres que sostienen el programa espacial del adversario.
- Guerra electrónica: interferir en los enlaces entre satélites enemigos y sus estaciones de recepción terrestre.
- Ataque directo contra satélites en órbita: aunque efectiva, esta estrategia es menos atractiva debido a los problemas de eficiencia y eficacia y al riesgo de generar restos espaciales que podrían dañar satélites aliados o neutrales (Sheehan, 2009).

Según Fermín Romero (2024), la carrera espacial actual se caracteriza por la formación de dos bloques principales. Por un lado, Estados Unidos y sus aliados, como la NASA, lideran el esfuerzo occidental. Por otro lado, China y Rusia han establecido una colaboración estratégica a través de la Estación Internacional de Investigación Lunar, operada conjuntamente por la CNSA y Roscosmos. Esta competencia no solo impulsa la innovación, sino que también ha llevado a avances significativos en la exploración del espacio profundo.

La supremacía en el espacio, particularmente en la colonización de la Luna y Marte, depende del desarrollo y la integración de frentes estratégicos, como sistemas de soporte vital, biotecnología, robótica, inteligencia artificial, cómputo cuántico y ciberseguridad. Tanto China como Estados Unidos reconocen la importancia de estas áreas para asegurar su posición en la carrera espacial (Fermín Romero, 2024).

La investigación y el desarrollo en estas áreas es crucial para transformar en realidad el sueño de los asentamientos humanos permanentes, primero en la Luna y posteriormente en Marte. Así, el espacio se consolida como un eje estratégico de la competencia entre grandes potencias, marcando una nueva etapa en la carrera espacial (Fermín Romero, 2024).

Conclusiones

El análisis presentado permite concluir que el espacio ultraterrestre se ha convertido en un ámbito estratégico indispensable para las grandes potencias, no solo por su importancia en comunicaciones y redes globales, sino también como un espacio crítico en términos militares. La inversión de las grandes potencias, como Estados Unidos, China y Rusia, se enfoca en desarrollar tecnologías avanzadas para mantener su superioridad y garantizar su seguridad frente a posibles conflictos (Pérez Gil, 2020).

El marco normativo internacional, establecido durante la Guerra Fría, presenta serias lagunas frente a los nuevos retos tecnológicos y estratégicos. Como señala Hernández Fernández (2021), es imperativo actualizar estas regulaciones para garantizar un uso sostenible y pacífico del espacio. Sin embargo, las actividades recientes demuestran que la militarización es un fenómeno en expansión, resultado de tres factores principales: la búsqueda de soluciones a problemas militares, los avances tecnológicos y la competencia internacional (Jordán, 2023).

La supremacía en el espacio, como lo afirma Pérez Gil (2020), representa una ventaja estratégica crítica en el sistema internacional. La máxima de Friedman, que predice que las guerras del futuro comenzarán con ataques a sistemas espaciales, subraya la relevancia del control sobre este dominio. Aunque Estados Unidos sigue liderando en capacidades espaciales, otras potencias buscan limitar su hegemonía, equilibrando las fuerzas o desarrollando contramedidas. Por último, la militarización del espacio no solo amenaza la estabilidad estratégica, sino también la seguridad global, debido al incremento de basura espacial y el desequilibrio que puede generar en las relaciones internacionales. Es fundamental garantizar que el espacio sea utilizado en beneficio de la seguridad internacional, asegurando que los Estados puedan desarrollar sus intereses nacionales de manera pacífica y responsable (Rivera Alejo, 2013).

Referencias bibliográficas

Baqués Quesada, J. (2018). Robots, ciberguerra y militarización del espacio. Global Affairs and Strategic Studies, Facultad de Derecho. En lc.cx/0RUxzC.

Enamorado, J. J. (2023). Competición entre grandes potencias y militarización del espacio exterior/Great Powers

Competition and Outer Space Militarization. *Araucaria, 53,* 170-194. En lc.cx/PAH8-F.

Fernández, F. H. (2021). Una carrera armamentística en el espacio: ¿Déficit de Derecho Internacional Público? *Boletín IEEE,* (21), 476-490. En dialnet.unirioja.es/servlet/articulo?codigo=7957077.

García Cantalapiedra, D. (2008). EE. UU., China y Rusia: La lógica inevitable de la militarización del espacio. En lc.cx/As1S70.

Gutiérrez Espada, C. (2010). La militarización del espacio ultraterrestre. *Revista Electrónica de Estudios Internacionales*. En lc.cx/PJ4uZ4.

Gutiérrez Espada, C. (2010). La política de los Estados Unidos sobre el uso militar del espacio: De Bush (2006) a Obama (2010). *Revista Electrónica de Estudios Internacionales, 20.* En lc.cx/p4FNp_.

Mayorga, J. L. S. (2023). La cooperación internacional en la competición por el espacio exterior. *Araucaria, 53,* 256–280. En lc.cx/OcEpJz.

Prieto, P. A., & Roja Ortiz, Z. X. (2023). Nuevas formas de poder espacial: Entre la tradicional militarización y nuevos actores.

Rivera, J. (2014). La militarización del espacio: Un desafío a la seguridad internacional y un reto para el Derecho Internacional. Tufts. En lc.cx/PJ4uZ4.

Romero, F. (2024, 2 de febrero). Los frentes estratégicos que garantizarán la supremacía en la nueva carrera espacial. *Aviación 21.* En lc.cx/b3xbnQ.

Ruiz, L. C., & Gómez, É. L. G. (2020). La nueva carrera por el dominio del espacio ultraterrestre. *Ciencia y Poder Aéreo,* 15(2), 32-52. En lc.cx/4T-o5b.

Ureña-Álvarez, M. (1985). *La ONU y el derecho del espacio extraatmosférico*. En lc.cx/Mx19nA.

La política espacial en la agenda de seguridad estadounidense

ALMUDENA ESTEBAN

Resumen

El espacio exterior ha ido cobrando relevancia como un escenario de potenciales conflictos internacionales, impulsado por la creciente militarización en este ámbito. Estados Unidos se ha consolidado como la principal potencia espacial, afirmando que esta cuestión tiene un rol clave en la seguridad. Para enfrentar la competencia geopolítica, ha desarrollado instituciones, doctrinas y políticas con el objetivo de mantener su liderazgo y proteger sus intereses nacionales en el espacio. En el presente ensayo, se analiza el papel de la política espacial dentro de la agenda de seguridad estadounidense, examinando su enfoque doctrinal y las instituciones que llevan a cabo estas políticas. Además, se exploran los desafíos que plantea la creciente competencia con otras potencias, principalmente China y Rusia, que buscan contrarrestar el dominio estadounidense mediante el desarrollo de capacidades militares espaciales. Finalmente, se subraya la importancia del espacio en la estrategia de seguridad y defensa estadounidense para asegurar la superioridad en este dominio.

Palabras claves

Poder espacial, Estados Unidos, seguridad, fuerzas militares, competencia geopolítica.

Abstract

Outer space has been gaining prominence as a theater of potential international conflict, driven by its increasing militarisation. The United States has established itself as the leading space power, asserting that this space has a key role in security. To face geopolitical competition, it has developed institutions, doctrines and policies aimed at maintaining its leadership and protecting its national interests. This essay analyzes the role of space policy within the US security agenda, examining its doctrinal approach and the institutions that carry out these policies. It also explores the challenges posed by growing competition with other powers, primarily China and Russia, which seek to counter US dominance through the development of military space capabilities. Finally, it highlights the importance of space in US security and defense strategy to ensure superiority in this domain.

Keywords

Space power, United States, security, military forces, geopolitical competition.

Introducción

El espacio exterior es uno de los cuatro *global commons*, que son aquellos espacios que constituyen la conexión vital del sistema internacional y están por fuera de la jurisdicción nacional. Los tres restantes son el espacio aéreo, el marítimo y el ciberespacio. El espacio exterior abarca desde la atmósfera terrestre hasta el propio espacio exterior, incluyendo todas las infraestructuras espaciales, como los satélites de comunicación e imágenes. Estas infraestructuras son fundamentales para apoyar los bienes comunes globales, como el Acceso Global a la Información (AGC) y el Sistema Global de Comunicaciones (SGC), mediante sistemas de navegación como el GPS, así como para facilitar la conectividad en el ciberespacio a través de enlaces satelitales y la conexión a Internet (Catalano, 2013).

La comunidad internacional debe asegurar tres cuestiones respecto a los *global commons:* libertad, estabilidad y acceso. En este sentido, el espacio presenta características que deben abordarse de manera particular. En términos de libertad, entendida como la capacidad de actuar e intercambiar información o bienes, se debe tener en cuenta que las limitaciones provienen principalmente de las propias restricciones cuestiones físicas del espacio y la disponibilidad de tecnología, ya que hay una gran variedad de regulaciones aplicables. En cuanto a la estabilidad, es crucial considerar que un incidente en el espacio puede afectar a una amplia gama de actores, independientemente de su participación directa.

La cuestión del acceso al espacio merece especial atención. Implica la capacidad de lanzar satélites de manera independiente y fiable, tanto para fines comerciales como gubernamentales. La capacidad de lanzamiento es fundamental para aprovechar plenamente los recursos espaciales en apoyo de los objetivos políticos y de seguridad, así como para respaldar a aliados y obtener ventajas sobre países que carecen de esa capacidad.

Estados Unidos fue el primer país en desarrollar una doctrina militar para los *global commons*. En el año 2012, se planteó que el aumento en la cantidad de países que participaban de actividades espaciales estaba generando desafíos para la seguridad y la protección. Para garantizar el acceso y uso de los *global commons,* Estados Unidos buscaría fortalecer las normas internacionales para promover el uso responsable, y al mismo tiempo mantendría capacidades militares relevantes e interoperables (Catalano, 2013).

El programa de desarrollo espacial de Estados Unidos data del siglo XX, y se vio particularmente potenciado por la carrera espacial con la URSS en el contexto de la Guerra Fría. La llegada del hombre a la Luna marcó el liderazgo de Estados Unidos en la materia, y al día de hoy es la primera potencia espacial mundial. Es el país que destina mayor financiación a sus programas espaciales, con aproximadamente 62.000 millones de dólares en el año 2022 y con una tendencia creciente a lo largo de los años, y el que tiene más satélites operativos en el espacio: de 5.400 satélites, alrededor de 3.400 son estadounidenses (Sanderson Moreno, 2023).

Para Estados Unidos, el espacio representa un interés vital debido a su importancia para la seguridad nacional, el desarrollo económico, el posicionamiento internacional y los avances tecnológicos. El poder espacial puede entenderse como la capacidad de ejercer en o desde el espacio una continua influencia, ya sea en tiempos de paz, crisis o guerra. Si se considera que el poder nacional es la capacidad de un país para influir sobre otros a través de la diplomacia, la economía, la información y los instrumentos militares; entonces el poder espacial se entiende como un subconjunto del poder nacional (Doctrina de las Fuerzas Espaciales, 2020). La estrategia estadounidense busca fortalecer su influencia en el espacio, con el objetivo de conservar la superioridad en este dominio, en colaboración con países aliados y empresas privadas.

En general, los documentos sobre estrategia espacial coinciden en señalar la necesidad del uso pacífico del espacio, y su importancia para la seguridad, la prosperidad y el desarrollo científico. Por ser la principal economía mundial, Estados Unidos es particularmente dependiente de las infraestructuras ultraterrestres –principalmente de los satélites–, en cuestiones tales como comunicaciones, transporte, sistemas bancarios o funcionamiento de las redes eléctricas. Es por esto por lo que, a pesar de remarcar la necesidad de reforzar los esfuerzos de la comunidad internacional para establecer normativas comunes a todos los países, Estados Unidos desarrolla sus propias estrategias militares para proteger sus intereses en el espacio.

Siguiendo esta línea, en el presente trabajo, se buscará describir cuál es el rol que tiene la política espacial en la agenda de seguridad de Estados Unidos en la actualidad, y cuáles son sus principales desafíos. Para alcanzar este objetivo, en el primer y segundo apartado, se analizarán las doctrinas por las que se guía la política espacial, y cuáles son las principales instituciones que las llevan a cabo. En el tercer apartado, el foco estará en la competencia geopolítica y los desafíos que esta plantea para el uso militar del espacio.

Política espacial: doctrina y políticas

El programa espacial estadounidense tiene, estructuralmente, componentes civiles y militares. La Administración Nacional de Aeronáutica y del Espacio (NASA) es la principal autoridad civil estadounidense en materia de espacio exterior, creada en virtud de la Ley Nacional de Aeronáutica y del Espacio de 1958. La estructura militar está organizada bajo el Departamento de Defensa, y sus instituciones principales son la Fuerza Espacial y el Comando Espacial. Entre las posiciones contemporáneas clave de Estados Unidos en materia de seguridad espacial, figuran la Política Espacial Nacional, la Estrategia Espacial de Defensa y su compromiso político de no realizar pruebas destructivas de misiles antisatélite de ascensión directa.

La Política Espacial Nacional de Estados Unidos es, como su nombre lo indica, el documento principal por el que se rige la política espacial estadounidense, donde se establecen los principios, los objetivos y las líneas de acción básicas. Publicado en el año 2020 durante la presidencia de Donald Trump, sustituye a la previa Política Espacial Nacional, que estaba en vigencia desde el año 2010. Realizando una breve comparación entre ambas, se pueden remarcar tres cuestiones:

1. Ratifica el liderazgo de Estados Unidos en la exploración y explotación del espacio, afirmando que puede ser fortalecido en colaboración con aquellas naciones que compartan los valores democráticos, el respeto a los derechos humanos y la libertad económica.
2. Confirma la postura de que los recursos espaciales pueden ser explotados y utilizados con fines privados. Se considera que esto va dirigido a la implementación de los Acuerdos de Artemis, impulsados por la NASA y el Departamento de Estado.
3. Establece que cualquier intento deliberado de interferencia o ataque contra los objetos espaciales (tanto de Estados Unidos como de sus aliados) tendrá una respuesta deliberada.

Este último punto es clave para la cuestión de seguridad. Se reconoce que todas las naciones tienen el derecho de utilizar el espacio con fines pacíficos, y, en ese sentido, Estados Unidos continuará utilizándolo para actividades de seguridad nacional, que incluye el ejercicio del derecho a la autodefensa. Uno de los objetivos del país es aumentar la seguridad de la infraestructura crítica nacional, y por ello en este documento se incluye una subsección relativa a la salvaguardia de los componentes espaciales de estas infraestructuras (Brady y Ellzey, 2021).

Para reforzar su seguridad, se destaca la importancia de planear estrategias sincronizadas en los ámbitos diplomático, informativo, militar y económico (es decir, entre todos los elementos del poder nacional). El plan sincronizado implica que la Fuerza Espacial de Estados Unidos, la Comunidad de Inteligencia y el Departamento de Defensa trabajen en conjunto para proporcionar inteligencia estratégica y ventajas militares decisivas para el país. Asimismo, en la Política Espacial Nacional, se establece que Estados Unidos desarrollará y utilizará sistemas de energía y propulsión nuclear espacial (SNPP) con fines científicos, comerciales y de seguridad nacional.

La administración de Joe Biden también ha demostrado su interés en las políticas espaciales, publicando el Marco de Prioridades Espaciales de Estados Unidos (2021). En esta directiva se subraya que las prioridades espaciales son principalmente dos: por un lado, mantener una iniciativa sólida y responsable; y, por otro lado, preservar el espacio para las generaciones actuales y futuras. Similar a lo planteado por su antecesor, se destaca el liderazgo estadounidense en la exploración y el desarrollo científico, la necesidad de proteger las infraestructuras críticas, defender los intereses de seguridad nacional y contrarrestar las amenazas espaciales. El argumento en el que se basan estas prioridades remite a un dilema de seguridad: dado que los países competidores están desarrollando capacidades contraespaciales para reducir la efectividad militar de Estados Unidos, este se ve impulsado a fortalecer sus capacidades para responder.

Además de estas cuestiones, se incluye también la importancia de fomentar el sector comercial espacial, destacando el rol del sector privado y el desarrollo de acciones para mitigar y contrarrestar el cambio climático. Las asociaciones con el sector privado, que buscan mejorar la arquitectura espacial mediante el desarrollo de nuevas infraestructuras y la innovación tecnológica, entrañan dificultades para la seguridad: la disponibilidad generalizada de tecnología amenaza la superioridad estadounidense, simplificando el acceso al espacio para otros actores, pero al mismo tiempo EE. UU. necesita asociarse con el sector privado para desarrollar mecanismos defensivos y mantener su ventaja competitiva. Al fin y al cabo, la asociación público-privada perfecciona las perspectivas de proyección de poder en el ámbito espacial (Kruppa, Sanders y Martínez, 2021).

En definitiva, el cambio de administración en la Casa Blanca no ha supuesto una modificación profunda en los principios que rigen la política espacial. Si bien se introdujeron nuevos temas en la agenda, las cuestiones de fondo se mantienen e incluso se profundizaron cuestiones operativas, tras la consolidación de las nuevas estructuras institucionales.

La Estrategia de Defensa Espacial (2020) remarca que el acceso irrestricto al espacio y la libertad para operar en él son cuestiones vitales para la seguridad, la prosperidad y los logros científicos de Estados Unidos. Se reconoce que el espacio se ha convertido en un campo de batalla disputado, y se apunta a desarrollar una estrategia para asegurar las capacidades de competir, disuadir y vencer en este complejo entorno de seguridad. Se entiende al espacio como un dominio único del poder militar que, junto con los otros dominios, sustenta las operaciones conjuntas y combinadas –multidominio– para avanzar en la seguridad nacional.

El problema central al que se enfrenta Estados Unidos es que el complejo de defensa espacial no fue diseñado para el contexto estratégico actual, y, por lo tanto, las intenciones y los avances de potenciales adversarios en el espacio amenazan la capacidad de EE. UU. para lograr la situación ideal: que el dominio espacial sea seguro, estable y accesible. Para alcanzarla, se plantean cuatro líneas de acción: lograr una ventaja militar en el espacio; integrar el poder espacial en las operaciones nacionales, conjuntas y combinadas; configurar el entorno estratégico mediante la disuasión de agresiones y ataques, y el desarrollo de estándares y normas de comportamiento para reducir potenciales errores de cálculo; y cooperar con las agencias dentro del gobierno estadounidense y aliados internacionales.

En el plano internacional, Estados Unidos ha ratificado cuatro de los cinco tratados de derecho espacial que refieren a los usos pacíficos del espacio exterior: el tratado sobre los principios que deben regir las actividades de los Estados en la exploración y utilización del espacio ultraterrestre, incluso la Luna y otros cuerpos celestes –conocido como Tratado del Espacio Exterior, OST por sus siglas en inglés–; el acuerdo sobre el salvamento y la devolución de astronautas y la restitución de objetos lanzados al espacio ultraterrestre; el convenio sobre la responsabilidad internacional por daños causados por objetos espaciales; y el convenio sobre el registro de objetos lanzados al espacio ultraterrestre. Estados Unidos no forma parte del acuerdo que debe regir las actividades de los Estados en la Luna y otros cuerpos celestes, en vigor desde 1984, aunque debe aclararse que este ha sido ratificado solo por 18 Estados (UNOOSA, 2020).

La organización institucional: *Semper Supra*

El hito que remarca la importancia de la política espacial en la agenda de seguridad de Estados Unidos es la creación de la Fuerza Espacial. Esta fuerza se estableció en diciembre del año 2020 con la promulgación de la Ley de Autorización de Defensa Nacional. El establecimiento de la Fuerza Espacial de Estados Unidos (USSF, por sus siglas en inglés) como una rama independiente de las Fuerzas Armadas responde al reconocimiento de que el espacio exterior es un imperativo de seguridad nacional, y la necesidad de un servicio militar centrado exclusivamente en buscar la superioridad en este dominio, debido a la amenaza que representaba la creciente competencia con otras potencias.

La USSF es la rama más joven de las Fuerzas Armadas, y la primera fundada en el siglo XXI. Está organizada bajo el Departamento de la Fuerza Aérea, de manera similar a la organización del cuerpo de marines bajo el Departamento de la Marina. Su sede central está ubicada en el Pentágono. El oficial superior de esta fuerza es el jefe de Operaciones Espaciales, y es el responsable de la organización, la capacitación y el equipamiento. Al personal de la USSF, se los denomina "Guardianes", y en el año 2023 incluía a más de 14.000 militares y civiles.

La organización interna de la Fuerza Espacial consta de tres niveles diferentes: comandos de campo, deltas y escuadrones. Los comandos de campo son las estructuras de mayor jerarquía, y se encargan de actividades específicas en consonancia con las diversas responsabilidades institucionales. Se distinguen tres comandos de campo: de operaciones espaciales (SpOC), de sistemas espaciales (SSC), y de preparación y entrenamiento espacial (STARCOM). Asimismo, la USSF cuenta con dos unidades que reportan directamente a ella: la Space Development Agency, y la Space Rapid Capabilities Office (US Space Force, 2024).

La Doctrina para las Fuerzas Espaciales (2020) establece que este cuerpo tiene tres responsabilidades fundamentales: preservar la libertad de acción, potenciar la letalidad y eficacia, y proveer opciones independientes para cumplir objetivos estratégicos propios. Para lograrlo, la USSF debe ejecutar cinco competencias básicas: seguridad espacial, proyección del poder de combate, movilidad y logística espaciales, movilidad de la información y conciencia del dominio espacial. En definitiva, las tres responsabilidades responden a la pregunta de por qué el poder espacial militar es vital para Estados Unidos, y las cinco competencias muestran cómo se emplea este poder; es decir, definen la finalidad y la identidad de las USSF.

Otro cambio en la organización institucional estadounidense que vale la pena destacar es la creación del Comando Espacial, dedicado a las operaciones militares en el espacio. Esto se relaciona con lo que el Pentágono denomina Comandos de Combate: son centros de mando para dirigir operaciones militares conjuntas. La creación de este nuevo mando, en conjunto con el Comando Ciberespacial, demuestra la creciente importancia de estos espacios como dominios de combate, y la adaptación de la agenda de seguridad al contexto actual.

Mientras que la USSF se ocupa de organizar, entrenar y equipar a los guardianes, el Comando Espacial emplea fuerzas conjuntas, incluyendo al Ejército, el cuerpo de marines, la Armada, y las Fuerzas Aéreas, además de las Fuerzas Espaciales. Si bien su creación es reciente, esta estructura institucional se va consolidando progresivamente, en parte impulsada por la necesidad de hacer frente a la competencia geopolítica que se desarrolla en el espacio exterior.

El uso militar del espacio y la competencia geopolítica

En general, el uso del espacio exterior se realiza principalmente con fines civiles. El modo de vida actual está estrechamente vinculado a los productos y servicios proporcionados desde el espacio. Los satélites son cruciales para garantizar comunicaciones seguras y fiables en telefonía e Internet, monitorear la situación meteorológica y la gestión de recursos ambientales para la prevención de riesgos. El sistema bancario mundial y los mercados financieros dependen de infraestructura espacial, al igual que la navegación marítima, los estudios cartográficos y las tareas de rescate, por citar algunos ejemplos.

En comparación, el uso civil es mucho mayor al militar, pero este último ha experimentado una tendencia creciente en los últimos tiempos. El uso militar refiere principalmente a instrumentos concretos: los satélites. Su desarrollo comenzó como una ayuda a las operaciones militares, pero, debido a los avances tecnológicos, se convirtieron en recursos imprescindibles para los ejércitos de las grandes potencias. Los satélites tienen la particularidad de tener un uso dual: pueden emplearse para fines civiles o militares, pero muchas veces estos últimos no son declarados, complejizando aún más la seguridad en el ámbito espacial. Entre los usos militares, cabe mencionar la ubicación de objetivos, intercepción de comunicaciones, guiado de municiones, operaciones tácticas remotas, y vigilancia de lanzamientos de misiles.

En este sentido, Estados Unidos es uno de los líderes a nivel mundial en cuanto a recursos y capacidades. Si bien los detalles de sus programas espaciales militares no son públicos, en el año 2020 contaba con aproximadamente 140 satélites militares: 45 de comunicaciones, 17 de vigilancia, reconocimiento e inteligencia, 27 de inteligencia electrónica y de señales, más otros satélites de geolocalización, meteorología y alerta temprana (Jordán, 2023).

La competencia entre las grandes potencias define el contexto estratégico actual. El dominio espacial ha resurgido como uno de los escenarios centrales en dicha competencia, donde China y Rusia tienen un papel primordial, ya que representan la amenaza más inmediata a los intereses estadounidenses, aunque se perciben crecientes amenazas provenientes de Corea del Norte e Irán. China y Rusia reconocen la dependencia de Estados Unidos respecto al espacio, y han desarrollado doctrinas y capacidades diseñadas para contrarrestar o denegar el acceso y las operaciones en este dominio. En sus doctrinas militares, estas dos potencias muestran que consideran al espacio como vital para las guerras modernas, y, en ese sentido, las medidas contraespaciales se constituyen como medios para reducir la efectividad de Estados Unidos en este ámbito, permitiendo disuadir y contrarrestar una posible intervención estadounidense en conflictos militares regionales (Departamento de Defensa, 2020).

La creciente militarización y la percepción de amenazas en el espacio impulsaron el desarrollo de contramedidas para limitar o negar el acceso a los potenciales rivales. Estas contramedidas pueden aplicarse de manera física (ya sea en el dominio terrestre o propiamente en el espacio) o de manera "digital". En este último grupo, se encuentran los ciberataques, la interferencia electrónica en la señal de los satélites, y los sistemas empleados desde la superficie terrestre para cegarlos. Las medidas físicas comprenden costos mayores y son más agresivas, e incluyen acciones como sacar de órbita a un satélite, o atacar físicamente las instalaciones terrestres (Jordán, 2023).

La opción más extrema implica el uso de misiles antisatélites (ASAT). Este desafío se conoce como capacidades antiacceso y denegación de área (A2/AD, por sus siglas en inglés), e implica que pueden interrumpir temporalmente los servicios espaciales, o destruir los satélites de forma permanente mediante una colisión física. Este tipo de armas actualmente ha sido desarrollado solo por tres países: Estados Unidos, Rusia y China, que son aquellos que cuentan con poder estratégico militar relevante en el ámbito espacial.

China, al igual que en otros ámbitos, ha ampliado sus capacidades espaciales a una velocidad vertiginosa. En el año 2015, como parte de sus reformas militares, el gobierno chino estableció la Fuerza de Apoyo Estratégico (SSF) del Ejército de Liberación Popular, para integrar las capacidades de guerra espacial, cibernética, electrónica y psicológica. Sin embargo, en abril de 2024, Xi Jinping anunció una nueva reestructuración de las Fuerzas Armadas, creando la Fuerza de Apoyo de Información como sustituta de la SSF, aunque apunta a un mismo objetivo: prepararse para la "guerra de inteligencia", para la cual depende de la infraestructura espacial (CNN, 2024). En ese sentido, China opera aproximadamente la mitad de los satélites de inteligencia, vigilancia y reconocimiento (ISR). Además, ha desplegado capacidades contraespaciales concretas: interferencias electrónicas para suprimir o engañar al enemigo; sistemas de láser terrestres que pueden interrumpir, degradar y dañar los sensores de los satélites; capacidades ofensivas de ciberguerra y misiles antisatélite de ascenso directo (DA-ASAT) que pueden atacar satélites en órbita terrestre baja (LEO), y se estima que buscan llegar hasta la órbita geoestacionaria (GEO). El gobierno estadounidense considera que es probable que los intereses de China en desarrollar este tipo de armamentos apunten a desafiar la capacidad de Estados Unidos para llevar a cabo operaciones conjuntas en la región del Indopacífico (Departamento de Defensa, 2023).

La Federación Rusa ha sido el rival estadounidense en la carrera espacial desde la Guerra Fría, iniciada en 1957 con el lanzamiento del satélite Sputnik-1. Su interés primordial es la modernización de los sistemas espaciales heredados de la era soviética, y, aunque enfrenta presiones presupuestarias que podrían afectar su capacidad para competir con otras potencias, continúa posicionándose como una de las principales amenazas para los intereses estadounidenses en el dominio espacial. Si bien cuenta con menos satélites que China, Rusia posee alrededor de 30 satélites de ISR, que proveen imágenes ópticas y de radar, inteligencia de señales y alerta de misiles. Este país también ha desarrollado misiles ASAT terrestres y espaciales, demostrando que pueden destruir la infraestructura espacial en la órbita LEO. Un ejemplo fue el lanzamiento de uno de estos misiles en noviembre de 2021, destruyendo uno de sus satélites fuera de uso, que generó más de 1.500 piezas de *debris* o desechos espaciales, que representan un peligro para los satélites presentes en órbita baja. Rusia es consciente de su dependencia del espacio como una vulnerabilidad, por lo que ha desarrollado medios terrestres para complementar o sustituir los servicios espaciales, que podrían ser denegados en caso de guerra, y contrarrestar la ventaja militar estadounidense (Defense Intelligence Agency, 2022).

Tanto Rusia como China tienen un rol central en la militarización del espacio, y simultáneamente han declarado que no colocarán armas en el espacio e incluso han propuesto un proyecto de tratado en la Organización de las Naciones Unidas sobre la no proliferación de armas espaciales. Este tratado contradice sus propias doctrinas militares, donde consideran al espacio como un dominio de conflicto bélico.

En este marco, en febrero del 2024, el Departamento de la Fuerza Aérea estadounidense ha impulsado un plan para optimizar las fuerzas para la competencia entre las grandes potencias. Este plan consiste en 24 medidas destinadas a la Fuerza Aérea y a la Fuerza Espacial, que apuntan al cumplimiento de cuatro objetivos:

1. Desarrollo humano: los líderes deben estar preparados para la guerra moderna. Para esto se deben rediseñar el entrenamiento y la carrera de los guardianes.
2. Disposición: se define como la capacidad de disuadir y derrotar a las potencias rivales. Se debe aumentar el alcance y el ritmo de los ejercicios operativos, para evaluar su preparación y mejorar su desarrollo.
3. Proyección de poder: la USSF debe integrarse plenamente en la fuerza conjunta, debidamente entrenada, equipada y preparada para cumplir con los objetivos asignados. Se formalizarán escuadrones de combate como su unidad de acción.
4. Desarrollo de capacidades: se creará una nueva unidad, Space Futures Command, que prevea el entorno de amenazas y lleve a cabo simulaciones de estrategias de guerra. Además, es necesario reforzar el desarrollo de la ciencia y tecnología, redefiniendo las prioridades en esta área.

En el ámbito operativo, el Comando Espacial ha desarrollado el Modelo de Generación de la Fuerza Espacial (SPAFORGEN), un ciclo de entrenamiento de los guardianes que consiste en tres fases para preparar las misiones y adaptar a los mandos de combate, apuntando a mejorar las capacidades de proteger y defender los activos espaciales. Esto se realiza considerando que las fuerzas espaciales tienen un papel decisivo en operaciones conjuntas y multidominio, con el objetivo de garantizar que la fuerza esté preparada para posibles conflictos y desafíos caracterizados por el regreso a una era de competencia entre las grandes potencias (US Space Force, 2024).

En el plano doctrinal, la USSF identifica una serie de disciplinas de la guerra espacial que deben dominar para operar en el espacio. La primera –que prevalece sobre las demás– es la guerra orbital, e implica la capacidad de realizar maniobras defensivas y ofensivas para proteger el propio acceso al espacio, y negárselo al adversario. Complementariamente, la guerra electrónica espacial y las operaciones cibernéticas son dos disciplinas que permiten gestionar el espacio electromagnético, y asegurar y defender el ciberespacio. La cuarta disciplina es la gestión de la batalla espacial para alcanzar la conciencia situacional, basándose en la inteligencia militar, que permite una precisa obtención de información y detección de amenazas. Además, son relevantes el acceso y el sostenimiento espacial, así como la ingeniería y adquisición. Estas disciplinas apuntan a garantizar la tecnología y los sistemas necesarios para mantener las operaciones en el espacio (Herrero, 2024).

Conclusiones

El espacio exterior se ha consolidado como un escenario de posibles conflictos. La competencia geopolítica en el espacio se revitaliza con la inclusión de nuevos actores, tecnologías y enfoques. Si bien la cooperación internacional está presente, principalmente para el intercambio de información y el desarrollo tecnológico, este mismo desarrollo ha generado un dilema de seguridad. Cada vez son más los países que se refieren al espacio exterior como un nuevo dominio bélico, invirtiendo en el desarrollo de tecnologías, armamento y fuerzas espaciales que aumenten sus capacidades de combate para preservar los intereses nacionales en este dominio. En este sentido, la seguridad espacial se define en términos de seguridad nacional.

Estados Unidos es la principal potencia en el ámbito, y destina gran parte de sus recursos humanos, financieros y tecnológicos para defender este liderazgo. La política espacial de Estados Unidos se ha establecido como un elemento central en su agenda de seguridad nacional, reflejando el interés vital por mantener la supremacía en el espacio, tanto en términos militares como económicos.

El programa espacial estadounidense se ha consolidado a partir del dictado de orientaciones estratégicas como la Política Espacial Nacional y la Estrategia Nacional de Defensa, y de la institucionalización de nuevas organizaciones como la Fuerza Espacial y el Comando Espacial. Estos esfuerzos responden a la necesidad de fortalecer sus estrategias de seguridad nacional, proteger las infraestructuras críticas y asegurar su capacidad de respuesta frente a las amenazas que presenta el poder estratégico militar de las potencias presentes en este dominio.

Sin embargo, hay una serie de factores que desafían el dominio hegemónico de Estados Unidos: el surgimiento de nuevas potencias como China, el reposicionamiento del programa espacial ruso, y el creciente acceso por parte de más actores a tecnologías espaciales que pueden integrarse tanto en el ámbito civil como en el militar. Estos hechos amplifican la competencia geopolítica en torno a un ámbito que se ha convertido en un elemento fundamental para el desarrollo de las sociedades, y un componente estratégico en las agendas de seguridad y defensa de las principales potencias mundiales.

Para Estados Unidos, la seguridad espacial es una prioridad nacional de primer orden, basada en el acceso irrestricto al espacio y la libertad de operar en él. La defensa de los intereses nacionales en este dominio será crucial para mantener la superioridad en futuros conflictos. En este escenario, Estados Unidos deberá continuar reforzando sus capacidades para proteger sus activos en el espacio y enfrentar la creciente competencia geopolítica, asegurando así su liderazgo en este estratégico y complejo dominio global.

Tal como fue plasmado por la USSF: "The greatest risk the Space Force faces today is that of being too late. With a fast-moving adversary, standing still is the same as falling behind" (The Case for Change, 2024: 3).

Referencias bibliográficas

Brady, L., & Ellzey, C. (2021). Comparing the 2010 and 2020 National Space Policies. *The Space Review*. En lc.cx/T0UFgr.

Catalano, C. (2013). *Global Commons: Threat or Opportunity?* Occasional Paper Research Department, Finmecanica Research Department.

CNN (2024). Xi Jinping reorganiza el ejército chino pensando cómo "luchar y ganar" las guerras del futuro. En lc.cx/XrqzRU (Consulta: 16/09/2024).

Corral Hernández, D. (2021). Poder espacial estadounidense: El dominio de lo conocido y lo desconocido. *Documento de Opinión IEEE, 19/2021*. En lc.cx/zuUtjJ (Consulta: 06/03/2024).

Defense Intelligence Agency (2022). Challenges to Security in Space: Space Reliance in an Era of Competition and Expansion. En lc.cx/ZrFqUF.

Department of Defense (2020). Defense Space Strategy. En lc.cx/vZJQSc.

Department of Defense (2023). Space Policy Review and Strategy on Protection of Satellites. En lc.cx/79vmhy.

Departamento de la Fuerza Aérea (2024). *Reoptimizing for Great Power Competition*. En lc.cx/PrHnV9 (Consulta: 6/03/2024).

Doctrine for the Space Forces (2020). En lc.cx/Q4Q1_s (Consulta: 05/03/2024).

Herrero, J. C. (2024). La guerra orbital: una aproximación conceptual. *Documento de Opinión IEEE, 51/2024*. En lc.cx/jb0z4s.

Jordan, J. (2023). Competición entre grandes potencias y militarización del espacio exterior. *Araucaria. Revista Iberoamericana de Filosofía, Política, Humanidades y Relaciones Internacionales, 25*(53), 169-194.

Kruppa, J., Sanders, K., & Martinez, M. (2021). Achieving Space Superiority in an Era of Great Power

Competition. *Campaigning: The Journal of the Joint Forces Staff College*.

National Space Policy of the United States of America (2020). En lc.cx/V_oDtN (Consulta: 5/03/2024).

Sanderson Moreno, L. (2023). Los programas espaciales de los Estados Unidos, Rusia y China: ¿Militarización creciente? *Documento de Opinión IEEE, 47/2023*. En lc.cx/NYb7_3 (Consulta: 6/03/2024).

The Case for Change (2024). United States Space Forces. En lc.cx/45YQoZ (Consulta: 6/03/2024).

United States Space Priorities Framework (2021). En lc.cx/XOkO2G (Consulta: 6/03/2024).

UNOOSA (2020). *Status of International Agreements Relating to Activities in Outer Space as at 1 January, 2020*. UN Affairs. En lc.cx/12zAGh.

US Space Force (2024). *SpOC Stands Ready to Meet the Demands of Great Power Competition*. En lc.cx/j3INFN.

US Space Force (2024). Space Force 101.

Desafiando la gravedad del poder

SpaceX y la competencia por la influencia en la arena tecnológico-internacional

Francisco Marchetta

Resumen

El sistema internacional del siglo XXI se caracteriza por la presencia de diversos actores que participan en la esfera de poder, incluyendo Estados, empresas multinacionales y organizaciones internacionales. En este contexto, los avances tecnológicos han facilitado la aparición de nuevos actores y han intensificado la competencia por la influencia en diversas áreas, como la política, la economía y el espacio. Aunque los Estados han sido tradicionalmente los actores predominantes en el sistema internacional, otros actores han ganado cada vez más influencia, utilizando sus recursos para moldear las relaciones internacionales. Este escrito se propone detallar la dinámica contemporánea de poder, tomando como ejemplo a SpaceX, la tecnología que ofrece y su creciente influencia en la competencia por el poder, y cómo esto tiene implicancias en escenarios como la guerra de Ucrania. A medida que el equilibrio mundial cambia, es importante comprender la interacción entre tecnología y poder, así como la influencia que ejercen en la arena internacional.

Palabras claves

Poder, actor internacional, influencia, Estados, empresas; tecnología, SpaceX, Estados Unidos, Ucrania, China.

Abstract

The international system of the 21st century is characterized by the presence of diverse actors participating in the sphere of power, including states, multinational companies, and international organizations. In this context, technological advances have facilitated the emergence of new actors and intensified competition for influence in various areas, such as politics, economics, and space. While states have traditionally been the dominant actors in the international system, other actors have gained increasing influence, using their resources to shape international relations. This essay aims to detail the contemporary dynamics of power, taking SpaceX as an example, the technology it offers, and its growing influence in the competition for power, as well as how this has implications in scenarios like the war in Ukraine. As the global balance of power shifts, it is crucial to understand the interaction between technology and power, as well as the influence they exert in the international arena.

Keywords

Power, international actor, influence, states, companies, technology, SpaceX, United States, Ukraine, China.

El poder y sus dinámicas actuales

La premisa de que los seres humanos están determinados por naturaleza a perseguir el poder y mantenerlo es algo sobre lo que existe un consenso filosófico. Nicolás Maquiavelo en su obra *El Príncipe* (1532), explicando las relaciones belicistas entre los ducados italianos, sostiene que la adquisición de territorio y control político es natural y común, ya que todos los hombres lo hacen siempre que pueden. Thomas Hobbes, en el *Leviatán* (1651), justifica la necesidad de un poder superior que pueda evitar que los seres humanos se enfrenten en una lucha constante de todos contra todos, producto del estado de naturaleza inherente a la condición humana. La razón de esto es que cada individuo tiende a buscar todo aquello que pueda garantizar su propia supervivencia, y a rechazar todo aquello que pueda dañarla, lo que conduce inevitablemente a una situación de conflicto generalizado. Friedrich Nietzsche, a través de su novela *Así habló Zaratustra* (1883), ahonda en las motivaciones intrínsecas de la persona y su deseo latente por el poder, aseverando que, donde se halle un ser vivo, allí habrá voluntad de poder. Siglos de historia han pasado entre los filósofos mencionados y aun así pervive la misma idea en todos: "el hombre posee una tendencia natural a conquistar y mantener el poder, el cual está presente en todo tipo de relaciones sociales".

Más allá de las concepciones del término, desde un sentido práctico, ¿cómo definimos al poder? Robert Dahl brinda una explicación sobre el poder que puede resumirse de la siguiente manera: "A tiene poder sobre B en la medida en que puede conseguir que B haga algo que de otra manera no haría" (Dahl, 1957, citado por Moisés, 2013).

El fenómeno del poder no es una mera abstracción ya que desempeña una función social, así lo explica Naim Moisés:

> Su papel no es sólo garantizar la dominación o establecer una relación de vencedores y vencidos, sino que además organiza comunidades, sociedades, mercados y el mundo [...] si obedecieran a un poder común, podrían orientar sus esfuerzos a construir la sociedad en vez de destruirla. Durante el período en el que los hombres viven sin un poder común que intimide y organice, se encuentran en la condición que denominamos guerra (Moisés, 2013: 34).

Michel Foucault (1977) adhirió a esta noción y anticipa esta racionalización del poder, señalando que este no es una entidad que se posee, sino una relación que se ejerce. Esto implica que el poder se manifiesta a través de las relaciones sociales, evidenciando su naturaleza dispersa y en constante movimiento. Foucault también aclara que el poder no se ejerce únicamente de manera vertical, de arriba hacia abajo, sino que puede invertirse y subvertirse (Foucault, 1977). En ciertos casos, quienes obedecen eligen asumir ese papel, reconociendo su propia incapacidad para dirigir o entendiendo que otra persona podría hacerlo mejor, lo cual daría como resultado mayores beneficios, al menos por el momento.

Siguiendo con la concepción realista de pensamiento, Hans Morgenthau concibe a la función social del poder como un medio para mantener la estabilidad y el equilibrio entre los distintos actores y fuerzas en el ámbito internacional (Morgenthau, 1949). El autor sostiene que la política internacional se rige por la lucha de poder, que a su vez es una herramienta esencial para alcanzar la consecución de los intereses nacionales como la supervivencia.

Entonces, el poder ya no es solo una pulsión instintiva individual de cada hombre, sino una herramienta, un medio para un fin. Desde la óptica internacional, dicho fin es mantener la estabilidad y el equilibrio entre los Estados, utilizando el poder de manera responsable y ética para proteger sus intereses nacionales, evitando la inestabilidad y los conflictos (Morgenthau, 1949).

En el mundo contemporáneo, el poder ya no es monopolio exclusivo de los Estados nacionales, se encuentra disperso en una variedad de actores no estatales como empresas multinacionales, organizaciones no gubernamentales, medios de comunicación, redes sociales, etc. Joseph Nye clasifica este fenómeno como "dispersed power" (Nye, 2011). Cada vez son más los actores no estatales con capacidad de influir en las decisiones de otros y que poseen una amplia capacidad de impacto en la política internacional.

La dispersión no solo afecta al tipo de actor que detenta el poder, sino también al tipo de poder que posee. Ya no se puede medir únicamente en términos militares o económicos, sino que se debe considerar una amplia gama de factores que componen al poder, incluyendo la cultura, la información y la tecnología. Es por eso por lo que Nye establece una distinción conceptual entre dos tipos de poderes. El *hard power* se refiere a la capacidad de un actor para utilizar la fuerza o la coerción para obtener lo que desea, y el *soft power* se refiere a la capacidad de un actor para influir en las decisiones y acciones de otros actores a través de medios no coactivos, como la persuasión, la atracción o la cultura (Nye, 2005).

Si bien los Estados ejercen ambos tipos de poder, el primero es competencia tradicional de estos. En la actualidad, emergen actores no estatales, como empresas, organizaciones no gubernamentales, medios de comunicación, *influencers* y celebridades, que utilizan su poder e influencia en la sociedad para ejercer *soft power* en favor de sus intereses y objetivos. Estos actores pueden tener una gran capacidad para moldear la opinión pública y la percepción internacional, e incluso, en algunos casos, pueden ser más efectivos que los propios gobiernos. Esta idea es respaldada por autoras como Martha Finnemore y Judith Goldstein, las cuales examinan cómo los actores no estatales pueden contribuir a la diplomacia pública y el ejercicio del *soft power* en la política internacional (Finnemore y Goldstein, 2010). Otros, como Alexander Wendt, argumentan que los actores no estatales pueden influir en la estructura de poder en la política internacional y en los intereses nacionales de los Estados (Wendt, 1992). Por todo esto, Naim Moisés afirma:

> El poder blando de la cultura está desplazando al poder duro de los ejércitos [...] el poder se está dispersando cada vez más y los grandes actores tradicionales como los gobiernos, ejércitos, empresas y sindicatos se van enfrentando a nuevos y sorprendentes rivales, algunos mucho más pequeños en tamaño

> y recursos [...] en pocas palabras, el poder se está degradando. Ya no es lo que era, en el siglo XXI el poder es más fácil de adquirir, más difícil utilizar y más fácil de perder; desde las salas de juntas a las zonas de combate y hasta el ciberespacio; las luchas de poder son tan intensas como lo han sido siempre pero cada vez dan menos resultados (Moisés, 2013: 8-9).

Esta desarticulación no implica necesariamente el caos. Por el contrario, el sistema tiende a ordenarse. Según Gramsci (1981), la hegemonía es un proceso mediante el cual los grupos dominantes establecen su autoridad no solo a través de la coerción directa, sino también a través de la construcción de consensos, la influencia de las instituciones y la cultura. Este tipo de poder no se limita únicamente a los asuntos interpersonales o domésticos, sino que también se extiende a las relaciones internacionales, donde las potencias dominantes imponen su visión del mundo y sus intereses sobre otros actores. De esta forma, la dominación va más allá de la coerción directa y adopta un enfoque más "seductor" para los actores menos capaces que se alinean.

Las empresas, actores no estatales con capacidad de blindaje

Si bien la preponderancia en la arena internacional sigue siendo de los Estados, estos no son ajenos a los intereses de los "nuevos" actores. Esther Barbé explica que en la actualidad estamos atravesando una degradación de los *traditional powers* que se asientan en la soberanía y el control territorial, haciendo alusión a los Estados, actor internacional por excelencia. La autora afirma que la globalización, la interdependencia y los nuevos desafíos a la seguridad han llevado a un cambio en el equilibrio del poder hacia actores no estatales y redes transnacionales (Barbé, 2009).

Autores como Nye sostienen que los actores no estatales juegan un papel cada vez más relevante en la definición de la agenda de los Estados, modificando el equilibrio de poder y la dinámica de la cooperación internacional (Nye, 2011). Las ONG movilizan a la opinión pública y los medios sobre temas como derechos humanos y medio ambiente, presionando a gobiernos y empresas para que actúen (Giddens, 2001). Por otro lado, Giddens destaca el papel de las empresas multinacionales, que, con su poder y sus recursos, a menudo rivalizan con los Estados. Estos actores pueden tomar decisiones que influyen en los intereses nacionales, como invertir o desinvertir, y presionar a los gobiernos para que adopten políticas que beneficien sus intereses o perjudiquen a sus competidores.

El capítulo anterior concluye que el poder tiende a conservarse, quienes ya lo detentan utilizan los mecanismos del sistema para afianzarse y convertir al poder en un ámbito reducido y limitado. Por eso, Naim Moisés utiliza el concepto de "barreras", proveniente de la economía, para explicar cómo los actores tradicionales crean mecanismos para conservar el poder. Las "barreras", figurativamente, son un recinto pequeño, cerrado y estable que los protegen (Moisés, 2013).

Esta idea es contraria al estado ideal de la economía clásica, el cual se denomina "estado de competencia perfecta". Para definirlo, Mankiw propone un escenario en el que hay muchos compradores y vendedores pequeños en relación con el mercado, por lo que ninguno tiene poder para fijar los precios. Además, se presume que existe una libre entrada y salida en el mercado, de manera que cualquier empresa puede entrar o salir a voluntad. El modelo también asume que los bienes son homogéneos, idénticos en calidad y características. También supone que los compradores y vendedores tienen acceso a toda la información relevante sobre el mercado, por lo que los precios al consumidor permanecen en un margen estandarizado (Mankiw, 2017).

Tradicionalmente, esto no sucede. Un ejemplo claro es el dominio de las compañías de aviones Airbus y Boeing en el mercado de vuelos de larga distancia, mientras que las empresas más pequeñas se ocupan de los vuelos de corta distancia. Un nuevo emprendedor en el mercado de vuelos tiene perspectivas menos atractivas en comparación con un emprendedor en el mercado textil. En el sector textil, con un pequeño taller y talento, es posible competir con grandes marcas o, al menos, encontrar un nicho en el que prosperar (Moisés, 2013). En cambio, la industria aeronáutica requiere una gran inversión de capital, tecnología avanzada, maquinaria especializada, habilidades técnicas específicas y materiales de excelente calidad. La industria textil, en contraste, se orienta a la producción de bienes de consumo de menor costo y menor complejidad tecnológica. Además, la demanda en ambos sectores es completamente distinta. Por lo tanto, la industria aeronáutica, por naturaleza, presenta una arena de competencia más reducida y con más obstáculos o barreras para nuevos competidores. En este contexto, la sofisticación del producto ofrecido por una empresa se convierte en el blindaje más fiable para mantenerse como un actor que detenta poder.

La escalera de la innovación y el desarrollo científico

A pesar de lo expuesto, no necesariamente los sistemas son indefectibles. ¿Cómo entonces se explicaría la ascensión de nuevas empresas innovadoras que, en un corto lapso, lograron posicionarse por encima de empresas que llevaban largos periodos siendo predominantes? W. Chan Kim y Renée Mauborgne, en su libro *Estrategia del océano azul,* publicado en 2005, proponen una metodología llamada "lienzo de la estrategia del océano azul", que incluye la identificación de las características clave de la industria, la exploración de nuevos clientes y mercados, la creación de una propuesta de valor única, la determinación de los costos y la implementación de una estrategia de ejecución efectiva. La idea central de los autores es que, en lugar de luchar por un espacio en un mercado existente y saturado (un océano rojo), la estrategia del océano azul busca crear una nueva demanda en un espacio sin explorar (un océano azul) a través de la innovación (Kim y Mauborgne, 2005).

Este mismo concepto puede trasladarse a la arena internacional. Robert Gilpin sostiene que el sistema internacional está en constante cambio y que el poder de los Estados varía con el tiempo. La aparición de nuevos actores en el sistema internacional es un proceso natural que altera la distribución de poder, creando nuevas posiciones asimétricas (Gilpin, 1981). Por ejemplo, la invención y el uso de la bomba atómica, por parte de los EE. UU. en 1945, una tecnología de alcances destructivos sin precedentes, no solo permitieron a Estados Unidos acabar la guerra con la derrota del Imperio japonés, sino que también ayudaron a consolidar al país como una superpotencia mundial por sobre sus pares europeos, similares en poderío hasta el momento.

Los Estados, cada vez más interconectados e interdependientes, encuentran en el campo científico-tecnológico una nueva arena de competición. En su búsqueda por maximizar su poder en el sistema internacional, consideran este campo como una vía para adquirir y mantener una ventaja en áreas de importancia estratégica, como la defensa y la seguridad nacional. Autores como Kenneth Waltz respaldan esta postura, argumentando que los Estados están interesados en maximizar su poder en el sistema internacional, donde la tecnología juega un papel crucial. Esta tecnología puede proporcionar ventajas militares y económicas que los Estados buscan adquirir y mantener para garantizar su seguridad (Waltz, 1979).

Lieber y Darryl también afirman que, en su búsqueda de maximizar su poder y asegurar su supervivencia, los Estados recurren a la tecnología como un medio para lograr esos objetivos, ya sea mediante su uso en la guerra o en la economía. Invirtiendo grandes cantidades de recursos en investigación y desarrollo tecnológico, buscando adquirir y mantener ventajas tecnológicas sobre otros Estados (Lieber y Darryl, 2017).

Tras la Segunda Guerra Mundial, bajo la premisa de que los resultados obtenidos en la guerra tuvieron base en el desarrollo científico que avanza "sin fronteras" hacia la inalcanzable satisfacción de demanda militar, se determina una política científica de "financiación sin límite". Franklin D. Roosevelt solicitó a un grupo de científicos, entre ellos Vannevar Bush, un informe que acabaría llamándose *Science, the endless frontier*. En un punto específico del informe, se explica que las instituciones políticas y empresariales han sabido conjugar el intervencionismo económico con la promesa de beneficios ilimitados de la ciencia, su visión normativa sobre el progreso, y el mito de la no interferencia de la política en el desarrollo de la ciencia y la tecnología (Guston & Brown, 2009, citado por Andoni Eizagirre, 2015).

Esta relación entre gobierno nacional y empresariado privado en industria de defensa no es algo nuevo. Para citar un caso, la producción armamentística durante la guerra civil estadounidense (1861-1865), cuando la fábrica de armas Remington en Nueva York y la fábrica de armas Colt en Connecticut no solo suministraron armamento a la Unión, sino que también trabajaron con el gobierno para mejorar y desarrollar nuevos diseños y tecnologías de armamento. El fenómeno es el mismo en un contexto diferente, la estrategia es orientar el desarrollo científico a las prioridades del mercado, aprovechando los mecanismos de inversión que aseguren el conocimiento mediante el sistema productivo.

SpaceX, la coprotagonista de una historia de guerra

En los apartados anteriores, se ha analizado la evolución del poder en el contexto actual, el rol emergente de las empresas como actores clave y la innovación tecnológica como una política estratégica de los Estados. Un ejemplo concreto de esto es lo que ocurrió tras la caída de la URSS, cuando los países del bloque oriental quedaron sin financiamiento para el desarrollo aeroespacial. EE. UU., su contraparte occidental, al perder a su adversario, disminuyó su interés en este campo ya que, con los menores esfuerzos, se alzaba como vencedor, y redujo hasta la actualidad el presupuesto destinado a la NASA. Esta situación abrió una ventana de oportunidad para nuevos actores no estatales como las empresas privadas. La ONG Space Foundation sostiene que desde entonces el "ecosistema espacial" se ha expandido más allá de la industria aeroespacial tradicional (Muegge y Reid, 2019).

En 2002, el empresario informático cocreador de PayPal, Elon Musk, fundó SpaceX, una empresa creada con el objetivo de facilitar los viajes espaciales. Desde su fundación, la compañía ha desarrollado una serie de cohetes y naves espaciales que buscan replicar la efectividad de las naves convencionales, pero a un menor precio. En 2006 obtuvo su primer contrato con la NASA, y posteriormente, en 2008, lanzaron el cohete Falcon 1, siendo el primero en ser desarrollado de manera público-privada. A partir de este éxito, SpaceX, la NASA y el Departamento de Defensa de los Estados Unidos comenzaron a trabajar estrechamente en la carrera aeroespacial.

Ahora bien, ¿por qué Estados Unidos, país que detenta la hegemonía espacial desde la "guerra de las galaxias" en 1983, permite que exista un nuevo participante en el espacio exterior? Según Karen L. Jones, autora de "Public-Private Partnerships: Stimulating Innovation in the Space Sector", la economía espacial, anteriormente dominio exclusivo de países desarrollados, ha evolucionado rápidamente hacia un ecosistema complejo de entidades públicas y privadas a partir de una trayectoria exitosa de asociación que pretende extender hacia la industria aeroespacial (Jones, 2018). La autora también explica que el gobierno tomó la decisión de unirse a SpaceX sobre la base de tres objetivos:

1. *Efficiency Gains*: mejorar la gestión de operaciones y aprovechar las eficiencias impulsadas por la rentabilidad que el sector privado ofrece en términos de horarios, costos, experiencia y tecnología de última generación.
2. *Reduce Life Cycle Costs*: buscar alternativas de menor costo a lo largo del ciclo de vida de un activo como la tecnología.
3. *Transfer Risks*: los riesgos operativos y de ejecución de proyectos se trasladan del gobierno al sector privado, que a menudo está mejor capacitado para controlar los costos y gestionar inconvenientes.

Dichos objetivos, esencialmente económicos, son refrendados por las palabras de Michael Griffin, NASA Administrator 2018-2020: "Government must understand what motivates industry and assume an MBA perspective [...] what is acceptable in terms of risk, payback, and overall capital investment?" (Jones, 2018).

En el siglo XXI, ya no se percibe al adversario de la misma manera que durante la Guerra Fría, los presupuestos del Estado en términos de defensa son más limitados, las empresas reemplazaron a los Estados en la vanguardia tecnológica, y el eje de importancia se ha orientado a nuevos puntos estratégicos como el ciberespacio y las comunicaciones. Es por ello por lo que el gobierno de EE. UU. decidió optar por un acuerdo *public-private partnership*, adaptándose a las nuevas condiciones contemporáneas, mejorando incluso los resultados. Por ejemplo, Space Foundation afirma que en el año 2022 se lanzaron al espacio más naves que en los primeros 52 años de la era espacial. Un informe reciente del Bank of America (BofA) explica que el crecimiento multimillonario en esta industria se debe al fin del "monopolio gubernamental sobre el espacio" (Rogers, 2010).

La participación de una empresa espacial privada es poco habitual en los conflictos armados. Sin embargo, SpaceX rompe con esa norma en la guerra ruso-ucraniana iniciada el 20 de febrero de 2022. Mykhailo Fedorov, viceprimer ministro y ministro de Transformación Digital de Ucrania, recurrió a las redes sociales para incitar al CEO de SpaceX a activar Starlink, una división de SpaceX que proporciona Internet satelital. "Mientras intentas colonizar Marte, ¡Rusia intenta ocupar Ucrania! Le pedimos que proporcione a Ucrania estaciones Starlink", escribió Fedorov en Twitter el 26 de febrero. Momentos después, Elon Musk respondió por el mismo canal: "El servicio Starlink ahora está activo en Ucrania". Desde la primera entrega el 28 de febrero de 2022 hasta principios de junio del mismo año, ya se habrían entregado más de 15.000 kits Starlink a Ucrania (Duffy, 2022; Federov, 2022; Ricque, 2022, citado por Manhães y Vilar Lopes, 2022). Este es un claro ejemplo de lo rápida y efectiva que puede ser la acción de las empresas en su cometido.

El programa Starlink de SpaceX distribuye Internet de banda ancha por todo el mundo a través de una constelación de satélites situados en órbita terrestre baja. La integración entre satélites y operaciones militares permite crear multiplicadores o potenciadores de la fuerza mediante comunicaciones globales; información para servicios meteorológicos, de inteligencia, vigilancia y reconocimiento; datos para posicionamiento, navegación y cronometraje; y sistemas de alerta temprana. En Ucrania particularmente, funcionan para el mantenimiento y la mejora de las capacidades de mando, control, comunicaciones, ordenadores, inteligencia, vigilancia y reconocimiento. Dándole al país defensor una amplia ventaja por sobre el agresor ruso (Dolman, 2018; Harding, 2013; Hays, 2009, citado por Manhães y Vilar Lopes, 2022).

Desde el 2021, China acusa al jefe de SpaceX de estar llevando a cabo una "guerra espacial", después de que uno de los satélites Starlink pasara bastante cerca de la Estación Espacial China. Por lo tanto, su participación en Ucrania representa una formalización de algo que ya sucedía. Según el gigante asiático, las capacidades clave de Starlink de cobertura global ininterrumpida, red de alta velocidad con proyección de 1 Gb/s, baja latencia, alta capacidad de soporte de datos de cada satélite individualmente, bajo costo debido a la reutilización de cohetes de lanzamiento y la propulsión utilizada por los satélites en el espacio, alta tolerancia a errores y sólida maniobrabilidad orbital, representan una amenaza para su seguridad nacional (Cowhig, 2022, citado por Manhães y Vilar Lopes, 2022). Por lo tanto, el país del dragón, respondiendo a la vanguardia adoptada por su contraparte occidental, se propone reforzar la I+D en sus sistemas espaciales con el objetivo de responder al poderío de SpaceX-USA y contrarrestarlo (Manhães y Vilar Lopes, 2022), nuevamente extendiendo así la lucha por el poder a una nueva arena, la aeroespacial.

Conclusiones

En la era contemporánea, el poder ya no se limita solo a los Estados. Con el avance de la globalización, han surgido nuevos actores con influencia similar y, en algunos casos, superior a la de los Estados. Empresas como SpaceX son un ejemplo de actores con capacidad de movilizar recursos a nivel mundial, lo que les confiere una amplia cuota de poder. Sin embargo, no tienen ese contrapeso de un sistema de gobierno, que sí poseen los Estados. Aunque la imagen pública es importante, no es equiparable al nivel de apoyo popular que un gobierno necesita para llevar a cabo su agenda. Por esta razón, es crucial prestar atención a estos actores que se movilizan a voluntad del propietario y tienen una gran capacidad de influencia, pero que compiten en condiciones diferentes a las del resto de los actores internacionales.

Esto no es necesariamente algo malo, existen empresas como Microsoft, que, a través de su programa AI for Earth, invierte en tecnología de inteligencia artificial para combatir el cambio climático, proteger la biodiversidad y mejorar la gestión del agua, entre otras cosas. Estas empresas movilizan recursos en apoyo al humanitarismo de manera efectiva, a menudo obteniendo resultados superiores a los de los Estados, que, por desavenencias políticas, acaban por deteriorar las posibilidades de ayuda.

Reiterando la idea del poder como un medio, se destaca la perspectiva opuesta que lo considera un fin en sí mismo, una fuerza que, impulsada por un deseo insaciable, conduce a la autodestrucción. Esta tensión también se refleja en el ámbito de la tecnología, ¿acaso podemos asignar el mismo grado de responsabilidad a Robert Oppenheimer, el padre de la bomba atómica, que a Henri Becquerel, Marie y Pierre Curie, descubridores de la radiación?; ¿acaso los hermanos Wright, creadores del primer avión, son responsables de las incalculables vidas perdidas por los aviones de guerra?

En este contexto, la tecnología actúa como una herramienta de poder sin valor intrínseco; adquiere su significado según el fin para el que se utiliza. Puede servir tanto para dominar como para mejorar la vida, resolver problemas y promover el bienestar. Por ejemplo, la tecnología médica salva vidas y mejora la salud, mientras que las energías renovables protegen el medio ambiente. Además, los avances tecnológicos no solo generan nuevas herramientas, sino que también perfeccionan las existentes. Por ejemplo, los satélites desarrollados por SpaceX, más económicos y eficientes que sus predecesores, permiten que más personas accedan a servicios de alta calidad a un precio asequible en contextos civiles y domésticos. Al mismo tiempo, estas redes satelitales pueden ser empleadas en aplicaciones militares, como en Ucrania, donde su fiabilidad es crucial para operar sistemas de misiles y proporcionar canales de comunicación seguros para las tropas. Este doble uso destaca la versatilidad y el impacto de la tecnología en diferentes ámbitos. Personas bien intencionadas emplean la tecnología para lograr avances humanitarios exponencialmente similares al alcance destructivo de los usuarios malintencionados.

Por esta razón, se debe poner énfasis en la importancia de utilizar la tecnología de manera ética y responsable. No podemos condenar el avance tecnológico por temor a la tecnología, nuestra preocupación debe dirigirse hacia las personas hostiles que la utilizan. Clausewitz, acertadamente, afirmó que el valor de la tecnología no radica en sí misma, sino en la aplicación que de ella hagan los hombres que luchan (Clausewitz, 1832). Desde una perspectiva realista, el ejercicio del poder es un juego de suma cero. Tanto las armas automáticas como la bomba atómica o una red satelital de calidad han demostrado ser ventajas significativas en la detención del poder, abriendo así una nueva arista en el ámbito de la competición por el poder a nivel internacional: la tecnología.

Referencias bibliográficas

Barbé, E. (2009). Introducción: cambio en el sistema internacional, adversidad para la UE. *Revista CIDOB d'Afers Internacionals*.

Bush, V. (1945). *Science the Endless Frontier*. United States Government Printing Office.

Clausewitz, C. von (1832). *De la Guerra (Vom Kriege)* (Primera ed.). Berlín: Dümmlers Verlag.

Eizaguirre, A. (2015). *El discurso sobre las Políticas de Ciencia y Tecnología: marcos y paradigmas*. Universidad de Mondragón.

Finnemore, M., & Goldstein, J. (2010). Assessing soft power: The role of public diplomacy and nonstate actors in global governance. *Foreign Policy Analysis*.

Foucault, M. (1977). *Historia de la sexualidad, volumen 1: La voluntad de saber*. Recuperado de https://tinyurl.com/y9hcyjv5.

Fox, C. H., & Probasco, E. S. (2022). Las grandes tecnológicas van a la guerra. *Foreign Affairs Magazine*.

Giddens, A. (2001). *Sociología* (3.º ed.). Madrid: Alianza Editorial.

Gilpin, R. (1981). *War and change in world politics*. Cambridge University Press.

Gramsci, A. (1981). *Cuaderno de la cárcel*. México: Ediciones Era, S.A.

Hobbes, T. (1998). *Leviatán*. Buenos Aires: Ediciones Libertador.

Jones, K. L. (2018). Public-private partnerships: Stimulating innovation in the space sector. *The Aerospace Corporation*.

Kim, W. C., & Mauborgne, R. (2005). *Blue ocean strategy: How to create uncontested market space and make competition irrelevant*. Boston: Harvard Business Review Press.

Liber, K. A., & Darryl, G. (2017). *The new era of counterforce: Technological change and the future of nuclear deterrence*. Boston: Harvard College and the Massachusetts Institute of Technology.

Manhães, A., & Vilar Lopes, G. (2022). Programa Starlink na Guerra Russo-Ucraniana. *Revista UNIFA, 35*, 24-29.

Mankiw, N. G. (2017). *Principles of microeconomics* (7.º ed.). Cengage Learning.

Maquiavelo, N. (1532). *El Príncipe*. Buenos Aires: Ediciones Libertador.

Microsoft (2004). AI for Earth. Recuperado el 28 de febrero de 2023 de lc.cx/-Wrato.

Moisés, N. (2014). *El fin del poder*. Barcelona: Penguin Random House Grupo Editorial, S. A. U.

Morgenthau, H. J. (1948). *Politics among nations: The struggle for power and peace*. Nueva York: Alfred A. Knopf.

Mugge, S., & Reid, E. (2019). Elon Musk and SpaceX: A case study of entrepreneuring as emancipation. *Technology Innovation Management Review, 9*(8), 18-29.

Nietzsche, F. (2002). *Así habló Zaratustra*. Madrid: Alianza Editorial.

Nye, J. S. Jr. (2005). *Soft power: The means to success in world politics*. Nueva York: Public Affairs.

Nye, J. S. Jr. (2011). *The future of power*. Nueva York: Public Affairs.

Prego, C. (2023). La minería espacial ya no es (solo) una meta para el futuro: esta empresa lanzará sus primeras misiones en 2023. Recuperado el 10 de julio de 2023 de lc.cx/NWQhu_.

SpaceX. (2024). *Starlink*. Recuperado el 20 de febrero de 2023 de www.starlink.com.

United Nations Office for Outer Space Affairs (UNOOSA) (2020). *Status of International Agreements Relating to Activities in Outer Space as at 1 January 2020*. Recuperado de lc.cx/12zAGh.

Waltz, K. N. (1979). *Theory of international politics*. Menlo Park: Addison-Wesley.

Wendt, A. (1992). Anarchy is what states make of it: The social construction of power politics. *International Organization*. The MIT Press.

Ciencia y tecnología en la agenda de política exterior de Estados Unidos

Hard power, *diplomacia científica y la relación con Argentina (2021-2024)*

Nevia Vera

Resumen

La ciencia y la tecnología (CyT) han sido elementos fundamentales para avanzar los objetivos de *hard* y *soft power* estadounidenses desde mediados del siglo XX. La investigación científico-tecnológica y la innovación juegan un rol fundamental en la economía del país, y en la difusión de su cultura y las vinculaciones cooperativas (conocidas como "diplomacia científica"). En los últimos años, la agenda científica y tecnológica ha cobrado relevancia frente a la puja de poder con China. Este ensayo se propone efectuar un breve recorrido por las características más salientes de la política científico-tecnológica estadounidense entre 2021 y 2024 como elementos tanto de *hard* como de *soft power*, para entender cómo se imbrica en su agenda de política exterior general y analizar resumidamente su impacto en los vínculos con Argentina. Se concluye que el desarrollo científico-tecnológico ha vuelto a convertirse en una pieza clave de la política exterior estadounidense en sus dos aspectos, y se sostiene que, aunque existen algunos desacuerdos, sobre todo en sectores científico-tecnológicos fundamentales para Argentina, en la relación entre ambos países en este sector prima la cooperación.

Palabras clave

Estados Unidos, Argentina, ciencia y tecnología, diplomacia científica, cooperación.

Abstract

Science and technology (S&T) have been essential in advancing US hard and soft power objectives since the mid-20th century. Scientific and technological research and innovation play a fundamental role in the country's economy and the diffusion of its culture and cooperative links (known as Science Diplomacy). In recent years the scientific and technological agenda has gained relevance in the face of the power struggle with China. This essay aims to briefly review the most salient features of US S&T policy between 2021 and 2024 as elements of both hard and soft power, to understand how it fits into its overall foreign policy agenda. It also analyzes the strategy's impact on US ties with Argentina. The essay concludes that both aspects of scientific and technological development have become once more a central piece in US foreign policy, and that, although there are some disagreements, especially in critical scientific-technological sectors for Argentina, cooperation prevails in the relationship between the two countries.

Keywords

United States, Argentina, science and technology, science diplomacy, cooperation.

Ciencia y tecnología en las políticas doméstica y exterior de Estados Unidos

La centralidad de la ciencia y la tecnología (CyT) en la dinámica actual de las relaciones internacionales es más que evidente. De hecho, se han convertido en un activo central de *hard* y *soft power* (poder duro y blando o suave)[1] y, en consecuencia, del diseño de políticas públicas desde los proyectos enmarcados en la llamada *Big Science* (como el Proyecto Manhattan) a mediados del siglo XX.

Su importancia fue reconocida tempranamente por Estados Unidos, incluso desde mucho antes de convertirse en la potencia hegemónica a partir de la posguerra de la Segunda Guerra Mundial, pero con mucha más fuerza desde ese momento. De hecho, como indica Whitesides (2019), la preeminencia y el liderazgo científicos y tecnológicos norteamericanos datan de la Segunda Guerra Mundial, cuando, en el escenario doméstico, el Gobierno Federal financió y sostuvo redes de colaboración académica e industrial, mientras que en el internacional ofreció asistencia agrícola, industrial y médica a los aliados, cultivando la incorporación de la esfera científica a la diplomática:

> Al final del conflicto, los responsables políticos comprendieron que la ciencia era fundamental para la seguridad, la prosperidad y el prestigio nacionales; a partir de entonces, todas las administraciones trataron de maximizar el potencial científico estadounidense y comprendieron las ventajas del liderazgo científico en el extranjero (pp. 299-300).

---

1 Se define como "poder duro" a la utilización de medios coercitivos materiales (como los militares o los económicos) para la obtención de las metas de un país. Para Nye (2003), implica el uso tanto de palos como de zanahorias (coerción e incentivos). Por su parte, el poder blando o suave es aquel que descansa no en medios coercitivos, sino en aquellos persuasivos como la diplomacia, la difusión de la cultura, la historia, etc.

Esta tendencia se vio reforzada durante la Guerra Fría cuando Estados Unidos se sirvió de la CyT tanto en sus aspectos de *hard power* –incrementando sus capacidades militares y económicas a través de la aplicación de innovaciones científicas y tecnológicas al desarrollo industrial–, como *soft power* –fortaleciendo los aspectos científicos y tecnológicos en sus relaciones con aliados y adversarios–. Así, pueden contarse los increíbles logros de la CyT norteamericana en esta época, desde los desarrollos en términos de aplicaciones civiles de la energía atómica, hasta la llegada del hombre a la Luna en 1969, pasando por sus contribuciones en organismos de gobernanza global y regional dedicados a la regulación del sector.

Estos hitos se fueron reflejando en las estructuras organizacionales domésticas, que acompañaron el desarrollo de la CyT en general y que pusieron en evidencia la articulación existente entre actores públicos y privados del sector. Algunas de las instituciones más relevantes son la National Science Foundation (NSF) –una agencia independiente establecida en 1950 por el Congreso para promover y financiar investigaciones científicas e ingenieriles a nivel federal–, el National Institute of Health, la Comisión de Energía Nuclear nacional, la Administración Nacional Aeronáutica y del Espacio (NASA) o los propios Departamento de Energía (que posee casi una veintena de laboratorios) y Departamento de Defensa (Placencia, Sundaram y Dos Santos, 2021; Mervis, 2021).

Además, en la década de 1970, al reconocer la necesidad de una mayor coordinación de la política federal en CyT, se estableció una de las oficinas más importantes para el asesoramiento científico y tecnológico en el país, la Oficina de Política Científica y Tecnológica de la Casa Blanca (OSTP)[2]

---

2 Esta oficina se encuentra compuesta por seis equipos que implícitamente responden a las prioridades de la agenda científico-tecnológica de Estados Unidos. Además del equipo correspondiente al *U.S. Chief Technology Officer*, están los de clima y ambiente, salud, energía, seguridad nacional, y ciencia y sociedad.

(The White House, 2023). Esta asesora a quien ocupe el cargo presidencial en asuntos vinculados a la CyT, trabajando en conjunto con otras agencias gubernamentales, con el Congreso e incluso con socios extragubernamentales como la academia, la industria, la sociedad civil y organizaciones filantrópicas a nivel doméstico e internacional.

Ahora bien, algunas tendencias registradas en los últimos años señalan que en 2019 Estados Unidos dio cuenta del 27 % del total de la inversión en I+D –investigación + desarrollo a nivel mundial, seguido de China con el 22 %, Japón con 7 %, Alemania con 6 % y Corea del Sur con 4 % (*National Science Board*, NSB, 2022). Dinámicas similares se han visto en otros indicadores, como, por ejemplo, en publicaciones: mientras que seis países producen la gran mayoría de publicaciones científicas, China lleva la delantera con el 23 % de ellas, seguida por Estados Unidos (16 %), India, Alemania, Reino Unido y Japón en proporciones muy distantes (NSB, 2022).

Lo que estas tendencias ponen en evidencia es que

i. si bien Estados Unidos aún lleva la delantera en el área, está siendo alcanzado por China (y en algunos aspectos, como los indicadores bibliométricos, superado);
ii. que algunos socios claves y tradicionales de Estados Unidos (como países europeos y asiáticos) han quedado muy relegados; y
iii. que hay un claro desplazamiento de la centralidad de la CyT y la innovación desde Occidente hacia Asia.

Como es de suponerse, esta situación de bipolaridad científico-tecnológica presenta grandes desafíos para Estados Unidos, tanto en el plano doméstico como en el internacional, al generar posibles efectos en su competitividad y poner en peligro su primacía global.

Así, en el ámbito interno, la necesidad de contener el ascenso chino se ha reflejado en el incremento de inversión en el sector de CyT e innovación: mientras que en 2011 la inversión en este sector representó un 2,75 % con relación al PBI, en 2020 reflejó un aumento al 3,44 %. En millones de dólares corrientes, la inversión estadounidense en CyT para el 2020 fue de 720.880 dólares frente a los 420.126 de 2011. Por su parte, la inversión en CyT per cápita aumentó de 1.370 dólares corrientes en 2011 a 2.189 en 2020 (RICyT, 2023).

A su vez, desagregar las fuentes de financiamiento del sector puede ayudar a comprender mejor la relevancia que CyT han adquirido con el tiempo y cómo se ha sostenido a lo largo de diversas administraciones, transformándose en una verdadera política de Estado: el financiamiento del sector por parte del Gobierno Federal se incrementó en términos absolutos entre 2010 y 2019, y sigue representando nada menos que una quinta parte de la inversión nacional total en CyT (*National Science Board*, 2022). En la misma línea, el informe del NSB señala que el Gobierno Federal se mantiene como el principal inversor (41 %) en el sector de la ciencia básica, y como la mayor fuente de recursos para I+D en el sector académico (50 %). No obstante, otros actores intervienen en la inversión en ciencia básica, como empresas (31 %), gobiernos estatales y organizaciones sin fines de lucro (16 %), y el área de educación superior (13 %)[3].

En resumen, el sostenimiento de un rol relevante del Gobierno Federal y de los estatales en el financiamiento del sector de CyT e I+D evidencia la importancia que tal área posee para el país. En efecto, el Departamento

---

3 En este sentido, es importante resaltar que la inversión en ciencia básica es fundamental para el avance de la CyT, pero generalmente conlleva riesgos y pocas ganancias. Por ello suele estar fundada en inversiones estatales que permitan generar conocimiento que más tarde pueda ser aplicado a desarrollos tecnológicos. Lo que puede concluirse de estos datos es que el Gobierno Federal estadounidense aún está dispuesto a apostar a inversiones de alto riesgo en términos de desarrollo de ciencia básica y trabajar con el sector público y privado para convertir ese conocimiento en eventuales desarrollos tecnológicos. En este punto también cabe aclarar que esta apreciación corresponde a una visión lineal de la CyT y que existen corrientes que cuestionan su direccionalidad.

de Defensa emitió a fines de 2022 un documento titulado *International Science and Technology Engagement Strategy*, que afirma que este organismo se ha recostado históricamente en su capacidad tecnológica para sostener la ventaja militar estadounidense a nivel global, y que, en el actual escenario de pujas competitivas y de globalización del conocimiento científico-tecnológico, es necesario reforzar las capacidades domésticas utilizando recursos globales (Departamento de Defensa de Estados Unidos, 2022). En este marco el documento alienta al país a establecer asociaciones con aliados internacionales claves para hacer frente a la amenaza representada por Rusia y China, como estrategia para reforzar las propias capacidades defensivas.

De hecho, estos puntos clave fueron resaltados por el secretario de Estado Antony Blinken en una alocución ofrecida en mayo de 2024 en San Francisco, California. En este discurso, titulado "Technology and the Transformation of US Foreign Policy", Blinken afirmó que estamos atravesando una revolución tecnológica que, al tiempo que se constituye en el epicentro de la competencia con los rivales geopolíticos del país, también plantea una oportunidad histórica para la seguridad, la estabilidad y la prosperidad de la economía y la democracia estadounidenses y los pueblos del mundo (Departamento de Estado de Estados Unidos, 2024).

Efectivamente, como señala Blinken, el mundo está experimentando una revolución tecnológica que se sustenta en algunas dinámicas novedosas que se han hecho más visibles en las últimas décadas. En primer lugar, asistimos a la emergencia de nuevas tecnologías fundacionales de propósito general con impacto en diversas áreas y que son fundamentales tanto para la competitividad nacional como para la seguridad de Estados Unidos: la microelectrónica, la computación avanzada y las tecnologías cuánticas, la inteligencia artificial, la biotecnología, las telecomunicaciones avanzadas y las tecnologías limpias para la transición energética. Todas ellas tienen además la particularidad de estar convergiendo, y de funcionar sobre la base de semiconductores, punto nodal de las disputas comerciales y tecnológicas entre Estados Unidos, China y Rusia. En segundo término, se identifica una creciente necesidad de entender a las tecnologías no solo en sus aspectos artefactuales, sino además en una variedad de dimensiones relacionadas, como la formación de recursos humanos, la infraestructura y el conocimiento vinculados, y las normas y reglas propias de su gobernanza.

Este último punto se vincula especialmente con el hecho de que CyT son, en efecto, instrumentos de *hard power,* pero también herramientas privilegiadas para ejercer *soft power,* vinculado a la persuasión y habilidad negociadora necesarias al momento de establecer normas y estándares, de formar recursos humanos cualificados, o de atraerlos para nutrir los propios aparatos productivos. En este sentido, de acuerdo al mencionado informe del NSB (2022), Estados Unidos es el país que más títulos de doctorados en ciencia e ingeniería otorga, y, de entre ellos, una gran proporción es destinada a estudiantes internacionales: en 2020 estos últimos fueron más de 300.000. Como menciona un reciente artículo, "aprovechar el talento tecnológico mundial en Estados Unidos ha sido históricamente nuestra superpotencia" (*Wilson Center,* 2022).

Asimismo, no se debe dejar de lado el rol que en términos de *soft power* juegan programas como las Becas Fulbright (entre otras), que comenzaron a implementarse a escala global a partir de 1946, y que el Bureau of Educational and Cultural Affairs (BECA) describe como "el principal programa de intercambio educativo y cultural internacional del gobierno de Estados Unidos" (BECA, 2023). El programa, que cuenta con 160 países socios, "construye conexiones duraderas entre el pueblo de Estados Unidos y el de otros países, fomentando el entendimiento mutuo entre naciones, haciendo avanzar el conocimiento entre comunidades y mejorando vidas en todo el mundo" (ídem).

En definitiva, CyT son la combinación perfecta de *hard and soft power at play*: generación de capacidades científicas y tecnológicas para incrementar el poder material doméstico y lograr una mayor proyección internacional, pero también para atraer estudiantes de todo el mundo, y permitir la identificación del país como una meca de conocimiento (aunque en este punto sea necesario tener en cuenta que tal ventaja podría verse comprometida, como reconoce el *Wilson Center*, debido al decreciente otorgamiento de visas H1B –aquellas destinadas a profesionales con trabajos especializados–, creando un *gap* que está siendo reemplazado por otras grandes potencias como China).

Por todo lo anterior, la estrategia científica-tecnológica en la agenda de política exterior estadounidense (y en realidad en la de cualquier país) es central, tanto en sus aspectos más conflictivos como en aquellos más cooperativos, es decir, en términos de su diplomacia científica, aunque sus límites en la actualidad parecieran estar difuminándose cada vez más. En este sentido, la utilización de la diplomacia científica por parte de Estados Unidos para establecer vínculos internacionales no es nueva. De Greiff (2014) sostiene que este tipo de práctica diplomática –antes englobada en lo que se conocía como "diplomacia cultural"– fue corriente en el siglo XX como parte de la "política del buen vecino" y de los intentos norteamericanos por trazar relaciones cooperativas con los países latinoamericanos y caribeños y por ejercer influencia sobre ellos.

En la actualidad el país implementa su diplomacia científica por medio de varios instrumentos, instituciones y asociaciones no gubernamentales, y a través de la cooperación con sus socios y aliados en diversas áreas, pero también por medio de iniciativas federales específicas como la de los *Science Envoys*. Este programa ha permitido desde 2010 el envío de 23 cohortes de científicos/as, ingenieros/as, ganadores/as de Premios Nobel, y asesores/as estadounidenses a regiones como África, Medio Oriente, Asia Central y del

Sudeste, y América del Sur (Departamento de Estado de Estados Unidos, 2023). Su objetivo es el de "aprovechar su experiencia y sus redes para establecer contactos e identificar oportunidades de cooperación internacional sostenida", al tiempo que se fortalece la cooperación bilateral en sectores científico-tecnológicos y se potencian objetivos de política pública como el de alcanzar una mayor paridad de género en ciencias.

Si bien, por la limitación propia del ensayo, no es posible profundizar en los detalles organizacionales del sector[4], es necesario mencionar la oficina encargada de la diplomacia científica dentro del gobierno federal: aquella de Cooperación Científica y Tecnológica (OCCT) que tiene como misión fortalecer "la cooperación internacional en [CyT] en áreas que favorecen los intereses de Estados Unidos [...], promover la reciprocidad, extender las normas y principios del país y proteger la propiedad intelectual de estadounidenses" (OCCT, 2023). Asimismo, monitorea tendencias internacionales en el sector a fin de mantener la ventaja competitiva del país a escala global. A su vez, la implementación de programas de capacitación de jóvenes y fortalecimiento de sistemas de innovación en países en desarrollo impulsada por la oficina permite que los "Estados Unidos tengan acceso a los mejores investigadores, infraestructura y oportunidades en el exterior" (OCCT, 2023).

Otras agencias importantes son el Bureau of Oceans and International Environmental and Scientific Affairs, que busca expandir ecosistemas en CyT e innovación para "apoyar las prioridades de política exterior y económica" norteamericanas; la Office of the Science and Technology Adviser to the Secretary of State, basada en trabajos anticipatorios acerca del impacto de la CyT –especialmente emergente–

---

4 Una primera aproximación a este tema puede encontrarse en Vera y Colombo (2020). Allí también se detallan otras oficinas y algunos instrumentos destinados a fortalecer la cooperación internacional en CyT.

en la agenda de política exterior; la Office of Space Affairs, y finalmente, un sector dedicado a la inteligencia artificial.

En definitiva, lo anterior evidencia la centralidad que la CyT tiene para Estados Unidos, tanto como instrumento para nutrir su *hard power* –fortaleciendo sus propias capacidades competitivas en materia económica y coercitivas en lo militar– y como herramienta de *soft power* –difundiendo sus propios valores, normas e instituciones democráticos y liberales, instituyéndose como meca del avance científico-tecnológico y generando influencia–. De hecho, un indicador de la relevancia que reviste la CyT como instrumento de diplomacia científica en la agenda más amplia de política exterior estriba en que, durante la primera década del siglo XXI, Estados Unidos duplicó el número de acuerdos de cooperación en CyT y los recursos federales destinados a ella (Vera y Colombo, 2020). La siguiente sección analiza lo sucedido con este sector durante la administración Biden.

Ciencia y tecnología como *hard* y *soft power* en la administración Biden (2021-2024)

Como sostuvo A. Blinken en el discurso mencionado, el gobierno de Joe Biden ha hecho "inversiones históricas" en términos de mejora de la competitividad tecnológica norteamericana, lideradas por dos leyes fundamentales (aunque no las únicas): la Inflation Reduction Act (IRA) y la Chips and Science Act (CHSA), que suponen los montos de inversión más grandes desde el *New Deal* (Departamento de Estado de Estados Unidos, 2024).

La CHSA fue directamente influenciada por el contexto más amplio de la puja económico-política con China, a quien Estados Unidos considera su amenaza estratégica más importante. Busca incrementar la inversión en la producción de semiconductores para ponerse a la delantera en la generación de tecnologías claves frente a China, restablecer el liderazgo norteamericano, y reducir la dependencia de proveedores externos (The White House, 2023), para lo cual se planea una inversión mayor que la que demandó el Proyecto Manhattan.

A su vez, esta ley posee un capítulo internacional en la forma del International Technology Security and Innovation Fund (ITSIF), un fondo que procura orientar inversiones a la creación de cadenas globales de suministro de semiconductores que sean seguras y resilientes frente a *shocks* externos como los generados por pandemias, pero también frente a disrupciones originadas en la competencia geotecnológica. De hecho, el propio ITSIF en su página web anuncia: "Cuando un solo país intenta controlar [...] las cadenas de suministro de semiconductores, dispone de los medios para manipular o interrumpir servicios esenciales, infraestructuras críticas y cadenas de suministro con sólo pulsar un botón". Por lo cual, "si los adversarios dominan estos sectores, estarán en mejores condiciones de exportar prácticas autoritarias y socavar la gobernanza democrática". De esta forma,

> la [CHSA] permite inversiones estratégicas estadounidenses en estos sectores críticos [para] introducir en el mercado mundial nuevos proveedores fiables de tecnologías de la información y la comunicación y capacidad de producción de semiconductores, de modo que beneficien directamente a Estados Unidos y a nuestros aliados y socios (Departamento de Estado de Estados Unidos, s/f).

Para alcanzar estos objetivos, el Departamento de Estado ha orientado inversiones estratégicas a la Organización para la Cooperación y el Desarrollo Económico (OCDE) y a algunos países de América Latina que forman de la America's Partnership for Economic Prosperity (APEP)[5] a

5 La APEP consiste en una iniciativa impulsada para contrarrestar la creciente influencia china en la región latinoamericana y caribeña, a través de la canalización de inversiones mayoritariamente privadas hacia infraestructura de

través de este fondo. En otras palabras, la CHSA y el ITSIF pusieron en marcha un creciente proceso de *near-shoring* y *friend-shoring* de las cadenas globales de suministros (es decir, de reubicación de eslabones tecnológicos estratégicos) para asegurar la producción de circuitos integrados, fundamentales para la economía, la industria y la CyT norteamericanas y globales.

Por su parte, la IRA, de agosto de 2022, hace fuerte hincapié en las tecnologías verdes, la producción de energía limpia y la lucha contra el cambio climático, de forma tal de "impulsar economía global de energía limpia hacia adelante" (The White House, 2022). Esta ley es complementaria de la anterior en el sentido de que impulsa la industria y la investigación en tecnologías verdes nutriéndose de la endogenización, el *near-shoring* y *friend-shoring* de la producción de semiconductores garantizados por la CHSA (*IRA Guidebook*, 2023: 46).

Ahora bien, mientras que lo anterior puede englobarse en una estrategia de utilización de CyT para metas vinculadas al *hard power*, ciertamente su uso como herramienta de *soft power* –en la forma de diplomacia científica– mantiene vigencia. De hecho, según Mónica Medina, secretaria asistente del Bureau of Oceans and International Environmental and Scientific Affairs: "Nuestra misión es impulsar la política exterior mediante la diplomacia científica y la cooperación internacional [...]. Cuando innovamos y colaboramos más allá de las fronteras, la [CyT] pueden impulsar la paz, resolver problemas globales y promover el crecimiento económico" (Departamento de Estado de Estados Unidos, 2023).

El próximo apartado analiza cómo han sido las relaciones entre Estados Unidos y Argentina en el sector CyT, en

---

conectividad digital y de transición energética, y a través de la relocalización de eslabones claves de la cadena global de semiconductores. Forman parte de ella doce países: Estados Unidos, Canadá, Costa Rica, Perú, Chile, Uruguay, México, Barbados, República Dominicana, Colombia, Ecuador y Panamá.

particular si han primado la conflictividad o los beneficios de la diplomacia científica.

Las relaciones científico-tecnológicas con Argentina: más cooperación que conflicto

La política científica y tecnológica en Argentina ha sufrido numerosos vaivenes en el siglo XXI, y, aunque pareció estabilizarse y priorizarse a partir del año 2020 (con la elaboración del Plan de CyT 2030, la promulgación de la Ley de Financiamiento de la CyT, la rejerarquización del Ministerio de CyT –MINCyT– y la duplicación del salario de investigadores/as, entre otras iniciativas), lo cierto es que las problemáticas macroeconómicas del país han dificultado políticas sostenidas en el tiempo. Por ejemplo, mientras que, como se dijo, Estados Unidos invierte el equivalente al 3,44 % de su PBI en CyT, Argentina solo ha aprobado recientemente la Ley 27.614/21, que, de cumplirse, permitirá un incremento progresivo en la inversión en CyT hasta llegar al 1 % del PBI en 2032. A su vez, dicha meta solo refleja la inversión estatal deseada en materia científico-tecnológica en el país, pero el aporte privado se sigue sosteniendo en niveles muy bajos incluso en comparación con otras naciones latinoamericanas (RICyT, 2023). Además, desde fines de 2023 y a lo largo de 2024, el sector CyT ha sufrido un continuo desfinanciamiento debido a que hubo una devaluación de más del 100 %, mientras que el presupuesto para el sector científico-tecnológico permaneció siendo prácticamente equivalente al de 2023, por lo cual los científicos/as han experimentado un enorme deterioro de sus ingresos.

A pesar de esta enorme diferencia en términos de la relevancia de la CyT para cada país, en materia de colaboración científico-tecnológica, Estados Unidos y Argentina son históricos cooperantes. Esto se refleja, por ejemplo, en el éxito sostenido que han mostrado las Becas Fulbright:

tras su implementación en 1956 en el país, el Programa ha beneficiado a casi 10.000 argentinos/as (*Infobae*, 28/04/2021). Adicionalmente, entre las áreas de cooperación en CyT más relevantes para los dos países, destacan los sectores nuclear, espacial, biotecnológico, oceánico y antártico, y ambiental. Allí, el Environmental, Science and Technology Counselor (ESTC) de la Embajada estadounidense en Argentina se encarga de tender y sostener puentes entre diversas agencias norteamericanas y locales (Embajada de Estados Unidos en Argentina, 2023).

De hecho, a principios de marzo de 2020, a pocos meses de asumir un nuevo gobierno en Argentina, su ministro de CyT, R. Salvarezza, se reunió con el embajador estadounidense E. Prado, quien además estuvo acompañado por el asesor en CyT para el secretario de Estado norteamericano. En dicha reunión se volvieron a destacar como ejes claves de la cooperación el espacial, el nuclear, el de salud, biotecnología y energías renovables. También se buscó afianzar la cooperación a través de la reedición de encuentros de una Comisión Mixta, se elogiaron los recursos humanos nacionales, el rol jugado por las Becas Fulbright cofinanciadas con el Consejo Nacional de Investigaciones Científicas y Técnicas (CONICET), y la relevancia de la vinculación con empresas estadounidenses. La nota de prensa emitida posteriormente por el MINCyT afirma que

> el historial de colaboración con los Estados Unidos presenta numerosos casos de éxito, como son el de la Comisión Nacional de Energía Atómica (CNEA), [...] y el de la Comisión Nacional de Actividades Espaciales (CONAE), que trabaja junto con la NASA (MINCyT, 9/03/2020).

En efecto, gran parte de la cooperación entre ambos países es llevada a cabo por agencias especializadas como CNEA o CONAE. En materia nuclear Argentina coopera con la potencia del norte desde mediados de la década de 1950. De acuerdo a Di Lorenzo (2022), el Departamento de

Energía fue la cuarta institución con la que el sector atómico argentino mantuvo más actividades de cooperación entre 2006 y 2018. En cuanto a lo espacial, Argentina se ha recostado en el socio norteamericano para el lanzamiento de sus satélites y planea seguir haciéndolo.

Por otro lado, un trabajo reciente que explora la diplomacia científica entre Estados Unidos y el MINCyT muestra que, si bien no se registra una agenda tan variada y abarcadora con este organismo en los últimos seis años –al menos en términos de acuerdos formales–, parecería haber habido una expansión de actividades de colaboración argentino-estadounidenses canalizadas a través del ministerio entre 2022 y 2023. En efecto, en 2022 se impulsó la firma de la Declaración de la Alianza Atlántica para Investigación e Innovación Oceánicas –un mecanismo de apoyo al proyecto argentino Pampa Azul– en Washington. En 2023 MINCyT participó de un seminario sobre política digital e inteligencia artificial coorganizado entre la Cancillería Argentina y el Departamento de Estado estadounidense, y en encuentros con representantes de NASA. Con esta última además se reafirmaron acuerdos de cooperación y se decidió el ingreso de Argentina a los Acuerdos Artemisa[6] (Prieto, Vera & Guglielminotti, 2024).

Sin embargo, la relación científica y tecnológica entre ambos países no ha estado exenta de algunos conflictos, aunque limitados, ya que en la actualidad esta relación está teñida por, y enmarcada en, la visión estratégica que Estados Unidos mantiene acerca de la CyT y su rol en la disputa geotecnológica con China. De hecho, podría especularse que el aumento de actividad conjunta entre ambos países en materia de CyT entre 2022 y 2023 correlaciona

---

6 Los Acuerdos de Artemisa forman parte del Programa Artemis, que busca generar un marco de cooperación para futuras misiones de exploración de la Luna, Marte, y otros con fines de explotación civil de minerales en el espacio.

directamente con el marcado avance de China en esta agenda (Prieto, Vera & Guglielminotti).

Es que para Estados Unidos mantener alejados de la región latinoamericana a China y a Rusia (a quien considera aliado del coloso asiático) es una cuestión de seguridad nacional, e implica evitar el involucramiento de aquellas grandes potencias en diversas áreas –entre ellas, la de CyT–. Por ello vio con recelo la posible instalación de una cuarta central nuclear (Atucha III) comprada a China (Acosta y Vera, 2023). Y aunque tal acuerdo quedó trunco, en especial con la asunción del gobierno del libertario J. Milei (cuya política exterior está explícitamente alineada a Washington), tal suceso generó grandes discusiones en la prensa argentina acerca de las dificultades de tener una agenda autónoma de cooperación en CyT.

Esta discusión además fue reavivada recientemente a partir de declaraciones emitidas por diversos funcionarios del gobierno argentino sobre los posibles usos militares de una Estación Espacial Terrena china instalada en la Patagonia para observación del espacio profundo. Si bien este conflicto fue solucionado de forma expedita luego de una inspección a la estación que disipó las dudas, puso nuevamente en agenda el dilema nacional de la dependencia tecnológica y la posición argentina en la disputa global entre los dos polos de poder dominantes. Otra área donde la incidencia del gigante asiático es vista con sospecha es la de reservas de litio de las provincias del norte del país (Reingold, 2022), lo cual no es de extrañar si nos remitimos a los objetivos de la IRA descrita anteriormente y al rol que allí juega el desarrollo de tecnologías de transición energética.

Sin embargo, es necesario tener en cuenta que, en materia científico-tecnológica, Argentina se precia de tener vastos vínculos con una gran variedad de socios, algo que, como país en desarrollo, ha sido visto por gran parte de la comunidad científica como una forma de diversificar contrapartes, abrir nuevos mercados y explorar opciones de asociación que le permitan disminuir su dependencia y su posición periférica. Y en este sentido, independientemente de las relaciones exteriores argentinas con otras grandes potencias, Estados Unidos es –y seguirá siendo– un aliado clave.

Reflexiones finales

En un contexto de emergencia de nuevas tecnologías y de ascenso de nuevas grandes potencias, CyT se convierten en epicentro de dinámicas de conflicto por el control de las nuevas dimensiones económicas, comerciales y militares de la tecnología (aspectos de *hard power*), y de las posibilidades de cooperación, principalmente bajo la forma de estrategias de diplomacia científica, fundamental para expandir influencia y ganar aliados (herramientas de *soft power*). Este escrito buscó hacer una exploración parcial y no exhaustiva de las instituciones, políticas, prácticas y estrategias que Estados Unidos ha impulsado en los últimos años en materia de CyT (tanto en sus aspectos de *hard* como de *soft power*) para responder a las dinámicas globales cambiantes, y en menor medida procuró vincularlas con la agenda de CyT argentina.

En este recorrido se pudo apreciar que la relación científico-tecnológica entre Estados Unidos y Argentina en los últimos años ha contenido elementos conflictivos y cooperativos, aunque estos últimos han predominado, puesto que ambos países han priorizado sus intereses comunes en CyT, resolviendo sus desacuerdos de manera rápida. Hacia esta última dirección –la cooperación– debería seguir moviéndose la asociación entre ambos, sin olvidar que Argentina, como país periférico en desarrollo, está buscando –con éxito sinuoso– la forma de superar sus problemas estructurales. Así, Estados Unidos debe posicionarse como socio estratégico indiscutido para la resolución de problemáticas vinculadas a los problemas energéticos, de pobreza, hambre, climáticos, y de mejora de calidad de vida y recursos humanos. En todo ello, la CyT son hilos conductores fundamentales, y su abordaje de forma colaborativa, también.

Referencias bibliográficas

Acosta, C. y Vera, N. (2023) "Cooperación nuclear argentino-brasileña en el contexto de puja hegemónica entre China y la Alianza Atlántica: ¿un camino posible a la autonomía?". En López, M. P. (comp.). *Ciencia, tecnología y cooperación internacional en clave de desarrollo. Reflexiones sobre Argentina y América Latina*. Tandil: CEIPIL – UNICEN, pp. 165-208.

Bureau of Educational and Cultural Affairs (2023). *Fulbright program Overview.* Consultado en marzo de 2023. En lc.cx/1fDtPQ.

De Greiff, A. (2014). La norteamericanización de la tecnociencia en América Latina: diplomacia científica y hegemonía cultural. En Kreimer, P.; Vessuri, H.; Velho, L. y Arellano, A. (coords.). *Perspectivas latinoamericanas en el estudio social de la ciencia, la tecnología y la sociedad.* Siglo XXI Editores, pp. 194-207.

Department of Defense (2022). *International Science and technology engagement strategy. A unified approach to strengthen and attract new partners*. EE. UU.: DoD.

Departamento de Estado de Estados Unidos (2024). Technology and the Transformation of US Foreign Policy. En lc.cx/qM4wtv.

Departamento de Estado de Estados Unidos (2023). *Science, technology and innovation*. En lc.cx/F3GfTu.

Departamento de Estado de Estados Unidos (s/f). *The US Department of State International Technology Security and Innovation Fund.* En lc.cx/KXqDF7.

Di Lorenzo, D. (2022). *Política y gestión de la internacionalización de la investigación en la Comisión Nacional de Energía Atómica (2006-2018)*. Tesis de posgrado. UNSAM.

Embajada de Estados Unidos en Argentina (2023). *Environment, Science and Technology section*. Consultado en 2023. En lc.cx/YTW-9i.

Inflation Reduction Act Guidebook (2023). *Building a clean energy economy: a guidebook to the inflation reduction act's investments in clean energy and climate action*. Washington D. C.: The White House.

Infobae (2021). Fulbright celebra 65 años acercando a Argentina y Estados Unidos. *Infobae* (28/04/2021). En lc.cx/nc1wOv.

Medina, M. (10/02/2023). *U.S. Science Envoys: Advancing U.S. Foreign Policy Through Science Diplomacy*. U.S. Department of State. En lc.cx/Np_9NF.

Mervis, J. (2021). Biden proposes $250 billion investment in research. *Science* (21/03/2021). En lc.cx/scfWQy.

MINCYT (2020). Argentina afianza lazos de cooperación científica con Estados Unidos. *MINCYT* (09/03/2020). En lc.cx/-2Zq2j.

National Science Board (2022). The state of US Science and Engineering 2022. Science & Engineering Indicators. En lc.cx/9p2MCg.

Nye, J. (2003). Propaganda isn't the way: Soft Power (10/01/2003). Belfer Center. lc.cx/FQ2MzJ.

Office of Science and Technology Cooperation (2023). About us. U.S. Department of State. En lc.cx/xBC_Ql.

Office of Science and Technology Policy (2023). The White House. En bidenwhitehouse.archives.gov/ostp.

Placencia, D., Sundaram, P. y Dos Santos, S. (2021). Science and technology cooperation: A key strategy for U.S. engagement in Latin America. Global Americans. En globalamericans.org/science-and-technology-cooperation-a-key-strategy-for-u-s-engagement-in-latin-america.

Prieto, J.; Vera, N., y Guglielminotti, C. (2024). Geopolitics and Science and Technology Cooperation in Argentina, Chile and Colombia: An Analysis of Diplomacy for Science Dynamics. En Echeverría-King, L.; Pantovic, B.; Piñeros-Ayala, R.; Figueroa, P. y Flores-Zamora, A. (eds.). *Developments and Approaches in Science Diplomacy: Latin America and the Caribbean*. IGI Global, pp. 160-199.

Red Iberoamericana de Indicadores en Ciencia y Tecnología –RICYT- (2023). Estados Unidos 2011-2020. En lc.cx/0HKyWf.

Reingold, J. (2022). El cambio climático acelera la geopolítica del litio en Argentina. El Dipló Cono Sur. En lc.cx/ONPnBR.

The White House (2022). Remarks by National Security Advisor Jake Sullivan at the Special Competitive Studies Project Global Emerging Technologies Summit. En bostonglobalforum.org/news/remarks-by-national-security-advisor-jake-sullivan-at-the-special-competitive-studies-project-global-emerging-technologies-summit.

The White House (2023). The Build Back Better Framework.

U.S. Science Envoy program (2023). Office of Science and Technology Cooperation. En lc.cx/hcbrBc.

Vera, N. y Colombo, S. (2020). Reflexiones en torno a la Cooperación Internacional en Ciencia y Tecnología y la Diplomacia Científica: los casos de Estados Unidos y la República Popular China. En López, M. P. (comp.). *Perspectivas sobre la cooperación internacional en ciencia, tecnología y universidad: políticas, prácticas y dinámicas a principios del siglo XXI*. Tandil: UNICEN, pp. 13-38.

Whitesides, G. (2019). *Science and American Foreign Relations since World War II*. Cambridge University Press.

Wilson Center (2022). *On the horizon 2022: Science and Technology*. En lc.cx/1Q18mk.

Sección 3.
Desafíos domésticos de los Estados Unidos

Federalismo dual

Una oportunidad para el desarrollo provincial

GUILLERMO SAMUEL SALAS

Resumen

La Constitución de los EE. UU. pervive en el tiempo como un auténtico milagro político, solo imaginado y explicado por los padres fundadores como James Madison –cuarto presidente norteamericano, también considerado "padre de la Constitución"–. Con calidad de auténtico instrumento fundacional, esa pieza estableció un sistema que rápidamente se convirtió en faro de inspiración y de esperanza en el mundo, asegurando el éxito de la libertad, promoviendo la búsqueda de prosperidad y el amparo de los derechos individuales en general, a través de dos diferenciados planos y doble nivel de gobierno (uno estadual-local y otro nacional-central) soberanos y autonómicos en sus respectivos ámbitos de poder.

En la República Argentina, ese modelo conocido como de "federalismo dual" fue replicado en el marco del derecho constitucional argentino, y, aun cuando, en el curso de las acciones institucionales, ha ido perdiendo fuerza operativa contra una tendencia centralista, se presenta en la actualidad como el mejor camino que recorrer para el desarrollo provincial, creando renovadas oportunidades y mayor bienestar para todos los ciudadanos.

Palabras clave

Federalismo dual, derecho constitucional, padres fundadores, facultades concurrentes, poderes reservados.

Abstract

The U.S. Constitution endures over time as an ongoing political miracle, which was brought into being by the founding fathers such as James Madison –the 4th North American President, who became known as the "Father of the U.S. Constitution." Indeed, as a foundational instrument, this document set forth a system that soon became a beacon of inspiration and hope in the world, securing the survival and the success of liberty, fostering the search for sound prosperity and the protection of individual rights in general, through two different levels of government (one state-local, and the other federal-central) sovereign and autonomous in the scope of their respective powers. In the Argentine Republic, the dual federalism format was replicated within the framework of constitutional law itself, and even though in the course of Argentina's institutional actions it has been losing operational force against a centralist trend, the model must currently be seen as the best way to go forward, in order to create and renew opportunities for better local development and greater well-being for all citizens.

Keywords

Dual federalism, constitutional law, founding fathers, concurrent jurisdiction, reserved powers.

Sistema político estadounidense: derechos individuales y gobierno limitado

En el año 1620, y estando a bordo del Mayflower Compact, antes de desembarcar para vivir en América, los peregrinos que llegaban acordaron establecer una forma de gobierno con reglas. La idea de un esquema de gobierno con el expreso consentimiento o acuerdo de las personas que libre y voluntariamente lo creaban tuvo así en la historia de los EE. UU. un verdadero ejemplo de puesta en acción de la teoría política del *social contract.*

En el marco de ese "contrato social", la razón de la existencia de una autoridad se justificaba únicamente en la conveniencia de preservar, proteger y defender los derechos individuales, con claras limitaciones al ejercicio del poder[1]. Comenzaba a comprenderse la necesidad de contar con pautas normativas aceptadas y generadas desde la propia sociedad, que sirvieran como mecanismo básico de autoprotección de los individuos.

Suele decirse que la historia es en rigor la historia de los hechos y acontecimientos más relevantes de los pueblos, en cuanto queden expuestos y observados en su más amplio contexto. En ese sentido, la de los EE. UU. como nación independiente comenzó un día 4 de julio de 1776, con su *Declaration of Independence* firmada por los representantes de las trece colonias originarias, sin un sistema político general de gobernanza, situación que condujo a la posterior firma –por los entonces devenidos trece estados en el año 1777– de los *Articles of Confederation and Perpetual Union,* como lo expresa su preámbulo, que tuvo una primera ratificación del estado de Carolina del Sur en el año 1778 y una

---

1 Nótese que con esas palabras jura cada presidente que asume el cargo en EE. UU., dando cumplimiento al texto constitucional, en una rutina que ha tomado lugar cada cuatro años, durante más de doscientos años (Article II, Section 1, Clause 8).

posterior entrada en vigencia con la ratificación del estado de Maryland en el año 1781.

En la nueva liga de estados y en declarada unión perpetua, bajo el nombre de The United States of America, el congreso confederado era la autoridad central, con mandato de reunión el primer lunes del mes de noviembre de cada año. Ese congreso fue útil para los tiempos en que se mantuvo la guerra independentista contra el Reino de Gran Bretaña entre los años 1775 y 1781, con empoderamiento para el manejo de la defensa común y las relaciones exteriores, aunque sin otras mayores facultades.

Cada uno de los estados de New Hampshire, Massachusetts-bay, Rhode Island and Providence Plantations, Connecticut, New York, New Jersey, Pennsylvania, Delaware, Maryland, North Carolina, South Carolina y Georgia retenían soberanía, independencia, jurisdicción, derecho y todo otro poder que no fuera expresamente delegado en favor de los Estados Unidos por el pacto de confederación o por cualquier ulterior resolución adoptada en congreso confederado reunido en modo asambleario[2].

A pesar del mérito de haber sido considerado como el primer instrumento constitucional de los EE. UU., los nombrados *Articles* requirieron una pronta revisión pragmática por parte de los estados involucrados, hasta que en el año 1787 se decidió la creación de "un sistema de gobierno en el cual la autoridad nacional tuviera suficiente potestad para administrar las necesidades de la nación" (Holder, 1974: 3).

Todo ello como anticipo de la Constitución, que no ha sido estática, sino un documento vivo que debe ser leído y aplicado siempre contextualmente, para un mundo en permanente cambio, siendo allí donde se aprecia el carácter de ley fundamental que aún permanece vigente después de dos siglos (Obama, 2006: 85-90).

---

2 Ver *U.S. History Documents, Spark Charts* (2004). EE. UU.: Barnes & Noble Publication.

Más allá de su relevancia como pieza basal constitucional, desde el punto de vista del comercio transfronterizo o exterior y del consiguiente desarrollo o progreso pretendido por los estados, no pasa inadvertido que los *Articles of Confederation,* con sus previsiones sobre "firme liga de amistad" y "derechos y garantías relativas al intercambio y el comercio" de sus *Articles III & IV,* logró conformar el primer TLC o Tratado de Libre Comercio del que se tuviera noticia en las Américas, con todos los beneficios mutuos que ello trajo aparejado en términos de desarme arancelario, ventajas económicas recíprocas y remarcables grados de desarrollo.

Antecedentes constitucionales del federalismo dual

La serie de ensayos conocidos como *The Federalist Papers* que fueron publicados en periódicos de New York a partir del mes de octubre de 1787 tuvieron la virtud de comenzar a mostrar y explicar a la sociedad norteamericana que la Constitución de los EE. UU. –lograda ese mismo año en la Convención Constituyente de Philadelphia– consagraba en verdad un sistema político virtuoso y coherente de gobierno, con el fin de alcanzar todos y cada uno de los objetivos incluidos en su declaración preambular, esto es, conformar una unión más perfecta, establecer justicia, asegurar la paz doméstica, proveer a la defensa común, promover el bienestar general y asegurar los beneficios de la libertad.

Por más de doscientos treinta años, la *U.S. Constitution* ha estado vigente sin solución de continuidad, como eficaz conjunto de acuerdos durables –a los que usualmente se alude como *bundle of compromises*– que los estados originarios suscribieron por unánime consenso y que con el tiempo sumó sucesivas enmiendas. Las diez primeras de ellas, identificadas como *Bill of Rights,* habilitaron en 1791 la incorporación de derechos individuales y garantías, junto a otras disposiciones que ratificaron en modo aclaratorio el sentido, el contenido y los alcances de las prerrogativas o los poderes que los estados integrantes de la unión se reservaban para sí.

Tal fue el caso de la enmienda décima (*Amendment X*), que determinó que los poderes no delegados a los Estados Unidos por la Constitución, ni prohibidos por ella a los Estados miembros, quedaban respectivamente reservados a estos últimos, o al pueblo.

Aparece así en el debate constitucional, desde los argumentos tempranamente desarrollados por James Madison en *El Federalista* y también en la doctrina de derecho judicial emanada de la Suprema Corte de Justicia norteamericana –como intérprete final del texto constitucional–, el valor superlativo de la noción del federalismo dual, que esencialmente postula el carácter no subordinado de los estados locales que se unen (provincias en nuestro país) con prerrogativas de un poder que se divide y se reparte con el de la autoridad nacional, cada una de ellas (gobierno estatal-local y gobierno central-federal) soberana en sus respectivas esferas de actuación.

En 1853 la República Argentina sancionó su Constitución Nacional (C.N.), por voluntad y decisión de las provincias que se presentaban hasta allí en modo preexistente, tomando para la delimitación de los dos ámbitos correspondientes a los respectivos dobles espacios soberanos de poder, el modelo o antecedente de la Constitución de los Estados Unidos de América. Fue así que el federalismo dual, como sistema político arraigado, consolidado y operativo en los EE. UU., propagó hacia nuestro país en la previsión del anterior artículo 104 de la C.N. (actual artículo 121, tras la última reforma del año 1994).

La enmienda décima quedó reproducida prácticamente en toda su extensión literal y efectos, en razón que en Argentina se estableció, con característica pétrea, que "[l]as provincias conservan todo el poder no delegado por esta

Constitución al gobierno federal, y el que expresamente se hayan reservado por pactos especiales al tiempo de su incorporación."

Sin lugar a dudas, el *dual federalism* es superador de otras posiciones que la doctrina de los autores enumera y describe toda vez que estas últimas solo admiten en su caso (i) que la soberanía reside en el Estado federal, con estados particulares condicionados y apenas autónomos, con relativa capacidad para organizarse; (ii) que la soberanía le corresponde al poder constituyente; (iii) que la soberanía les pertenece exclusivamente a los Estados miembros, enfatizándose que el gobierno federal creado por ellos tiene facultades limitadas, por constituir una franca amenaza para las libertades personales. Bajo esta última y extrema visión, los llamados "antifederalistas" en la historia norteamericana erradamente sostuvieron la chance de una eventual secesión (Hernández, 2013).

Concretamente entonces, la postura clásica que se expresa como de federalismo dual entiende que, entre los estados locales y el Estado federal, la soberanía se divide en diversos órdenes, por haber sido así concebido en origen en la ratificada enmienda décima de la Constitución de los EE. UU., habiéndole correspondido precisamente al constituyente James Madison dicho diseño, al resultar evidente que fue ese notable jurista quien analizó con sus ensayos *The Federalist 39-51* los "aspectos fundamentales del federalismo norteamericano y la distribución de competencias entre el Gobierno Federal y los Estados" (Hernández, 2008: 33). Así también lo hizo notar en su discurso inaugural del año 1809, cuando recordó que, junto al cuidado de los intereses nacionales, la Constitución fijaba los límites e imponía respeto a los derechos y poderes reservados a los estados y al pueblo, como característica esencial para el éxito del sistema.

A los fines de la debida complementariedad entre los mencionados dos niveles primarios de poder, la enmienda décima vino a contrabalancear la supremacía prevista para las normas federales en el *Article VI* de la Constitución de EE. UU., al quedar adecuadamente preservados los derechos de los estados[3].

Esa estructura de gobierno doble y diferenciable al que los ciudadanos se someten fue seguido en la región no solo por Argentina, sino también por Brasil y México[4], "aunque posteriormente las tendencias centralizadoras nos alejaran del modelo norteamericano" (Hernández, 2013: 2).

La fuerza del protagonismo orgánico otorgado a los estados locales dentro del esquema de la Constitución estadounidense resulta fácil de observar en aquello que fue v.gr. establecido en el *Article Five* para el procedimiento de la eventual incorporación de enmiendas adicionales a las actuales veintisiete, donde la última de ellas fue ratificada en el año 1992. En los EE. UU., el mecanismo a seguir, desde una posición estatal-local, luce mucho más abierto y flexible que el de la Constitución argentina cuyo artículo 30 únicamente exige el voto de al menos dos terceras partes de los miembros del Congreso Nacional.

En efecto, con los lineamientos que traza en su texto la Constitución de los EE. UU., las propuestas de necesidad de reforma no solo pueden provenir de las dos Cámaras del Congreso si un número mínimo de dos tercios de sus integrantes así lo acuerdan y declaran (nótese que hasta ahí Argentina siguió el modelo norteamericano), sino que además existe en EE. UU. la posibilidad de modificar la Constitución con el llamado formal que pudieran efectuar cuanto menos dos tercios de las legislaturas estatales, para convocatoria a convención reformadora. Siguiendo esa misma

---

3 Ver *U.S. Constitution, Spark Charts* (2002). EE. UU.: Barnes & Noble Publication.

4 Argentina, Brasil y México son los países iberoamericanos que integran el Grupo de los 20 (G20). Integrado por 19 países más la Unión Europea, el G20 congrega las veinte principales economías del mundo y, en palabras del embajador Jorge Argüello (2018: 14), es "fruto de este momento histórico de transición del sistema de gobernanza global, en el que una 'diplomacia de cumbres' de membresía selectiva convive y compite con el multilateralismo tradicional".

lógica, la ratificación de las enmiendas propuestas puede provenir tanto de una Convención Constituyente, como de las propias legislaturas de los estados, en ambos casos, computando tres cuartos de los votos.

Espacios para el ejercicio de facultades concurrentes

El *scope* competencial propio de los estados locales (provincias) y la nación en ocasiones puede suceder que no aparezca nítidamente delineado. En tal supuesto, dentro del sistema de la organización política de la República Argentina y también de los EE. UU., en ausencia de coordinación efectiva, serán los jueces constitucionalmente designados –con sus respectivos grados de revisión dentro del Poder Judicial– quienes queden llamados a poner fin a las controversias y a pronunciarse como intérpretes finales de la ley y la Constitución.

Para esas situaciones de excepción, ciertamente desde la judicatura suele argumentarse que hay posibilidad de actuaciones concurrentes entre los órdenes duales de gobierno.

Sirvan de ejemplo tres recientes asuntos judicializados en el fuero no penal de la provincia de La Pampa[5], en los que se suscitaron conflictos de interpretación y de aplicación de la ley formal, relacionados con temáticas vinculadas a la normativa para tránsito vehicular, a la tarifación de prácticas médicas y, finalmente, a los costos por contratos que auxilian el comercio. En resumen, temas o aspectos asociados a la circulación de personas, a la salud y a los incentivos para la actividad mercantil, como materias con zonas de

5 Causas *A., L. c. Municipio de General Pico,* 1414/14 reg. STJ; *Colegio Médico de La Pampa y otros c/ Estado Provincial,* 21657 reg. CASR; *Colegio de Martilleros y Corredores de Comercio de La Pampa y otro c/ Estado Provincial de La Pampa,* 21596 reg. CASR. Disponibles vía acceso a la jurisprudencia del portal del Poder Judicial de La Pampa (justicia.lapampa.gob.ar).

actuación superpuesta entre provincias (estados locales) y la nación.

En esas contiendas, el banco de pruebas que representa la jurisprudencia –en este caso la pampeana– se expidió en general sobre la base de reconocer la presencia de espacios no exclusivos entre los dos niveles de gobierno.

Ahora bien, nótese en lo particular para el derecho judicial de los referidos procesos que, (i) para el tema tránsito, se alertó acerca de las tensiones inconciliables de las esferas duales de gobierno y sobre la repugnancia efectiva que pudiese convertir a la concurrencia de facultades en una situación irremediablemente incompatible; (ii) para las prestaciones de salud, se sostuvo que las competencias del artículo 125 o 75 inciso 18 de la C.N. deben tomarse como poder de policía de bienestar o progreso, que pueden ejercer tanto las provincias como el Estado federal en sus respectivas jurisdicciones (Gelli, 2009: 618), todo ello con evidente fuente directa en la Constitución de Estados Unidos en razón de la llamada "cláusula del bienestar" (*Article I, Section 8*); (iii) para el comercio y la contratación que le auxilia, se señaló que la tensión ocurre en torno a las prerrogativas del Congreso Nacional y de las Legislaturas Provinciales, donde la frecuente expansión de las primeras avanza innecesariamente sobre aquellos aspectos que, sin reparos ni dificultades, corresponde que sean abordados –a no dudarlo– en la órbita estatal-local.

Cabe ampliar, con relación a la chance de operar con facultades concurrentes, las siguientes referencias de los preindicados pronunciamientos:

1. Que en el federalismo argentino, en palabras de Joaquín V. González, el poder de la nación al ser conferido por las provincias es expreso, limitado y excepcional (Sabsay-Manili, 2010: 794) y, en contraste, como reiteradamente tiene dicho la CSJN, los poderes de las provincias son originarios e indefinidos, lo que implica que "pueden dictar las leyes y estatutos que juzguen

conducentes a su bienestar y prosperidad, sin más limitaciones que las prohibiciones enumeradas en el art. 126 de la C.N. y la razonabilidad, que es un requisito de todo acto legítimo"[6].

2. Que un heterogéneo régimen legal no necesariamente conduce a la violación de la pirámide constitucional, en tanto haya un juego armónico y complementario de normas aplicables. Sin embargo, debe advertirse que la previsión constitucional del comercio, por un lado, y, por otro lado, la denominada "cláusula del progreso" (art. 75 inc. 18 C.N.) traen aparejado el riesgo de terminar limitando disvaliosa y fuertemente los poderes de las provincias, a contrapelo de las posturas más modernas que adscriben a un "nuevo federalismo", esto es, aquello que la doctrina de los autores nos recuerda que útilmente propende a la "limitación [...] [del] gobierno federal" y, lo que es más relevante aún, a la "promoción del comportamiento democrático [por]que el gobierno provincial es más cercano al pueblo", respondiendo con ello "más eficazmente a sus necesidades y preocupaciones" (Sola, 2009: 315-316).

En definitiva, por el lado de los espacios para el ejercicio de las prerrogativas concurrentes entre provincias y nación, habrá situaciones de coexistencia complementaria y concertada, en la medida que el ordenamiento nacional pueda conciliarse con las normas vigentes para el territorio provincial.

Sin embargo, debe remarcarse que, como magistralmente en *El Federalista* lo anticipaba Alexander Hamilton –otro de los padres fundadores en la historia constitucional de los EE. UU.–, siempre es dable suponer y esperar que los estados locales frente a las superposiciones de orden competencial con el estado nacional estén naturalmente

---

6 CSJN, Fallos 304:1186, 312:1437, 329:976, citados en causa 21657 reg. CASR. En lc.cx/qdbrJ0.

más inclinados y propensos a disputar ese juego de poder (Kesler-Rossiter, 2003).

Federalismo a toda marcha

Además de la mención a los antecedentes estadounidenses que han dado sustento formal al federalismo argentino, resulta conveniente mencionar las nuevas tendencias (v.gr. amparo a las minorías y acciones de clase) que también han sido identificadas como presentes en aquel sistema.

El análisis de las relaciones argentino-norteamericanas que han transitado hasta aquí más de doscientos años, como en cualquier otra relación, requiere trascender el nivel interestatal que es el que corresponde al ámbito de las políticas exteriores (Russell, 1996: 153).

Contrariamente a algunas expresiones (Ubertone, 1982), mantener una mirada al éxito del modelo de federalismo en EE. UU. con todas sus vicisitudes y sus variantes de avanzada, v.gr. la habilitación de mayor voz institucional y democrática en favor de las minorías insulares a través de *class actions*[7], también con la revalorización de las ciudades como entidades autonómicas –que en Argentina quedó constitucionalmente reconocida en el art. 129 de la C.N.–[8]; no necesariamente implica encerrarse en un determinado

---

7 En EE. UU. la Regla 23, t.o. 2003 (*Federal Rule of Civil Procedure 23*) marca el procedimiento para las acciones colectivas en jurisdicción de tribunales federales. La certificación de "clase" se da ante la probable repetición amplificada de juicios semejantes. En Argentina el planteo es válido, en cuanto el derecho sea "líquido" en el plano constitucional y cuando hay discriminación, o afectación en razón del consumo, o por cuestiones vinculadas al medioambiente.

8 Según Ábalos (2021): (i) en Argentina, el principio inspirador es fortalecer el federalismo; (ii) hay tantos federalismos en el mundo como Estados federales; (iii) desde 1994 la Ciudad Autónoma de Buenos Aires (CABA) juega un papel activo como sujeto con participación directa en una relación federal de veinticinco actores: la nación, las veintitrés provincias y la CABA.

esquema proyectado desde el extranjero, sino más bien mostrarse constructivamente abiertos para reformular matices de la visión federal originaria de tendencia centralista que ha tenido nuestra historia constitucional, para tornarla más provechosa en su aplicación a la actual realidad política.

Algunos autores en sus aproximaciones históricas señalan que Juan Bautista Alberdi, en su obra *Derecho Público Provincial*, bregó por una Constitución argentina con contrapesos unitarios bien presentes, tras considerar que "la mera existencia de catorce gobiernos completos en sus poderes elementales sólo significaba la desmembración del gobierno nacional", porque la nación, según la concepción alberdiana, precedía a las provincias al indicar que hasta 1820, con breves interregnos, la República Argentina se regía por un gobierno central (Serafini, 2021: 3).

Consecuentemente, la observación que se practique sobre el proceso histórico del constitucionalismo estadounidense y el alto grado de desarrollo alcanzado por la totalidad de sus Estados miembros cuanto menos debe ponernos en situación de reconocer que

> nada que haga o deje de hacer Estados Unidos podrá ignorarse en un mundo tan globalizado como el actual, por más geográficamente alejados que estemos. Por lo tanto, comprender las alternativas de la política interna estadounidense ... deja de ser una opción para convertirse en una necesidad (Argüello, 2016: 219).

Esa afirmación es realmente útil en Argentina, teniendo en cuenta que, para su cartilla de derechos, garantías, estructura orgánica de gobierno y sistema político de federalismo dual, nuestro país tomó como fuente a la Constitución de EE. UU., y que, por lo tanto, aún siguen existiendo zonas de contexto para explorar y mejorar. Sirva, en ese terreno de análisis y a modo de ejemplo extranjero, el resultado contrafáctico de la "desfederalización" en el sistema de Venezuela, por solo citar un caso de notoria regresión.

Mucho es lo que se logra del federalismo, y lo cierto es que la Corte Suprema de los EE. UU. ha venido creando derecho judicial como forma de contribución a la ampliación de los alcances del concepto, de modo tal que pueda ser audazmente extendido. En esa línea se dice que el federalismo es un sistema que permite gobernar a las minorías, resultándonos familiares sus beneficios en cuanto promueve la libre elección, la competencia, la participación, la experimentación y la dispersión del poder (Gerken, 2010: 6).

En los EE. UU., el núcleo de la discusión entre los académicos y los jueces se ubica en el tema de "soberanía" que los tribunales de justicia continúan invocando acertadamente y que parte de la academia resiste.

Asimismo, dado el trascendente rol que las ciudades juegan en el amplio sistema democrático, se cree que también en esos casos se está ante un "federalism-all-the-way-down"[9], reafirmándose la idea de que son los estados (provincias) y en determinados supuestos las ciudades los estamentos de gobierno que mejor van de la mano con el discurso de un federalismo más auténtico y eficaz. Y ello es así porque institucionalmente disfrutan de un innegable rol autónomo y de la posibilidad de aplicar en concreto las políticas públicas de desarrollo, con una robusta identidad política (Gerken, 2010: 8).

El enorme grado de avance en las comunicaciones y en el transporte, a diferencia de lo que sucedía en el pasado, contribuye útilmente a apreciar que un federalismo que persiga "la centralización" con base en esos dos aspectos no aparece hoy justificado y quizás, en los actuales escenarios, podría incluso convertirse, frente a los desafíos inmediatos de los gobiernos locales, en un obstáculo desacelerador del más eficiente desarrollo estadual o provincial.

---

9 Como noción de federalismo "hasta el final y a toda marcha", con arreglos institucionales que el registro o cuenta constitucional generalmente pierde de vista: los espacios donde las minorías gobiernan con cierto grado de autonomía como ocurre en las ciudades.

Conclusiones

En las tempranas menciones que en EE. UU. los trece estados originarios plasmaron y remarcaron en el texto fundacional de los *Articles of Confederation and Perpetual Union*, puede apreciarse la importancia que se le asignó al federalismo como sistema y, en particular, al intercambio comercial como motor de desarrollo subnacional futuro.

El federalismo dual, con sus dos esferas soberanas de incumbencias propias entre los estados-locales y la nación, tiene en la Constitución de los Estados Unidos su mejor y más exitosa versión.

Frente a la posibilidad de proponer reforma o enmienda constitucional, la potencialidad y el valor de la cláusula contemplada en su *Article V* ponen de resalto la cercanía de los temas constitucionales nacionales con respecto a los ciudadanos residentes en los estados individualmente considerados, estableciendo un mecanismo de democracia representativa más directa. El poder constituyente argentino no sumó ese mecanismo adicional, acentuando para nuestro país las tendencias centralistas que la Corte Suprema validó en su jurisprudencia, utilizando en modo disruptivo la doctrina de la "interferencia" del gobierno federal en los asuntos locales.

El recurrente ideario doméstico que solo se limita al concepto de "federalismo de concertación" es útil, aunque evidentemente escapa a la esencia de nuestra Constitución Nacional, en la medida que –si bien con los diferenciados matices apuntados– la República Argentina adoptó el modelo estadounidense.

Se requiere de un renovado federalismo por la vía del clásico "federalismo dual" que no excluya las competencias concurrentes ni las complementarias, sino que permita flexibilizarlas en tiempo-espacio. Nuestra Corte Suprema ha aplicado esa noción en algunas ocasiones, con fundamento en el caso *Gibbons v. Ogden* (22 U.S. 1, 1824), en decisiones sustentadas v.gr. en el poder del comercio y el bienestar general, en tanto no resulte invasivo de otras jurisdicciones, debido a que los estados son soberanos en sus propios poderes.

Bajo esa visión, cada uno de los estados puede usar toda su capacidad de implementación de políticas públicas, confrontando a la autoridad nacional si fuera necesario, desde cada rincón del territorio general o desde la periferia misma del sistema, a partir del concepto de "soberanía" en el ámbito que constitucionalmente se han reservado para sí y en razón de su natural mayor grado de proximidad con el pueblo.

Referencias bibliográficas

Ábalos, M. G. (2021). Desafíos del federalismo argentino. Provincias y municipios. Competencias concurrentes. Interpretación jurisprudencial. *Thomson Reuters, La Ley 2021-F*. Cita online: AR/DOC/2755/2021.

Argüello, J. (2018). *¿Quién gobierna el mundo? El rol del G20 en el nuevo orden mundial*. Ciudad Autónoma de Buenos Aires: Capital Intelectual.

Argüello, J. (2016). *Historia urgente de Estados Unidos. La superpotencia en su momento decisivo*. Ciudad Autónoma de Buenos Aires: Capital Intelectual.

Chemerinsky, E. (2006). *Constitutional Law, Principles and Policies* (3.º ed.). New York: Aspen Publishers.

Constitución de la Nación Argentina (texto ordenado por la reforma de 1994) (1994). Buenos Aires: Editorial Universidad.

Discursos presidenciales (s. f.). *Inaugural Addresses of the Presidents of the United States*. Bedford, Massachusetts: Applewood Books.

Gelli, M. A. (2009). *Constitución de la Nación Argentina: comentada y concordada*. Buenos Aires: La Ley.

Gerken, H. K. (2010). Federalism all the way down. *Harvard Law Review, 124*(1), 6-74.

Hernández, A. M. (2008). Derecho Público Provincial. En varios autores. *Derecho Público Provincial*. Buenos Aires: Lexis Nexis Argentina S.A.

Hernández, A. M. (2013). Soberanía y autonomía provinciales. Criterios de la Corte Suprema. *Thomson Reuters, La Ley 2013-C*, 731. Cita: AR/DOC/1642/2013.

Holder, A. R. (1974). *The Meaning of the Constitution*. New York: Barron's Educational Series, Inc.

Kesler, C. R., & Rossiter, C. (2003). *The Federalist Papers*. New York: New American Library, Penguin Group (USA) Inc.

Meese III, E., Spalding, M., & Forte, D. (2005). *The Heritage Guide to the Constitution*. Washington D. C.: The Heritage Foundation, Regnery Publishing.

Obama, B. (2006). *The Audacity of Hope: Thoughts on Reclaiming the American Dream*. New York: Three Rivers Press.

Russell, R. (1996). *Las relaciones argentino-norteamericanas: ¿el fin del desencuentro?* Buenos Aires: 7.º Jornadas Bancarias de la República Argentina.

Sabsay, D. A., & Manili, P. L. (2010). *Constitución de la Nación Argentina y normas complementarias*. Buenos Aires: Hammurabi.

Salas, G. (2012). Análisis económico del derecho en la acción de clase. *Revista de Doctrina Judicial Procesal, 4*(4), mayo.

Serafini, G. (2021). El federalismo argentino. *Thomson Reuters, La Ley 2021-C*. Cita online: AR/DOC/1432/2021.

Sola, J. V. (2009). *Tratado de Derecho Constitucional*. Buenos Aires: La Ley.

Sullivan, K., & Gunther, G. (2010). *Constitutional Law* (17.º ed.). New York: Foundation Press, Thomson Reuters.

The Constitution of the United States of America (s. f.). Bedford: Applewood Books.

Ubertone, F. (1982). Reflexiones sobre el federalismo argentino. *El Derecho, Diario, 99,* 913. Cita digital: ED-DCCLXXII-718.

Tensiones constitucionales entre el gobierno federal y los estados en Estados Unidos

El enfrentamiento en Eagle Pass

Iván Goldman

Resumen

La crisis institucional desatada en Eagle Pass, Texas, supone un punto álgido de las históricas tensiones entre los estados y el gobierno federal en los Estados Unidos de América. El enfrentamiento en torno a la cuestión migratoria, y a quien corresponde resolverla, llevó a una disputa sobre a quién le compete el control de las fronteras estadounidenses, si a la administración federal, o a los respectivos estados fronterizos. Este ensayo busca enmarcar la disputa en torno a la cuestión migratoria en Eagle Pass desde una visión constitucionalista e histórica, intentando identificar al enfrentamiento en Eagle Pass como consecuencia de la flexibilidad de la Constitución estadounidense y el sistema de federalismo dual que sostiene.

Palabras clave

Eagle Pass, estados, Constitución, federalismo, guardia nacional.

Abstract

The institutional crisis unleashed in Eagle Pass, Texas, is a high point of the historic tensions between the states and the federal government in the United States of America. The confrontation over the migration issue, and who is responsible for resolving it, led to a dispute about who controls the US borders, whether the federal administration or the respective border states This essay seeks to frame the dispute around the migration issue in Eagle Pass from a vision of constitutionalism and history, trying to identify the confrontation in Eagle Pass as a consequence of the flexibility of the US Constitution and the system of dual federalism it supports.

Keywords

Eagle Pass, states, Constitution, federalism, national guard.

Introducción

Una crisis institucional se desarrolló este año en los Estados Unidos, una tensión que, si bien no era nueva, encontró su episodio más fuerte en décadas al escribirse este ensayo en enero de 2024. Las tensiones en torno a la política migratoria entre los gobernadores pertenecientes al Partido Republicano –particularmente el gobernador Gregg Abbott de Texas– y el gobierno federal encabezado por el demócrata Joe Biden son un símbolo de las tensiones no solo entre republicanos y demócratas. Diferencias no solo profundizadas en el marco de la elección presidencial del 5 de noviembre de 2024, sino también como parte de una tensión que viene de los tiempos de la Independencia estadounidense: las competencias de los gobiernos federales y de los gobiernos estatales.

El conflicto inició en enero de 2024, luego de que la Guardia Nacional de Texas ocupara parcialmente la ciudad de Eagle Pass, fronteriza con México, como parte de la Operación Lone Star. Una operación llevada a cabo por el gobierno de Texas desde el año 2021 para luchar contra la inmigración ilegal, iniciada ante una percepción de debilidad de las políticas migratorias federales de la administración demócrata.

El enfrentamiento se dio entre los agentes federales y la Guardia Nacional, que –a pesar de su nombre– está bajo administración estatal. Los primeros intervinieron apoyados en la decisión de la Corte Suprema de Justicia sobre la remoción de un alambrado en la frontera con México y el apoyo del gobierno federal (Gomez, 2024). Esto supuso un punto álgido en esta larga historia de "tironeos" institucionales entre los estados y el gobierno federal estadounidense. Causando una situación que, si bien pareciera haber desescalado, ha llevado a una crispación incrementada entre los gobiernos estatales y las autoridades federales. Renovando también el debate sobre las atribuciones de las administraciones subnacionales frente al Estado federal, tanto en la opinión pública como en el debate teórico y legal.

Las tensiones entre los derechos de los estados y las atribuciones del gobierno federal históricamente han abarcado distintas áreas. Quizás una de las más resonantes haya sido respecto a la expansión de los derechos civiles y las resistencias de ciertas administraciones subnacionales a abandonar medidas segregacionistas. Ejemplo de esto son los sucesos ocurridos durante las presidencias de Dwight Eisenhower y John Fitzgerald Kennedy frente a los estados de Arkansas y Alabama, respectivamente, en torno a la educación. Estos ejemplos son ilustrativos de la totalidad de las áreas de tensión entre el gobierno federal y la administración estatal. Tensiones que, en muchos casos como los mencionados, se han resuelto en favor de la administración federal y en detrimento de las ambiciones de los gobiernos estatales.

Este ensayo buscará enmarcar la presente crisis entre estados y gobierno federal desde una perspectiva histórica y constitucional del federalismo estadounidense en su conjunto, intentando identificar sus prescripciones formales y sus dinámicas de funcionamiento informales a través de la historia y cómo reflejan el problema actual. Los enfrentamientos entre el gobierno federal y los estados no son nuevos.

Para esto, primeramente se hará un breve resumen de la crisis en el paso fronterizo de Eagle Point. Luego, se desarrollarán los aspectos formales e informales del federalismo a través del análisis de los documentos oficiales y el trabajo académico sobre la cuestión. Y, finalmente, se realizará una conclusión donde sucintamente se vinculen ambos puntos para poder ver la reciente crisis en una perspectiva de análisis más enriquecedora.

Enfrentamiento en Eagle Point

El 11 de enero de 2024, la Guardia Nacional de Texas ocupó el área de Shelby Park, ubicada en la ciudad de Eagle Pass, fronteriza con México. La ocupación se dio como parte de la Operación Lone Star, llevada a cabo por el gobierno de Texas desde el año 2021 con la intención de prevenir la inmigración ilegal, el tráfico de personas, el contrabando y el narcotráfico en la frontera entre México y Texas (Gomez, 2024).

Eagle Pass se había transformado en un punto caliente de la crisis migratoria entre México y Estados Unidos debido a su posición geográfica. Alegando una supuesta inacción por parte del gobierno federal, el gobernador texano Gregg Abbott dio la orden a la Guardia Nacional de Texas de impedir a los agentes federales patrullar el área y tomar control de la zona. Convocando a la crisis fronteriza entre Estados Unidos y México como justificativo, y resaltando que era potestad de los estados custodiar sus fronteras (Gomez, 2024).

El gobierno federal, en disenso con esta medida y arrogándose la tarea de la custodia de las fronteras como su derecho constitucional –y no el de los estados–, llamó a las autoridades estatales a deponer su postura y ceder de nuevo el control de la frontera con México a las fuerzas de seguridad federales (Giartelli, 2024). En coincidencia con esta postura, la Corte Suprema de Justicia de los Estados Unidos decidió el 22 de enero de 2024 permitir a las autoridades federales remover un tipo específico de alambrado usado por la Guardia Nacional de Texas en Shelby Park para fortificar la frontera con México. Aunque, cabe aclarar, no se pronunció sobre la cuestión de fondo de a quién correspondía el control de la frontera internacional (Gomez, 2024). El gobernador Abbott sostuvo su postura declarando que no permitiría el acceso al predio a las fuerzas federales citando, una vez más, su supuesto derecho a defender la seguridad de su estado (Gomez, 2024).

De esta forma, fuerzas federales y fuerzas estatales se enzarzaron en un enfrentamiento –que no llegó al punto de la coerción– en Eagle Pass. Un enfrentamiento en que tanto la postura del gobierno de Texas como la del gobierno federal sumaron adhesiones.

Por un lado, 25 gobernadores pertenecientes al Partido Republicano –al que pertenece Abbot– publicaron un comunicado en apoyo de la postura de Texas (Republican Governors Association, 2024). Además, varios de los estados a los que pertenecen estos gobernadores prometieron apoyar a la Guardia Nacional de Texas. Incluso llegando al punto de prometer enviar a sus respectivas Guardias Nacionales en apoyo de las fuerzas de seguridad de Texas.

Figura 1. Estados y partidos y sus posturas con relación al conflicto en Texas

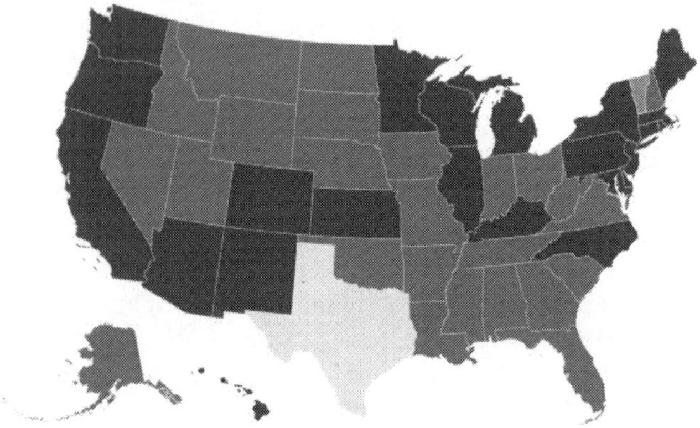

Estados gobernados por republicanos que firmaron su apoyo a Texas (rojo); estados gobernados por republicanos que no firmaron su apoyo a Texas (verde); estados gobernados por demócratas que no firmaron su apoyo a Texas (azul). Fuente: Crowley & Gore, 2024.[1]

Otras figuras del Partido Republicano apoyaron esta postura también, como es el caso del *speaker* de la Cámara de Representantes de los Estados Unidos de América, Mike Johnson (Beitsch, 2024).

Por otro lado, muchos juristas y figuras cercanas al Partido Demócrata pidieron al gobierno federal que tomase posesión de la Guardia Nacional de Texas al encontrarse en violación de sus prerrogativas constitucionales (Bickerton, 2024). El presidente Joe Biden, por su parte, sostuvo que él estaba dispuesto a cerrar la frontera con México utilizando a las fuerzas federales siempre y cuando se aprobase el proyecto al respecto que impulsaba en el ámbito del Congreso de los Estados Unidos. Un proyecto que buscaba endurecer la política fronteriza estadounidense en su frontera

1 En la página 6 del libro impreso y del PDF se encuentra un código QR para acceder a la versión a color de las imágenes.

sur, dificultando la inmigración desde México considerablemente (Reuters, 2024).

De haber ocurrido la toma de control de la Guardia Nacional de un Estado por el gobierno federal, esta no hubiese sido la primera vez. Por citar dos ejemplos especialmente famosos, tanto el presidente republicano Dwight Eisenhower en 1957 –a través de la Orden Ejecutiva 10730 (United States Government, 1957)–, como el presidente demócrata John F. Kennedy en 1963 –a través de la Orden Ejecutiva 11.111 (United States Government, 1963)– tuvieron que tomar control de las Guardias Nacionales de Arkansas y Alabama, respectivamente. Lo hicieron para impedir intentos por parte de esos estados de mantener la segregación racial en el sector educativo, pretendiendo impedir a la población afroamericana acceder a las mismas instituciones educativas que la población blanca. A pesar de que la Corte Suprema de los Estados Unidos había declarado la segregación racial educativa inconstitucional en su fallo sobre el caso *Brown v. Board of Education of Topeka* (Supreme Court of the United States, 1954).

Como se observa, las tensiones entre estado y gobierno federal sobre a quién corresponde determinar sobre ciertos derechos y el uso de las fuerzas de seguridad no son nuevas. Y el enfrentamiento en Eagle Pass desató una crisis institucional y constitucional de esta índole en los Estados Unidos de América nuevamente. La disputa sobre la prerrogativa de a quién corresponde custodiar las fronteras (si a los estados o al gobierno federal) y a quién deben responder las fuerzas de seguridad como la Guardia Nacional se encuentra aún sin resolución definitiva. Un panorama que se avizora aún más complicado al haberse tornado el tema en un enfrentamiento entre demócratas y republicanos.

En el próximo apartado, marcaremos cómo esta crisis, si bien coyuntural, tuvo su base y condición de posibilidad en la Constitución estadounidense y su ambigüedad a la hora de definir al sistema federal que organiza al gobierno de este país. Es decir, tiene una causa formal mucho más profunda. Una causa que en el pasado ha llegado a picos de tensión entre estados y gobierno federal. Como parte de un orden constitucional que, además, está fuertemente apoyado en las condiciones históricas en las que se fue desarrollando.

Federalismo y Constitución

Los orígenes de la Constitución de los Estados Unidos de América se remontan hacia la guerra revolucionaria de independencia, donde las fuerzas lideradas por George Washington –quien luego sería presidente del nuevo país en dos ocasiones– romperían con la metrópoli colonial británica que los dominaba.

Los "padres fundadores" de los Estados Unidos de América, quienes venían de las 13 colonias que originalmente se rebelaron contra el Reino Unido, eran conscientes de que, como el famoso aforismo reza, "la unión hace a la fuerza". Por esto, buscaron crear un sistema institucional consciente de la necesidad de una unión permanente entre los territorios constituyentes para abocarse a ciertos objetivos federales. Principalmente, garantizar la seguridad y la defensa común (Sonnicksen, 2022, p. 8). Curiosamente, estos son los puntos que se pusieron en disputa en el caso Eagle Pass.

Esta unión –que tenía una fuerte influencia del derecho natural, el liberalismo lockeano (Southern Methodist University, s.f.) y la confederación estadounidense como antecedentes ideológicos e históricos inmediatamente previos a la redacción de la Constitución– se constituiría originalmente como una alianza de estados (las excolonias y los territorios que se incorporarían a futuro). Con un gobierno central limitado abocado solo a algunas tareas limitadas. Es importante considerar estos antecedentes ideológicos ya que la redacción de un texto constitucional excede a una disputa técnica, implica también la puesta en valor o el abandono de ciertos preceptos filosóficos y morales (Sonnicksen, 2022, p. 71).

En este sentido, la entonces flamante Constitución de los Estados Unidos de América tuvo desde sus inicios una dualidad entre los poderes de los estados y aquellos que esos mismos estados delegan al gobierno federal. Una tendencia que continuaría en las sucesivas enmiendas al texto constitucional norteamericano.

Merece aclaración que, si bien instancias como el colegio electoral y las lógicas de funcionamiento del congreso bicameral estadounidense son sumamente importantes para el análisis del federalismo, no nos detendremos en ellas dado que no son tan significativas a la hora de analizar casos como el de Eagle Pass[2].

En este sentido, cobran especial interés los Artículos 4, 5, 6 y 7 de la Constitución norteamericana. Estos resaltan los principales derechos de los estados y sus ciudadanos. Entre otros, aquí se encuentran enumerados los derechos de los estados respecto a las cargas penales; la garantía del gobierno federal de mantener la forma republicana de gobierno en los estados y protegerlos de cualquier invasión –punto importante que tener en cuenta con los argumentos mencionados en el caso de Eagle Pass–; la federalización de las deudas estatales previas a la sanción de la Constitución; y el proceso de ratificación de la Constitución y sus futuras enmiendas, entre otros (Constitutional Convention of the United States of America, 1992).

De la misma forma, la Décima y Décimo Primera Enmiendas a la Constitución estadounidense refuerzan la misma línea. La Décima Enmienda de 1791 sostiene que todos los poderes no delegados al gobierno federal por la Constitución, ni prohibidos por ella a los Estados, están reservados a los estados y al pueblo. Es decir, los estados

---

2 En este sentido, se recomienda el capítulo 3 "Constitutional Immanence in the USA", de Sonnicksen (2022).

retienen su soberanía última. Un aspecto esencial del federalismo estadounidense (Constitutional Convention of the United States of America, 1992). Por su parte, la Décimo Primera Enmienda de 1795 declara que el Poder Judicial federal no deberá expresarse en demandas iniciadas por ciudadanos de un estado contra otro estado, o por ciudadanos de un estado extranjero contra los respectivos estados (Constitutional Convention of the United States of America, 1992).

Este esqueleto normativo termina definiendo formalmente –aunque sin mencionarlo explícitamente (Sonnicksen, 2022, p. 105)– al modelo de "federalismo dual" estadounidense. Donde las competencias de los estados y el gobierno federal están marcadamente diferenciadas. Los estados, por ejemplo, tienen entre sus atribuciones el uso de la Guardia Nacional (United States Government Manual, 2021), tan importante para el caso de Eagle Pass.

Esta división en dos niveles, sumada a la heterogeneidad de los Estados Unidos en aspectos territoriales, económicos y poblacionales, hace sumamente complicadas las tareas de la rendición de cuentas, el acceso al poder y la convivencia de intereses distintos que muchas veces son incompatibles. Las legitimidades superpuestas dadas por el texto constitucional federal y un sistema democrático donde hay funcionarios electos por el pueblo a distintos niveles del gobierno –desde municipios hasta la presidencia pasando por consejeros escolares (Sonnicksen, 2022, p. 6)– pueden dar lugar a crisis institucionales donde estos distintos actores se disputen las competencias que les corresponde ejecutar debido a sus legitimidades populares superpuestas. Generalmente, amparándose en la ambigüedad del texto constitucional en algunas materias, dando lugar a la interpretación y el disenso sobre el sentido de un mismo texto, pero a la vez otorgando cierta flexibilidad al sistema federal estadounidense. Posibilitando diferentes acciones para distintas situaciones, dentro de ciertos límites formales. Es entonces el texto constitucional más una idea regulativa que una normativa formal que se siga en su sentido literal en todas las ocasiones (Sonnicksen, 2022, p. 14). Orienta más la acción en general de lo que la prescribe en particular.

El federalismo estadounidense reposa necesariamente sobre el concepto de "división de poderes" y el sistema de *checks and balances* que esto predispone. Equilibrando las atribuciones del estado con las del gobierno federal (Sonnicksen, 2022, p. 169).

En algunos casos, estas divisiones dieron lugar a cooperación entre estados y gobierno federal, pero la tendencia actual pareciera ser hacia una división fuertemente polarizada, con difusión y desacople del poder entre estados y gobierno federal (Sonnicksen, 2022). Aunque, de forma interesante, mucho de este cambio de tendencia se dio sin que se altere el texto constitucional (Sonnicksen, 2022, p. 1). Ocurrió a través de las interpretaciones y el funcionamiento de la Constitución en el plano de lo real, en vez del formal planteado en la Constitución de los Estados Unidos de América.

También debemos considerar que el presidente de los Estados Unidos de América, si bien comandante en jefe del ejército más poderoso del planeta y uno de los líderes de mayor influencia internacional, no es la única figura institucional de los Estados Unidos, según el texto constitucional. La separación de poderes es un aspecto central de la Constitución norteamericana, y muchos de los poderes más relevantes recaen en el Congreso de los Estados Unidos. Entidad indivisiblemente ligada a los distintos estados y sus realidades locales a través de su sistema bicameral (Sonnicksen, 2022, p. 142). Equilibrando también de esta forma la tensión estados/gobierno federal –hasta un punto–, a través de una negociación constante entre ambos niveles de gobierno sobre qué competencias corresponden a cada uno, y qué costos y contraprestaciones conlleva estar a cargo de dichas acciones (Sonnicksen, 2022, p. 171).

En el plano de lo funcional, las ambigüedades del texto constitucional que mencionábamos previamente llevan a que la acción pueda tomar distintos sentidos y pueda ser disputada en tantos otros. Esto da lugar a una difusión del poder, pero a la vez garantiza la flexibilidad necesaria para su ejercicio en la mayoría de los casos (Sonnicksen, 2022, pp. 4-5). Aunque también puede dar lugar a crisis institucionales como la de Eagle Pass. De hecho, la tendencia pareciera ser a una marcada tensión entre estados y gobierno federal (Sonnicksen, 2022, p. 13), poniendo en boga la funcionalidad de esta "flexibilidad constitucional". La tendencia actual pareciera ser hacia una mayor autonomía de los estados –quizás más cercana a las ideas originales de la Constitución de los Estados Unidos de América–, donde el gobierno federal tenga un menor campo de acción sobre la vida en los estados que constituyen la unión.

A pesar de estas diferencias, en su desarrollo histórico, la Constitución estadounidense ha logrado crear un cierto consenso mínimo respecto al modelo de gobierno deseado para los Estados Unidos de América. Principalmente, un Estado federal, con un gobierno central limitado, respeto a la propiedad privada y la defensa de las libertades individuales frente al gobierno federal –entendido como un mal necesario– y la "tiranía de las mayorías" (Sonnicksen, 2022, pp. 207-208).

En este consenso mínimo, también se encuentra uno de los aspectos más inmutables de la Constitución de los Estados Unidos de América: su dificultad para enmendarla.

Se precisa una mayoría especial de estados y sus legislaturas estatales para que una enmienda sea ratificada e incorporada al texto institucional. Esto también tiene que ver con el porqué de las ambigüedades en el texto constitucional. El espacio a la interpretación posibilita cambios y distintos cursos de acción sin necesidad de pasar por el tedioso proceso de enmienda constitucional. Dando lugar a la interpretación, pero a la vez limitando los posibles cursos de acción a una serie determinada de resultados posibles (Sonnicksen, 2022, p. 110).

Incluso aquellas enmiendas que sí fueron adoptadas no han quitado poderes o atribuciones formalmente a los estados –a pesar de haberlo hecho en el plano de lo real–, sino que transfirieron el campo de decisión a la legislación dictada por el Congreso de los Estados Unidos de América (Sonnicksen, 2022, p. 109).

Entonces, teniendo en cuenta todo lo recién mencionado sobre el texto constitucional estadounidense y su particular sistema de federalismo dual, volvamos, ahora con este conocimiento en mente, a analizar qué puntos de lo aquí escrito cabe aplicar a un análisis del reciente enfrentamiento estado/gobierno federal en Eagle Pass.

Eagle Pass y la Constitución

La crisis en Eagle Pass es otro capítulo de esta tensión entre estados (Texas en este caso) y el gobierno federal en la historia estadounidense.

Texas, a través de su gobernador, invocó su poder constitucional de utilizar la Guardia Nacional para la custodia de su estado ante lo que él considera una amenaza. Esto es, luego de sentirse no amparado por las autoridades federales. Es un claro gesto de lo que mencionábamos en el apartado anterior, los estados retienen sus derechos y solo delegan en el gobierno federal aciertas atribuciones –pero no renuncian a ellas–. Según esta lectura, al supuestamente fallar el gobierno federal en cumplir con una de las atribuciones –garantizar la defensa y la seguridad común–, el estado reclamó de nuevo para sí ese derecho dada su condición de legitimidad originaria ante el gobierno federal.

Por otra parte, el gobierno federal sostuvo que, justamente, era atribución suya custodiar las fronteras nacionales. Y que para esto, de ser necesario, tiene la potestad de federalizar la Guardia Nacional si esta no actúa de forma acorde a los preceptos marcados por el gobierno federal para lograr cumplir con aquellas atribuciones que el gobierno estatal le delegó. En este caso, la administración de Biden alegó que es el Congreso de los Estados Unidos –que constitucionalmente pareciera ser el actor principal del gobierno federal, como mencionamos previamente– el cual no le otorgó los recursos necesarios para abordar la cuestión migratoria con las fuerzas federales. Entonces, se debía a eso que no pudiesen cumplir con la atribución que los estados han delegado al gobierno federal.

Esta declaración, al igual que las acciones del gobernador de Texas, irremediablemente recaen también en la división partidaria entre demócratas y republicanos en el contexto de un año electoral. Aunque están posibilitadas debido a la ambigüedad del texto constitucional respecto a ciertas cuestiones.

Ambigüedad que permite la existencia del característico federalismo dual estadounidense y que se apoya en una tradición histórica –y que a la vez permite cambios sin necesidad de enmendar la Constitución–, pero a la vez da lugar a la interpretación y el disenso entre estados y gobierno federal.

Probablemente el gobierno de Texas tuviese en mente la Décima Enmienda de la Constitución de los Estados Unidos de América al sostener que está en los estados y en el pueblo retener el poder de decisión sobre aquellos derechos que no están expresamente delegados al gobierno federal. Es decir, se reservan la soberanía última en cuanto a los derechos constitucionales.

Pero, a su vez, la defensa de las fronteras es una atribución correspondiente al gobierno federal de acuerdo al texto constitucional. Entonces, ante una crisis migratoria, podría decirse que son los estados los que (a través del Congreso de los Estados Unidos) deberían dotar de los recursos necesarios a las autoridades federales.

Ambas posturas, sin intentar adoptar una determinación desde el punto de vista estrictamente legal –a pesar de las limitaciones a litigios de este tipo introducidos en la

Décimo Primera Enmienda–, podrían ser defendidas utilizando el mismo texto constitucional. Esto es lo que posibilita la existencia del federalismo estadounidense, y lo que permite también la existencia de un orden institucional democrático. Si seguimos a Rinsesi (2011, p. 91), es justamente en esta polisemia de una misma palabra donde se encuentra la condición de posibilidad de la democracia. En debatir el sentido de estas palabras en la construcción de un marco legal y en su calidad de idea fuerza más que de una normativa que ser seguida de forma meramente textual al tratarse de la Constitución de los Estados Unidos de América.

Entonces, volviendo al caso de Eagle Pass, vemos que la Constitución de los Estados Unidos de América posibilitó ambos accionares, siendo un capítulo más de una larga historia de conflictos entre estados y gobierno federal en torno a la *carta magna* estadounidense. Una ambigüedad que ha permitido la flexibilidad necesaria para el correcto funcionamiento del gobierno estatal y federal de los Estados Unidos de América. Pero una ambigüedad que a su vez da lugar a conflictos entre ambos actores de la vida republicana estadounidense, que se entretejen además en un esquema de legitimidades populares superpuestas.

Conclusión

El enfrentamiento de Eagle Pass es de seguro uno de los puntos más álgidos del pasado reciente del conflicto histórico estado/gobierno federal. Si bien no escaló a una "segunda guerra civil" como algunas personas advirtieron (Cercone & Ramirez Uribe, 2024), es cierto que constituyó un conflicto de suma gravedad institucional agudizado por la división bipartidista dominante en el país norteamericano.

Al momento de escribir este texto, el enfrentamiento en Eagle Pass parece haber entrado en pausa. Probablemente dependerá de las autoridades en disputa, del Congreso de los Estados Unidos y del sistema judicial definir cómo y cuándo se pondrá fin a este conflicto de forma definitiva. Un conflicto permitido por una Constitución limitada y ambigua en algunos puntos, que, si bien garantiza flexibilidad y derechos fundamentales para los ciudadanos y los estados que integran la unión, también da lugar a interpretaciones enfrentadas que permiten álgidas situaciones como las vividas en la frontera entre el estado de Texas y México.

Referencias bibliográficas

Beitsch, R. (25 de enero de 2024). Speake Johnson backs Abbott's border 'invasion' decree. *The Hill*. En lc.cx/KkOIvq.

Bickerton, J. (25 de enero de 2024). Joe Biden Faces Growing Calls to Federalize Texas National Guard. *Newsweek*. En lc.cx/i4xLyZ.

Cercone, J., & Ramirez Uribe, M. (26 de enero de 2024). Eagle Pass tensions are 'unprecedented,' but it isn't 'civil war'. *Austin American-Statesman*. En lc.cx/X4mfKd.

Constitutional Convention of the United States of America (1992). *Constitution of the United States of America*. En lc.cx/tz9NVI.

Crowley, K., & Gore, H. (26 de enero de 2024). 25 states with Republican governors sign letter supporting Texas in border control fight: What to know. *USA Today*. En lc.cx/7Tg8U3.

Giartelli, A. (24 de enero de 2024). Biden administration demands Texas grant border access following Supreme Court decision. *Washington Examiner*. En lc.cx/7Tg8U3.

Gomez, J. (26 de enero de 2024). Texas border standoff: What to know about Eagle Pass amid state, federal dispute. *USA Today*. Obtenido de lc.cx/ixmjkT.

Republican Governors Association (25 de enero de 2024). Republican Governors Band Together, Issue Joint Statement Supporting Texas' Constitutional Right to Self-Defense. Obtenido de Republican Governors Association. En lc.cx/Xa0Kjl.

Reuters (27 de enero de 2024). Biden vows to 'shut down the border' if Senate immigration bill is passed. *The Guardian*. En lc.cx/rvKYrv.

Rinsesi, E. (2011). *Política y Tragedia: Hamlet, entre Maquiavelo y Hobbes.* Buenos Aires: Colihue.

Sonnicksen, J. (2022). *TENSIONS OF AMERICAN FEDERAL DEMOCRACY: Fragmentation of the State.* Nueva York: Routledge.

Southern Methodist University (s.f.). *Intellectual Influences on the Declaration of Independence.* Obtenido de lc.cx/kXQ8n-.

Supreme Court of the United States (17 de mayo de 1954). *Brown v. Board of Education (1954).* En lc.cx/dMqxUc.

United States Government (1957). Executive Order 10730: Desegregation of Central High School. En lc.cx/B6jVtZ.

United States Government (1963). Executive Order 11111—Providing Assistance for the Removal of Obstructions of Justice and Suppression of Unlawful Combinations Within the State of Alabama. En lc.cx/kmo5tp.

United States Government Manual (2021). *United States Government Manual.*

La minoría pujante: los latinos en los Estados Unidos

MATÍAS F. CARPIGNANO

Resumen

Los resultados del censo del año 2020 dejaron en evidencia que, a lo largo de las últimas dos décadas, hemos sido testigos de un cambio demográfico extraordinario en los Estados Unidos que tiene como protagonista a la población latina. Hoy en día son más de 62 millones las y los ciudadanos que se identifican como parte de este grupo étnico y que representa a un 18 % de la población del país. Este ensayo tiene como objetivo analizar las implicancias de esta nueva configuración demográfica en el plano político interno. A tal propósito se proporciona una breve reseña histórica de la población latina en los Estados Unidos y se analizan sus principales características socioeconómicas, políticas y culturales.

Palabras clave

Latino, cambio demográfico, población, censo, Estados Unidos.

Abstract

The results of the 2020 Census made it clear that over the last two decades, we have witnessed an extraordinary demographic change in the United States, with the Latino population as the main protagonist. Today there are more than 62 million citizens who identify themselves as part of this ethnic group, which represents 18% of the country's population. This essay aims to explore the implications of this new demographic configuration at the domestic political level. To this end, a brief historical review of the Latino population in the United States is provided, as well as an analysis of its main socio-economic, political, and cultural characteristics.

Keywords

Latino, demographic change, population, census, United States.

Introducción

La alta heterogeneidad demográfica que hoy en día impera en los Estados Unidos es el resultado de una diversidad cultural que se ha visto en permanente evolución desde sus primeros días como nación. Los datos del censo del año 2020 han dejado en evidencia en qué medida a lo largo de las últimas dos décadas hemos sido testigos de un extraordinario cambio demográfico que tiene como protagonista a la población latina. Hoy en día este grupo étnico representa el 18 % de la población del país (en 1990 era apenas el 6 %), y son más de 62 millones las y los ciudadanos que se identifican con este grupo étnico. Por su parte, otras proyecciones vaticinan que, para el año 2060, los latinos serán más de 110 millones (Zong, 2022).

En una sociedad en la que "cada 30 segundos un latino o latina cumple 18 años y se convierte en elector" (Argüello, 2023), es entendible que se despierte incertidumbre en torno a las implicancias actuales y futuras de este recambio demográfico. Naturalmente, hay expectativa de que tenga incidencia en las agendas institucionales (por ejemplo, partidos políticos, poderes del gobierno), especialmente en términos de la intensidad y la eficacia de la promoción de determinadas políticas públicas, tanto en el plano doméstico como en el exterior (Eberstadt, 1998), sin embargo, aún es temprano para definir el rol y la influencia de este grupo étnico.

En consideración de lo expuesto, es válido e imperante analizar estas implicancias. A ese propósito, este ensayo cuenta con tres apartados. El primero incluye una reseña histórica del desarrollo del *ethos* y la cultura latina en los Estados Unidos, analizando los principales hitos de este grupo poblacional desde sus orígenes hasta la actualidad. A continuación, el segundo apartado tiene por fin llevar a cabo una descripción detallada de las principales características demográficas, socioeconómicas y culturales de la población latina de los Estados Unidos. Por último, se presentan las principales conclusiones y reflexiones sobre la base de la evidencia analizada.

Historia de la población latina en los Estados Unidos

La historia de la población latina tiene raíces profundas que se remontan a la época colonial. A lo largo del siglo XVI, la Corona española comenzó a explorar y levantar los primeros asentamientos en el territorio que hoy en día conforman los estados de Arizona, California, Florida, Nuevo México y Texas. Con el correr del tiempo, estos campamentos prosperaron y pasaron a convertirse en poblados y fortificaciones desde los cuales la potencia europea ejercía un control efectivo sobre la mayor parte de la extensión territorial de Norteamérica.

El siglo XIX traería aparejados dos conflictos bélicos que resultaron críticos en la reconfiguración geopolítica del territorio norteamericano y serían la piedra angular sobre la cual se construiría posteriormente la identidad y cultura latina. En primer lugar, la guerra de Independencia de México en el año 1821. Tras la victoria mexicana sobre la Corona española, el nuevo Estado tomó el control sobre vasta parte del territorio del noroeste del continente americano. En segundo lugar, la guerra mexicano-estadounidense, que concluyó en el año 1848 con la firma del Tratado de Guadalupe Hidalgo. La anexión de los territorios de California, Nevada, Utah, Nuevo México, las mayores partes de Arizona y Colorado, y partes de las actuales Oklahoma, Kansas, y Wyoming tuvieron un efecto crítico a nivel demográfico para los Estados Unidos, ya que marcó el inicio del proceso de la asimilación de los pobladores de esos territorios y sembró la semilla desde la cual comenzó a desarrollarse el *ethos* latino en el proyecto del país norteamericano.

Otro punto crítico en la constitución y el desarrollo del ser latino se dio a partir de los primeros años del siglo XX, que se vieron marcados por un vertiginoso aumento de la inmigración mexicana y latinoamericana. Los Estados Unidos, caracterizados en ese entonces por una economía pujante y con centros urbanos en plena expansión, se presentaban como el refugio ideal para miles de ciudadanos latinoamericanos que escapaban de la dura crisis económica y la terrible hambruna que vivían en sus países de origen tras el fin de la Primera Guerra Mundial. Por otra parte, es necesario destacar el hecho de que gran parte de la inmigración mexicana de ese entonces era una consecuencia directa de los tiempos violentos y la persecución política que se vivían en el país fronterizo tras el estallido de la Revolución.

El rápido crecimiento poblacional estadounidense como consecuencia de la inmigración masiva naturalmente despertó la reacción de los sectores más conservadores del arco político. Esto se materializó con la sanción de la Immigration Act en el año 1924, que estableció cuotas para el número de inmigrantes sobre la base de su nacionalidad. Sin embargo, estos filtros no aplicaban a los países del hemisferio occidental; por lo tanto, la expansión de la población latina en los Estados Unidos prosiguió a ritmo acelerado. Según los datos del censo de 1930, aproximadamente 1,4 millones de mexicanos –esta era la denominación racial utilizada en ese entonces– residían en el país. Estos se localizaban principalmente en los estados de Texas y California (Saenz, 2010), y sus principales actividades económicas eran la agricultura, la construcción y los trabajos manuales, que en ese entonces abundaban en los grandes distritos urbanos.

La llegada masiva de inmigrantes latinos no estuvo exenta del despertar de una oleada de discriminación y racismo similares a los que habían experimentado otros grupos de migrantes en los siglos anteriores. Durante los años 60, se producirían los primeros intentos de autoorganización y movilización por parte de la comunidad latina en los Estados Unidos. El principal exponente fue el Movimiento Chicano, que aglomeraba a distintas organizaciones que abogaban por la igualdad de derechos, la abolición de leyes segregacionistas y la inclusión de los latinos en las comunidades locales. Los principales focos de protesta se dieron en los grandes distritos urbanos del sudoeste del país, así como también en asentamientos rurales en los que predominaban los trabajadores latinos. Tras dos décadas de lucha activa, entre sus principales victorias figuran la creación de escuelas bilingües y biculturales, la mejora de las condiciones de vida de los trabajadores agrarios y el conseguimiento de una mayor representatividad en las instituciones de gobierno.

El *boom* demográfico de la población latina se dio a finales del siglo XX. Entre 1970 y 1990, el número de hispánicos (denominación oficial utilizada en ese entonces) en los Estados Unidos pasó de 9,1 millones a un total de 22,4 millones (US Department of Commerce, 1993). La oleada migratoria de los años 80 fue sin duda un parteaguas en la historia de la comunidad latina. En primer lugar, porque se tradujo en una diversificación de este grupo demográfico, y, si bien México mantuvo su lugar como lugar de origen primario, aumentó notablemente el número de inmigrantes provenientes de Puerto Rico, Cuba y otros países de

América Central. Por otro lado, los datos indican que en ese entonces este grupo demográfico demostraba un alto grado de concentración, dado que 9 de cada 10 latinos se localizaban en apenas 10 de los 50 estados del país. Los estados con mayor porcentaje de población latina en ese entonces eran California con un 34 %, Texas con un 19 %, Nueva York con un 10 % y Florida con un 7 % (ídem, 1993).

El cambio paradigmático en términos migratorios se vio reflejado con la sanción de la Immigration Reform and Control Act en el año 1986 durante la presidencia de Ronald Reagan. Esta pieza normativa tenía por objetivo regularizar el estado legal de todos los inmigrantes indocumentados que hubieran ingresado a los Estados Unidos antes del 1 de enero de 1982. En contraparte, la norma estableció la obligatoriedad del requisito de un permiso especial para la contratación de trabajadores inmigrantes, así como también sanciones para los empleadores que lo infringieran. A su vez, la nueva regulación trajo aparejada una intensificación de la vigilancia y la seguridad en las fronteras del país.

Durante los años 90, la comunidad latina siguió creciendo y diversificándose. El fin de la Guerra Fría y el inicio de la etapa de unipolaridad supusieron un escenario que potenció la inmigración latina hacia los Estados Unidos, la de tipo legal, pero especialmente aquella de carácter ilegal. Por lo tanto, en el seno del Congreso, se dio lugar al tratamiento de distintas iniciativas que tenían por objeto proveer un nuevo marco legal al país. Cabe destacar la Immigration Act de 1990, que elevó los cupos de inmigrantes admitidos; la Violent Crime Control and Law Enforcement Act de 1994, que simplificó los procesos de deportación para crímenes agravados y dotó de mayores recursos a los controles fronterizos; la Illegal Immigration Reform and Immigrant Responsibility Act de 1996, que añadió nuevos supuestos para los casos de deportación e inadmisibilidad; y la Nicaraguan Adjustment and Central American Relief Act de 1997, que autorizó las solicitudes de asilo para los ciudadanos nicaragüenses, salvadoreños, guatemaltecos y cubanos que hubieran escapado de la pobreza y la violencia en sus países de origen en los años 80.

La llegada del nuevo milenio fue un momento crítico en la historia de la población latina. Los resultados del censo del año 2000 indicaron que los más de 35 millones de latinos pasaron a ser la primera minoría étnica del país. Entre los sucesos principales de las tendencias demográficas de inicios del siglo XXI, destaca que por primera vez la tasa de natalidad superó a la inmigración como factor explicativo del crecimiento de la población de este grupo demográfico. De igual manera destaca el "proceso de desconcentración poblacional" por medio del cual los latinos migraron de los estados del sudoeste hacia condados y ciudades de las diferentes latitudes del país en donde su presencia era anteriormente limitada o inexistente. Por último, en esta década se produjeron algunas mejoras en la calidad de vida, especialmente en la tasa de escolaridad. Sin embargo, también hubo retrocesos en algunos indicadores socioeconómicos, como en el nivel de ingresos promedio por familia, ligado indiscutiblemente a la crisis financiera del año 2008.

La década del 2010 posiblemente sea la que mayores cambios registró en términos de calidad de vida para este grupo étnico. En primer lugar, el fin de la crisis *subprime* y la reactivación económica global tuvieron un impacto particularmente positivo sobre los indicadores socioeconómicos de la población latina, que en ese entonces representaba a más del 67 % de la fuerza laboral local (US Department of Labor, 2010). Esto se vio reflejado también en una sustancial reducción del número de familias latinas que vivían bajo la línea de pobreza, que para 2019 alcanzó su mínimo histórico (Statista, 2022). Por otra parte, hubo políticas públicas que beneficiaron especialmente a este grupo étnico, como, por ejemplo, la Affordable Care Act de 2010, impulsada por la administración del presidente Barack Obama, que garantizó el acceso a la salud a más de 4,2 millones de adultos latinos (NBC, 2015). En términos de desarrollo humano, las mejoras más importantes de la población latina se registraron en los indicadores relativos a la educación y a la calidad de vida (Lewis & Gluskin, 2018).

Principales características sociodemográficas de la población latina en la actualidad

Como se menciona al principio de este ensayo, hoy en día los Estados Unidos cuentan con un panorama poblacional altamente heterogéneo. Y la población latina no es la excepción. Su composición ha evolucionado enormemente a lo largo de los años, al punto que hoy en día los sujetos que la componen exhiben características socioeconómicas y demográficas tan variadas, que incluso algunos sectores académicos se han planteado la necesidad de segmentarla en sus estudios para obtener información más precisa. Independientemente de este debate que hoy en día está en curso, en este apartado se analizan algunos de los principales rasgos y las tendencias registradas en el último tiempo de este grupo poblacional.

Estados Unidos es hoy más latino que nunca antes en su historia. El censo del año 2020 reveló que la población latina creció aproximadamente un 20 % en la última década, pasando de 50 a más de 60 millones. Hoy los latinos conforman aproximadamente el 18 % de la población total del país y se han constituido como la primera minoría étnica, sobrepasando a otros grupos como los asiáticos y afroamericanos (López, Krogstad & Passel, 2022). El hecho de que 1 de cada 5 ciudadanos sea de origen latino no debe pasar inadvertido, considerando las estimaciones y proyecciones que indican que esta tendencia no desacelerará en los años venideros.

Su crecimiento no se detiene y se mantiene a un ritmo acelerado. La tasa de crecimiento latina (26 %) es mucho mayor al promedio nacional, que se sitúa en el orden del 7 %. Durante la última década, fue uno de los grupos étnicos de más vertiginoso crecimiento (19 %), superando a otros como los afroamericanos o blancos, y ubicándose en segundo lugar solo por detrás de los asiáticos (23 %) (ídem, 2022).

El crecimiento de la población latina se explica principalmente por los nacimientos en el país. La alta tasa de natalidad fue el factor más determinante del rápido crecimiento de este grupo étnico durante los últimos 30 años, al punto que hoy en día la inmigración ha quedado ampliamente relegada en términos relativos. Tan solo en la última década, por cada 90.000 inmigrantes latinos que ingresaban al país, en promedio nacían 940.000 bebés latinos cada año (Ídem, 2022).

La población latina es mayoritariamente joven. De acuerdo a los resultados del último censo, la edad mediana se estima en 30 años. Esto supone un valor prácticamente 50 % inferior al de la población blanca no hispana, que asciende a 44 años.

Actualmente el idioma de preferencia de los latinos es el inglés. A nivel general, hoy en día el idioma más hablado en el país es el inglés (78,2 %), mucho más que el español (13,2 %) (The World Factbook, 2023). En la población latina, la proporción es ligeramente inferior, ya que el 62 % afirma utilizar mayormente el inglés, mientras que un 38 % opta por el español. A su vez, un 36 % sostiene utilizar indistintamente ambas lenguas (Krogstad & Barrera, 2015). Vale remarcar también el hecho de que, en el segmento poblacional de entre los 18 y los 25 años, la preferencia por el idioma sajón es ampliamente superior (36 % vs. 22 %), aunque también hay un 42 % que declara ser bilingüe (ídem, 2015). Otro importante dato a considerar en términos idiomáticos es que los latinos nacidos en los Estados Unidos muestran una facilidad y capacidad superior para el habla del inglés (89 %) con respecto a los inmigrantes (34 %) (Krogstad, Stepler & López, 2013).

La población latina se encuentra en proceso de dispersión por todas las latitudes del país. La situación actual es drásticamente diferente a la de 1990 –cuando aproximadamente el 90 % de los latinos se concentraban en nueve estados–; sin embargo, la tendencia a la concentración se está disipando. No obstante, todavía el 60 % de los latinos reside en los estados de California, Texas, Florida, Nueva York y Arizona. En los grandes centros urbanos, viven aproximadamente unos 37 millones de latinos, mientras que el resto se dispersa en diferentes ciudades y pueblos a lo largo del país. A nivel subestatal, los condados cuentan la historia de la diáspora: en la última década, el crecimiento poblacional fue mayor en los condados con predominancia latina. Sin embargo, en términos relativos, la variación fue superior en aquellos con un menor número de residentes latinos (Passel, López & Cohn, 2022).

México y América Central son todavía los principales lugares de origen. La población latina en los Estados Unidos está compuesta por personas de diferentes orígenes. Predomina por amplia diferencia aquellas provenientes de México (59,5 %) con respecto a las originarias de Puerto Rico (9,3 %), El Salvador (4 %), Cuba (3,8 %), República Dominicana (3,8 %), Guatemala (2,8 %) y Colombia (2,2 %) (López, Krogstad & Passel, cit., 2022).

Persiste la desigualdad en términos económicos y de nivel de vida. Según datos del Departamento de Trabajo, en el año 2020, aproximadamente 20 millones de latinos formaban parte de la fuerza laboral, y se espera que esta cifra aumente a 35 millones para el año 2030 (Dubina, 2021). No obstante la gran importancia de los latinos para la economía de los Estados Unidos –actualmente generan aproximadamente 2,8 billones de dólares en actividad económica (Argüello, cit., 2023)–, aún hoy en día persisten las grandes desigualdades económicas. Esto se ve reflejado en la tasa de pobreza de la población latina, que, en el año 2021, prácticamente duplicaba la de la población blanca y no hispana (17 % vs. 8,2 %). Sin embargo, el cuadro de la situación no estaría completo si se omitiera el dato de que desde 2010 el número de familias latinas que viven bajo el nivel de pobreza al día de hoy se ha reducido en un 10 % (Statista, 2022).

En términos de educación terciaria y universitaria, los latinos han hecho importantes progresos en las últimas dos décadas. No obstante los efectos negativos de la pandemia de covid-19, la tasa de matriculación universitaria se ha mantenido estable y hoy es de aproximadamente 3,7 millones, lo que significa una duplicación respecto a la de inicios de siglo. Sin embargo, en términos comparativos respecto a otros grupos étnicos, la población latina reporta la menor tasa de inscripción entre jóvenes de entre 18 y 24 años. Esto se explica principalmente debido a las dificultades para acceder al financiamiento de sus estudios, pero también a la necesidad de unirse al mercado laboral apenas terminada la educación secundaria (Mora, 2022).

El cristianismo es todavía la fe predominante, pero algo está cambiando. No obstante las tendencias generales hacia la secularización, la mayor parte de los latinos mantiene la fe cristiana como uno de sus rasgos identitarios. Para el año 2018, un 72 % se identificaba como cristiano, lo que representa una caída de diez puntos con respecto a la década anterior (Smith *et alter*, 2019).

El Partido Demócrata tiene mejor imagen entre latinos. El 60 % asegura que es el partido que mejor representa sus intereses, muy por encima del Partido Republicano, para el cual esta cifra es apenas del 34 % (Krogstad, Edwards & López, 2022).

Más allá de los avances conseguidos, persiste la subrepresentación en el Congreso. A pesar de ser la primera minoría del país y de haber sido un grupo electoral crítico en las elecciones presidenciales de 2020 y las legislativas del año 2022, hoy en día apenas el 7,9 % de los miembros del Congreso son latinos (Guarino, 2023). Independientemente de esto, la actual legislatura marca un hito en cuanto al número de congresistas latinos electos, que asciende a 47.

Conclusiones

En las páginas anteriores, se analizó la historia de la población latina en los Estados Unidos. Partiendo desde sus orígenes, analizamos cómo este grupo poblacional fue uno de los principales protagonistas de la evolución del panorama social y económico del país a lo largo de su existencia. Posteriormente, se describieron las principales características y rasgos sociales, económicos, culturales y políticos de las más de 60 millones de personas que hoy en día conforman este grupo étnico.

En resumen, este ensayo ha servido al fin de ilustrar la profundidad y la magnitud del cambio sociodemográfico que se está produciendo hoy en día en los Estados Unidos. No es el primero en la historia del país, y probablemente tampoco será el último. Sin embargo, el auge de la población latina abre la oportunidad de repensar una serie de conceptos que se suelen atribuir al país norteamericano y de plantear la posibilidad de que un cambio demográfico pudiera devenir en un cambio sistémico-institucional.

Las estimaciones del censo indican que, a más tardar para 2045, la población blanca ya habrá pasado a ser minoría. ¿Qué expectativas se tienen para ese entonces? ¿Qué rol revestirá la población latina en el plano político, más allá de un papel previsiblemente mayor en el plano económico? Por el momento, pese al vertiginoso crecimiento que ha experimentado este grupo étnico, persiste aún la subrepresentación en el seno del Congreso, en el Poder Ejecutivo y en la política partidaria. ¿Podrán las instituciones responder a la nueva composición demográfica y subsanar esta falencia? Por otra parte, la población latina tiene características culturales particulares, heredadas del siempre presente *ethos* hispánico, ya sea en el plano idiomático como en el religioso. En los estados del sudoeste –lo que podríamos llamar el punto de partida–, así como también en los grandes distritos urbanos del país, la integración social de la población latina ha sido exitosa en términos generales, pero ha conllevado un largo proceso de luchas, reclamos y conquistas. ¿Será igual en el caso de las pequeñas comunidades frente a la actual diáspora latina, o las nuevas generaciones nacidas en territorio estadounidense lograrán una asimilación más fluida respecto a los latinos inmigrantes?

Por último, cómo se construirán ontológicamente los Estados Unidos frente al nuevo mapa demográfico. ¿Podrá el mito del "excepcionalismo americano" perpetuarse sobre esta base, o el país cambiará tanto que se desconocerá a sí mismo y deberá repensar sus cimientos y principios fundacionales?

Todas estas interrogantes parecen difíciles de contestar con la información que hoy está disponible, ya que en gran medida parece apenas reflejar la punta del iceberg. En el pasado las instituciones de los Estados Unidos se han probado capaces de absorber la diversidad, generar espacios de inclusión y enriquecerse de ella, incluso frente a cambios demográficos mucho más repentinos que este. Esta transición no debería ser una excepción a la regla; sin embargo, son muchos los factores económicos, sociales, políticos y culturales que jugarán un rol crítico en el éxito final de este desafío para los años venideros.

Referencias bibliográficas

Argüello, J. (2023). *La potencia Latina de los Estados Unidos*. En lc.cx/2vdH00 (Consulta: 7 de febrero de 2023).

Dubina, K. (2021). *Hispanics in the Labor Force: 5 Facts.*

Eberstadt, N. (1998). Demography and International Relations. *The Washington Quarterly*. En lc.cx/FVcI6V (Consulta: 7 de febrero de 2023).

Guarino, L. (2023). Latino legislators achieve historic presence in US Congress. *Bloomberg*. En lc.cx/KR83kD (Consulta: 4 de marzo de 2023).

Krogstad, J. M., & Barrera, A. (2015). A majority of English-speaking Hispanics in the U.S. are bilingual. En lc.cx/JW82od (Consulta: 10 de febrero de 2023).

Krogstad, J. M., Edwards, K., & López, M. H. (2022). Most Latinos Say Democrats Care About Them and Work Hard for Their Vote, Far Fewer Say So of GOP. En lc.cx/wBBJcT (Consulta: 11 de febrero de 2023).

Krogstad, J. M., Passel, J. S., & Noe-Bustamante, L. (2022). Key facts about U.S. Latinos for National Hispanic Heritage Month. En lc.cx/m0t79H (Consulta: 11 de febrero de 2023).

Krogstad, J. M., Stepler, R., & López, M. H. (2013). English Proficiency on the Rise Among Latinos. En lc.cx/udWZ6e (Consulta: 10 de febrero de 2023).

Lewis, K., & Gluskin, R. (2018). Measuring America: 10 years and counting. En lc.cx/M6UiXc (Consulta: 3 de marzo de 2022).

López, M. H., Krogstad, J. M., & Passel, J. S. (2022). Key facts about U.S. Latinos for National Hispanic Heritage Month. En lc.cx/MU0TND (Consulta: 9 de febrero de 2023).

Mora, L. (2022). Hispanic enrollment reaches new high at four-year colleges in the U.S., but affordability remains an obstacle. En lc.cx/edG0zK (Consulta: 11 de febrero de 2023).

NBC (2015). Feds: 4.2M Latinos Got Health Coverage, Saw Biggest Gains. En lc.cx/p6X8Ke (Consulta: 10 de febrero de 2023).

Office of the Historian (n.d.). The Immigration Act of 1924 (The Johnson-Reed Act). En lc.cx/bVAs2w (Consulta: 8 de febrero de 2023).

Passel, J. S., López, M. H., & Cohn, D. (2022). U.S. Hispanic population continued its geographic spread in the 2010s. En lc.cx/g95aji (Consulta: 11 de febrero de 2023).

Saenz, R. (2010). Shifting Latino Ethnic and Racial Identity. En lc.cx/M9a0Ry (Consulta: 8 de febrero de 2023).

Smith, G., & Alter, J. (2019). In U.S., Decline of Christianity Continues at Rapid Pace. En lc.cx/ME8bXq.

Statista (2022). Hispanic families living below the poverty line in the United States from 1990 to 2021. En lc.cx/Mte2XZ (Consulta: 12 de febrero de 2023).

Statista (2022). Poverty rate in the United States in 2021, by ethnic group. En lc.cx/SROGfj (Consulta: 12 de febrero de 2023).

The World Factbook (2023). En lc.cx/AeIiK4 (Consulta: 10 de febrero de 2023).

U.S. Department of Commerce (1993). *We, the American Hispanics*. En lc.cx/4-OlbK (Consulta: 10 de febrero de 2023).

U.S. Department of Labor (2010). Labor Force Characteristics by Race and Ethnicity. En lc.cx/Rqyp7l (Consulta: 22 de febrero de 2023).

Zong, J. (2022). A mosaic, not a monolith: A profile of the U.S. Latino population, 2000–2020. *Latino Policy & Politics Institute UCLA*. En lc.cx/V1mEW2 (Consulta: 7 de febrero de 2023).

Con la brújula apuntando al norte

El impacto del programa Movilidad Segura en la migración latinoamericana hacia los Estados Unidos

Raúl Gualtruzzi

Resumen

Este artículo examina el impacto de los programas de Movilidad Segura en la migración latinoamericana hacia los Estados Unidos. En un contexto donde el "sueño americano" ha sido un faro para millones de migrantes en busca de oportunidades y progreso, la gestión de los flujos migratorios se ha vuelto imperativa. Con el lanzamiento del programa piloto de Movilidad Segura en 2023, se abrieron nuevas posibilidades de acceso a vías de migración regular, buscando contrarrestar los peligros inherentes a la migración irregular. Este artículo analiza los factores que impulsan la migración desde América Latina, así como las características y los efectos del programa de Movilidad Segura, considerando aspectos de seguridad, derechos humanos y perspectivas futuras en un contexto global cambiante.

Palabras clave

Migración, refugiados, reasentamiento, movilidad segura, desplazamiento forzado.

Abstract

This article examines the impact of safe mobility programs on Latin American migration to the United States. In a context where the "American Dream" has served as a beacon for millions of migrants seeking opportunities and progress, managing migration flows has become imperative. With the launch of the Safe Mobility pilot program in 2023, new possibilities for accessing regular migration routes were opened, aiming to counteract the inherent dangers of irregular migration. This article analyzes the factors driving migration from Latin America and the characteristics and effects of the Safe Mobility program, considering aspects of security, human rights, and future perspectives in a changing global context.

Keywords

Migration, refugees, resettlement, safe mobility, forced displacement.

Introducción

El "sueño americano", aquella idea de movilidad ascendente, acceso a oportunidades y posibilidad de progreso personal y económico ha sido sin duda un faro que durante décadas atrajo a millones de personas migrantes que veían en los Estados Unidos una tierra prometida donde podrían alcanzar un proyecto de vida que fuera sinónimo de triunfo y prosperidad. En efecto, año tras año, millones de personas se lanzan a la búsqueda del sueño en una ruta plagada de peligros tales como el crimen organizado, el tráfico y la trata de personas, violencia basada en género, violencia contra niños y niñas, etc.

En efecto, la gestión del tamaño del flujo migratorio hace que toda política de seguridad fronteriza, acuerdo bilateral o medida ordenadora de la migración no sea suficiente a la hora de intentar aumentar flujos en el marco de una migración segura y regular.

La orden de salud pública conocida como "Título 42" buscaba impedir el ingreso de personas extranjeras a territorio estadounidense a través de sus fronteras terrestres con base en el interés en la salud pública (recordemos que la norma nace como medida para mitigar los efectos de la pandemia de COVID-19). Sin embargo, en la práctica impedía el acceso a procedimientos de asilo y la identificación de necesidades de protección internacional, lo que, de acuerdo a la Comisión Interamericana de Derechos Humanos (CIDH), resultaba contrario a las obligaciones internacionales asumidas por el Gobierno de Estados Unidos (CIDH, 2024). Junto con la caída del Título 42, en el año 2023 se lanzó el programa piloto de Movilidad Segura, con el cual se abrirían las posibilidades de acceso a vías de migración regular buscando poner un freno a la migración irregular y salvaguardar a las personas de los riesgos que implica la ruta del desplazamiento.

En este artículo, examinaremos los factores determinantes que empujan a las personas a migrar, así como también las características del programa de Movilidad Segura y su impacto en la migración latinoamericana hacia los Estados Unidos, analizando sus efectos en términos de seguridad, derechos humanos, y las perspectivas a futuro en un contexto global cambiante.

Situación en los países de origen y contexto migratorio

De acuerdo al Reporte Mundial de migración 2022, conducido por la OIM, de los 281 millones de migrantes internacionales que existían en 2022, Estados Unidos de América (EUA) se mantiene desde 1970 como el principal país de destino, concentrando cerca de 51 millones de migrantes (18 %), lo que a la vez lo convierte en el país de donde proviene la mayor cantidad de remesas internacionales que reciben los países de origen (OIM, 2023). Dicho dato resulta fundamental a la hora de analizar las principales políticas migratorias de EUA de los últimos años vinculadas a "gestionar" los flujos de personas migrantes que anualmente el país recibe.

En relación con Latinoamérica, la cantidad de factores que influyen en este sentido es enorme, aunque quizás podrían resumirse los principales de acuerdo a lo siguiente. En primer lugar, los enormes desafíos que la región aún enfrenta en términos de desarrollo, los que se traducen en una enorme brecha de desigualdad, elevados índices de pobreza, falta de oportunidades de trabajo y de mejora de la calidad de vida e incluso una enorme vulnerabilidad de los países ante fenómenos como desastres y efectos del cambio climático. En efecto, y a modo de ejemplo, Centroamérica se perfila como la región más desigual del planeta, con índices de desarrollo humano que la colocan por debajo de África subsahariana en términos de inequidad en la distribución de la riqueza (PNUD, 2019).

En dicha región, el 10 % de la población concentra el 83 % de la riqueza, números alarmantes si consideramos que Honduras tiene el 74 % de la población por debajo de la línea de pobreza, Guatemala, el 67 %, y El Salvador, un 41 % (PNUD, 2019).

También lo explican, inversamente, el crecimiento económico de EUA, la disponibilidad de puestos de trabajo y la mayor cantidad de oportunidades que muchas veces las personas migrantes ven en lo que comúnmente se conoce como "el sueño americano". Asimismo, la cantidad de personas migrantes que reside en los EUA ronda en los 45 millones de acuerdo con el propio censo poblacional, cifra que explica la enorme diáspora de los países de Latinoamérica, con comunidades fuertemente arraigadas y constituidas que funcionan también como otro factor de atracción para aquellos que aún permanecen en los países de origen (U.S. Census Bureau, s.f.).

Por otro lado, la violencia y la inseguridad son otros de los grandes factores que funcionan como un fenómeno determinante del desplazamiento hacia los Estados Unidos. Nuevamente, Centroamérica, particularmente los países que conforman el Triángulo Norte – TNCA (Guatemala, El Salvador y Honduras), se posicionan como la región más violenta del planeta, con índices de homicidio que superan diez veces los índices en Estados Unidos.

En 2022, Guatemala registró una tasa de muertes de 17,33 por cada 100.000 habitantes, un aumento de 0,74 con respecto a 2021, según el Instituto Nacional de Ciencias Forenses (Carrillo, 2023).

En Honduras la tasa de muertes por cada 100.000 habitantes se posicionó en 35,79 homicidios, la más alta de la región (Datos Macro, s.f.).

El Salvador, en cambio, quedó en 7,8 homicidios por cada 100.000 personas –se registraron 496 muertes violentas en total en 2022–, por debajo incluso de la media internacional, establecida en 8 por las Naciones Unidas (Datos Macro, n.d.). Este último caso llama poderosamente la atención, sobre todo si se considera que en 2015 El Salvador se ubicaba como el país más violento del hemisferio occidental, con una tasa de 103 homicidios por cada 100.000 habitantes.

Finalmente, y no menos importante, necesario es señalar que, en la actualidad, en las Américas se superponen cinco situaciones de desplazamiento, la mayoría de ellas con conflictos que se prolongan por décadas y que distan todavía de encontrar una solución. Colombia, con un conflicto armado que se perpetúa ya por más de cuatro décadas y que ha generado el desplazamiento de millones de personas en búsqueda de seguridad; Venezuela, país que en 2022 era el segundo país de origen de personas desplazadas en el mundo, con más de 7,1 millones de personas (R4V, 2022). Centroamérica y México, región golpeada por la violencia e inseguridad de grupos armados vinculados al narcotráfico y las pandillas; Nicaragua, con más de 800.000 personas desplazadas en 2023 producto de la crisis sociopolítica (Swissinfo, 2023); y finalmente Haití, país extremadamente vulnerable a desastres y efectos climatológicos extremos, así como también considerado un Estado fallido por la grave crisis sociopolítica que desencadenó una ola de violencia e inseguridad sin precedentes.

En el caso de Argentina, país con un 44,7 % de pobreza, el número de población que vive en el exterior todavía es considerado bajo, si lo analizamos con los casos anteriormente señalados. En efecto, Argentina tiene 1.076.148 emigrantes, lo que supone un 2,37 % de la población de Argentina (Datos Macro, s.f.). La emigración femenina, 550.257 mujeres, un 51,13 % del total de emigrantes, es superior a la masculina, 525.891 emigrantes varones, que son el 48,86 %. Asimismo, Estados Unidos se convierte en el segundo país de destino, por debajo de España, con un 20,39 % del total de emigrantes.

Según datos de ACNUR, la agencia de la ONU para los Refugiados, más de 2 de cada 5 nuevas solicitudes de asilo (42 %) en el mundo fueron presentadas por ciudadanos de países de América Latina y el Caribe (ACNUR, 2022).

Durante los seis primeros meses de 2022, las nuevas solicitudes de asilo en la región de las Américas aumentaron un 146 % en comparación con el mismo periodo del año anterior.

Migración y protección internacional

Los flujos de personas en situación de movilidad que año a año tratan de llegar a los Estados Unidos podrían caracterizarse como "movimientos mixtos", es decir, movimientos en los que varias personas viajan juntas, por lo general en forma irregular, utilizando las mismas rutas y medios de transporte, pero por razones diferentes (ACNUR, s.f.). En este sentido, estos movimientos son integrados por personas con diferentes necesidades y perfiles, pudiendo incluir a solicitantes de asilo, personas refugiadas, niñas y niños no acompañados o separados, víctimas de trata, etc.

Al respecto, a los fines de este trabajo, resulta necesario distinguir entre aquellas personas consideradas migrantes, y aquellas que huyen de situaciones tales como la violencia, los conflictos y la persecución, conocidas como personas refugiadas.

En efecto, si bien no existe un concepto universalmente aceptado de lo que entendemos como "migrante", generalmente nos referimos a aquellas situaciones en las cuales la decisión de migrar es tomada libremente por la persona, y mayoritariamente corresponde a personas que migran por cuestiones económicas buscando una mejor calidad de vida. Naturalmente esta definición puede ser objeto de innumerables críticas y cuestionamientos, sobre todo si pretendemos problematizar el concepto de "voluntariedad" de aquella decisión de migrar. Es decir, hasta qué punto una persona que nace en un país pobre, con enormes desafíos en términos de desigualdad y cuyo proyecto de vida ya nace marcado por la falta de oportunidades, elige "libremente" migrar por una vida mejor.

Sin embargo, el término de migrante como aquí lo señalamos resulta útil a los efectos prácticos cuando pretendemos contraponerse al concepto de "personas refugiadas".

De acuerdo con la definición universalmente aceptada de "refugiado", según la Convención sobre el Estatuto de los refugiados de 1951, es toda persona que

> debido a fundados temores de ser perseguida por motivos de raza, religión, nacionalidad, pertenencia a determinado grupo social u opiniones políticas, se encuentre fuera del país de su nacionalidad y no pueda o, a causa de dichos temores, no

> quiera acogerse a la protección de tal país; o que, careciendo de nacionalidad y hallándose, a consecuencia de tales acontecimientos, fuera del país donde antes tuviera su residencia habitual, no pueda o, a causa de dichos temores, no quiera regresar a él (Convención sobre el Estatuto de los Refugiados, 1951: 2).

Asimismo, es necesario destacar que en la región existe una versión ampliada del concepto, nacida producto de la declaración de Cartagena de 1984, la cual buscaba adaptar la definición de refugiado considerando las circunstancias y problemáticas propias de Latinoamérica de aquel entonces (y actuales también podría decirse), donde abundaban situaciones de graves violaciones a los derechos humanos, alteración del orden democrático, guerras civiles y conflictos armados. En efecto, la Definición de Cartagena de 1984 incluye no solo los preceptos de la definición de 1951, sino que además considera

> también como refugiados a las personas que han huido de sus países porque su vida, seguridad o libertad han sido amenazadas por la violencia generalizada, la agresión extranjera, los conflictos internos, la violación masiva de los derechos humanos u otras circunstancias que hayan perturbado gravemente el orden público (Declaración de Cartagena sobre Refugiados, 1984: 16).

En el caso de Estados Unidos, la definición adoptada es concomitante con la definición de la Convención de 1951, estableciendo la Ley de Inmigración y Nacionalidad en su Art. 8 U.S.C. (a) 1.101:

> The term "refugee" means (A) any person who is outside any country of such person's nationality or, in the case of a person having no nationality, is outside any country in which such person last habitually resided, and who is unable or unwilling to return to, and is unable or unwilling to avail himself or herself of the protection of, that country because of persecution or a well-founded fear of persecution on

> account of race, religion, nationality, membership in a particular social group, or political opinion (EE. UU., The Immigration and Nationality Act, Art 8 U.S.C. (a) 1101).

Por otro lado, es necesario considerar el carácter subsidiario de la protección internacional, es decir, una protección que viene brindada por el Estado de acogida cuando el país de origen o residencia habitual de la persona es incapaz de garantizar los derechos básicos de la persona o no muestra disposición para hacerlo. En este sentido, la protección que brindará el Estado de acogida incluirá la posibilidad de acceso al territorio, la no devolución, el acceso a peticionar asilo, acceso a derechos y asistencia humanitaria, documentación, etc.

En el caso de los Estados Unidos de América, el cuerpo de leyes que regula la política migratoria es conocido como The Immigration and Nationality Act (INA), la cual data de 1952 y, a lo largo de los años, ha sufrido numerosas modificaciones.

En dicho compendio normativo, se establecen las bases y condiciones para que un inmigrante pueda acceder a un *status* legal ya sea por una reunificación familiar, aplicando a la categoría de habilidades laborales especiales, como inversores, solicitando asilo, o bien mediante la categoría de diversidad o lo que comúnmente se conoce como "lotería de visas". En efecto, de acuerdo al American Immigration Council (2024), estas categorías son a su vez los principios basales de toda la legislación en materia de inmigración: "U.S. immigration law is based on the following principles: the reunification of families, admitting immigrants with skills that are valuable to the U.S. economy, protecting refugees, and promoting diversity".

Vías complementarias y el programa de Movilidad Segura

De acuerdo al ACNUR, el reasentamiento consiste en el traslado de personas refugiadas de un país de acogida a otro Estado que convino recibirlas y, en última instancia, otorgarles un permiso de residencia permanente (ACNUR, s.f.). En efecto, el reasentamiento es una de las tres soluciones duraderas que se promueven generalmente para las personas refugiadas (junto con la integración local en el país de acogida y el retorno voluntario y en condiciones de seguridad al país de origen cuando las condiciones así lo permiten).

Ya lo mencionaba Alexander Betts en su artículo cuando señalaba que el reasentamiento es el medio por defecto por el que un país como Estados Unidos apoya a los refugiados, definiéndolo también como una forma de gestión de la migración tácita (Betts, 2017). Además, entender el reasentamiento como solución duradera no resultará fácil si no se tienen en cuenta también las vías complementarias, es decir, aquellas vías para personas necesitadas de protección internacional, las cuales prevén una estancia legal en un tercer país donde se satisfacen dichas necesidades de protección. Entre los ejemplos que pueden mencionarse, encontramos la reunificación familiar de acuerdo a las condiciones que exija un determinado Estado, vías de movilidad laboral o educativas, visas humanitarias, el patrocinio comunitario, etc.

En este sentido, el programa de Movilidad Segura anunciado en 2023 por el gobierno de Estados Unidos buscaba precisamente la expansión de rutas legales para personas refugiadas y migrantes en Suramérica y Centroamérica, las cuales varían de acuerdo al perfil y las necesidades de cada solicitante.

El programa tiende a contrarrestar los efectos y riesgos que implica el desplazamiento en situación de irregularidad para las personas que intentan llegar a territorio norteamericano, considerando la peligrosidad de las rutas migratorias y riesgos tales como el crimen organizado, el tráfico y la trata de personas, los abusos sexuales, los robos y las estafas a los que muchas veces las personas migrantes se ven expuestas en el camino.

Entre las vías que se conciben en el programa, se encuentran el reasentamiento de personas refugiadas, rutas específicamente diseñadas para el traslado, permisos humanitarios por reunificación familiar, vías de empleo estacional o temporal, y el Programa para Menores Centroamericanos.

El reasentamiento de personas refugiadas, con sus variables *in country processing* como los programas PTA (Protection Transfer Agreement), buscan identificar personas en riesgo de desplazamiento en su país de origen y ofrecerles una vía segura para llegar a territorio estadounidense. Los primeros programas PTA fueron implementados en 2016 como respuesta a los cada vez mayores números de personas que se desplazaban desde el Triángulo Norte de Centroamérica. Dichos programas tenían tres objetivos:

> 1. Proporcionar a un pequeño número de personas en mayor riesgo un acceso seguro a protección y soluciones internacionales; 2. Evitar que personas con mayor riesgo tomen rutas peligrosas fuera de la NCA y socavar la trata de personas; y 3. Fomentar la responsabilidad compartida regional y la cooperación Sur-Sur (ACNUR, 2018: 13).

En efecto, Estados Unidos de América se comprometió a aceptar personas para el reasentamiento remitidas a través de la PTA utilizando sus acuerdos y cuotas de reasentamiento, convirtiéndose, como dijimos, en el mayor país de reasentamiento en recibir personas provenientes del TNCA.

El programa también concibe rutas específicamente diseñadas y vías de admisión para personas provenientes de Haití, Cuba, Nicaragua y Venezuela. Como mencionamos anteriormente, la situación sociopolítica de estos países representa la principal causa de desplazamiento en América Latina. Esta categoría aplica para personas nacionales de estos países que se encuentran fuera de Estados Unidos y carecen de documentos de entrada, pudiendo obtener una autorización de viaje y un periodo de permanencia temporal de hasta dos años por razones humanitarias urgentes. Para poder acceder a dicha categoría, los aplicantes deben contar con una persona de apoyo en los Estados Unidos que se comprometa a prestar apoyo financiero durante el periodo de permanencia y someterse a un chequeo de seguridad riguroso. Mediante esta categoría, el gobierno de Estados Unidos emite hasta 30.000 autorizaciones de viaje cada mes, lo que representa sin duda una gran oportunidad para las personas que buscan migrar.

Se busca asimismo otorgar permisos humanitarios por reunificación familiar. Para ello, mediante lo que se conoce como "petición de familiar extranjero", un ciudadano estadounidense o residente permanente presenta la solicitud a nombre del familiar. Este familiar puede acceder, en caso de ser aprobado, a una residencia temporal en Estados Unidos bajo un permiso de reunificación familiar. Ello puede beneficiar, por ejemplo, a un cónyuge o hijo soltero menor de 21 años de un peticionario residente permanente legal, o el hijo o hermano adulto de un peticionario ciudadano estadounidense.

Sin embargo, para que una persona sea elegible, además, no debe haber cruzado irregularmente a Estados Unidos (con fechas que varían dependiendo de la nacionalidad), y se requiere que no se haya ordenado su remoción del territorio estadounidense dentro de los cinco años anteriores a su solicitud.

Finalmente, dicho proceso de reunificación familiar se encuentra habilitado solamente para familiares directos de personas nacionales de Colombia, Cuba, Ecuador, El Salvador, Haití, Guatemala u Honduras y sus familiares inmediatos (que tienen un permiso de residencia permanente legal).

En cuanto a las vías de empleo estacional o temporal, mediante visas específicas, las personas pueden obtener un permiso para trabajar legalmente de manera temporal en Estados Unidos en sectores tales como agricultura, construcción, jardinería, hospitalidad, etc. Para ello el solicitante debe contar con una oferta de trabajo de un empleador estadounidense.

Por último, el Programa para Menores Centroamericanos (CAM) se encuentra dirigido a menores nacionales de El Salvador, Guatemala y Honduras, y a ciertos familiares de dichos menores, y les brinda la posibilidad de obtener el estatus de refugiados y la posibilidad de ser reasentados en Estados Unidos.

Para ello, los padres o tutores del menor deben estar legalmente presentes en Estados Unidos, mientras que el hijo debe ser menor de 21 años, soltero y nacional del TNCA. Asimismo, aquellas personas que no sean elegibles para obtener el estatus de refugiadas serán consideradas para un permiso humanitario de permanencia temporal (*parole*), el cual los habilita a residir legalmente y trabajar por el término de tres años.

Finalmente, es necesario destacar que el programa iniciado en 2023 como prueba piloto para Guatemala rápidamente fue lanzado también en Costa Rica, Ecuador y Colombia. Al efecto, Estados Unidos, con el apoyo del ACNUR y la Agencia de la ONU para las Migraciones (OIM), han dispuesto la apertura de oficinas de movilidad segura en los países anteriormente mencionados.

En este sentido, mientras que el ACNUR desempeña sus funciones identificando personas con necesidades de protección internacional, la OIM brinda asesoría y asistencia a las personas migrantes que no sean elegibles para reasentamiento, pero que podrían ser consideradas para otras vías legales de admisión en los Estados Unidos como las que mencionamos anteriormente.

Conclusión

El análisis de los factores determinantes que impulsan la migración, junto con el contexto migratorio complejo en América Latina, subraya la necesidad de soluciones integrales y humanitarias. Desde la desigualdad económica hasta la violencia y los conflictos prolongados, la migración hacia los Estados Unidos se ve impulsada por una multitud de desafíos arraigados en la región.

De lo anteriormente expuesto, se refleja que el programa de Movilidad Segura viene a reconfigurar el enfoque del Gobierno de los Estados Unidos hacia la migración latinoamericana. Si bien, a la fecha de escritura del presente artículo, todavía se necesitaría tiempo para poder medir el impacto real en cuanto a si dicha política podrá regular la migración y hacerla más segura, pueden, sin embargo, ensayarse algunas conclusiones.

En primer lugar, el éxito de este programa dependerá de que se prolongue en el tiempo y alcance el nivel de autonomía suficiente que le permita subsistir más allá de los cambios de gobierno, los que muchas veces vienen con abordajes técnicos e ideológicos distintos cuando hablamos de gestionar la migración.

En segundo lugar, todavía se desconocen las "cuotas" reservadas para cada país (el número de migrantes y refugiados que el gobierno estadounidense está dispuesto a recibir de cada país), por lo que ensayar un análisis en cuanto al impacto real en término de personas alcanzadas resultaría prematuro.

Sin embargo, sería ambicioso pensar que dicho programa pueda cambiar diametralmente el flujo migratorio hacia el norte, desalentar la migración irregular y contribuir a una migración más segura, en tanto y en cuanto no mejoren las condiciones de vida en los países de origen, tal como se explicará oportunamente en el presente trabajo.

Para ello resultará necesario abordar las causas de origen y que los gobiernos implicados puedan trabajar en conjunto a la hora de brindar mayores oportunidades a las personas en situación de movilidad.

En definitiva, el programa de Movilidad Segura puede constituirse en una solución innovadora y práctica que permita mayores oportunidades de migración regular, el acceso al reasentamiento y a las vías complementarias, cambiando el enfoque migratorio hacia un sistema más humano y accesible, en donde también puedan detectarse perfiles de personas con necesidades específicas y en riesgo de desplazamiento, en cuyo caso, el acceso a Movilidad Segura pueda permitirles una vía segura para migrar, alejándolas de los riesgos propios del desplazamiento.

Seguramente, también el programa tendrá un fuerte impacto en términos de desalentar el tráfico de personas migrantes, así como todos aquellos "negocios de la miseria", que nacen a la luz de las necesidades y la desprotección de las personas que migran.

Por el contrario, no debe convertirse en una forma de "terciarización de los controles migratorios", en donde la responsabilidad de la gestión de las fronteras se traslade a otros países de la región, y por lo cual dichos países sean quienes tengan a su cargo contener la marea humana, aun cuando no se cuentan con las estructuras ni los medios necesarios para garantizar la protección de las personas.

Referencias bibliográficas

ACNUR (s. f.). Asilo y Migración. Consulta: 19 de septiembre de 2024. En lc.cx/xWeeNk.

ACNUR (2018). Evaluation of effectiveness of the Protection Transfer Arrangement in Central America. *Evaluation Report 2018.* En www.unhcr.org/us/media/evaluation-effectiveness-protection-transfer-arrangement-central-america.

ACNUR (2022). Informe Semestral de Tendencias. En lc.cx/kKvlnO.

ACNUR (s. f.). Reasentamiento. Consulta: 19 de septiembre de 2024. En www.acnur.org/reasentamiento.

American Immigration Council (2024). How the United States Immigration System Works. Consulta: 19 de septiembre de 2024. En lc.cx/1nOgAQ.

Betts, A. (2017). Reasentamiento: ¿Dónde está la evidencia y cuál es la estrategia? *Forced Migration Review*. En lc.cx/WGfT11.

Briggs, D. (2020). *Climate changed: Refugee border stories and the business of misery*. Routledge.

Carrillo, L. (2023). Guatemala registró menos muertes violentas en 2022. *Diario de Centroamérica*. Consulta: 17 de septiembre de 2024. En lc.cx/wI0hte.

Comisión Interamericana de Derechos Humanos (2023). Fin del Título 42: CIDH llama a Estados Unidos a proteger derechos de personas migrantes y refugiadas. Consulta: 17 de septiembre de 2024. En lc.cx/EhdoDk.

Convención de Ginebra de 1951 sobre el Estatuto de los Refugiados. En lc.cx/OJgVYQ.

Datos Macro (s. f.). Argentina, emigrantes totales. Consulta: 19 de septiembre de 2024. En lc.cx/xWeeNk.

Datos Macro (s. f.). El Salvador: Homicidios intencionados. Consulta: 19 de septiembre de 2024. En lc.cx/ZS7bn7.

Datos Macro (s. f.). Honduras: Homicidios intencionados. Consulta: 19 de septiembre de 2024. En lc.cx/CnWzbx.

Declaración de Cartagena sobre los Refugiados (1984). En lc.cx/YuJhZN.

López, A. (2018). La política migratoria de los EE. UU. y su impacto en el Triángulo Norte de Centroamérica. Banco Interamericano de Desarrollo. En lc.cx/D9ZCOG.

Organización de las Naciones Unidas para el Desarrollo (PNUD) (2019). *Informe sobre desarrollo humano 2019: Más allá del ingreso, más allá de los promedios, más allá del presente: Desigualdades del desarrollo humano en el siglo* XXI. Programa de las Naciones Unidas para el Desarrollo (PNUD). Consulta: 17 de septiembre de 2024. En lc.cx/HNAnt9.

OIM (2023). *World Migration Report 2022.* En lc.cx/aKHYh1.

Programa de Movilidad Segura. En movilidadsegura.org.

R4V (2022). R4V Latin America and the Caribbean, Venezuelan Refugees and Migrants in the Region – Nov 2022. Consulta: 19 de septiembre de 2024. En lc.cx/__xdXU.

Swissinfo.ch (2023). Nicaragua cerrará con 804.000 desplazados en 2023, un 11,34 % de su población. Consulta: 19 de septiembre de 2024. En www.swissinfo.ch/spa/nicaragua-cerrar%C3%A1-con-804-000-desplazados-en-2023-un-11-34-de-su-poblaci%C3%B3n/49069942.

The Immigration and Nationality Act, United States. En lc.cx/skwfDp.

Troeller, G. (2002). UNHCR Resettlement: Evolution and Future Direction. *International Journal of Refugee Law, 14,* 85.

U.S. Census Bureau (s. f.). United States: 2020 Census profile. U.S. Department of Commerce. Consulta: 17 de septiembre de 2024. En lc.cx/D0Xhdm.

Proteccionismo agrícola estadounidense en un mundo de incertidumbre alimentaria

Lucas Satoru Miyasiro

Resumen

El siguiente ensayo busca, a través de un pequeño *racconto* histórico y una descripción general del sector alimentario global luego del conflicto en Ucrania, argumentar por qué es recomendable para los Estados Unidos de América llevar a cabo una política comercial agrícola más amigable para con la Argentina en particular y el Cono Sur en general, en vistas de una posible agudización de la disputa hegemónica con China y fenómenos climáticos adversos que pongan en riesgo su propia seguridad alimentaria.

Palabras clave

Seguridad alimentaria, Estados Unidos, Argentina, doctrina, proteccionismo.

Abstract

The following essay seeks, through a brief historical review and a general description of the global food sector after the conflict in Ukraine, to argue why it would be advisable for the United States of America to carry out a more friendly agricultural trade policy towards Argentina in particular, and the Southern Cone in general, in view of a possible exacerbation of the hegemonic dispute with China and potential adverse climatic phenomena that could jeopardize its own food security.

Keywords

Food security, United States, Argentina, doctrine, protectionism.

Recorrido histórico

El orden internacional establecido luego de la Segunda Guerra Mundial introdujo la cuestión de las hambrunas como un tema en la agenda global, al punto de declarar la alimentación como un derecho humano. Prueba a nivel sistémico de ello es la creación de la Food and Agriculture Organization (FAO), dentro del seno de las Naciones Unidas, cuyo objetivo es la erradicación del hambre en todo el globo. Prueba a nivel académico de ello (conocida para los estudiosos de las relaciones internacionales) es la inclusión por parte del académico Hans Morgenthau en su libro *Politics Among Nations* del año 1948 de los recursos naturales (alimentarios en mayor medida) como un elemento de poder nacional. Previo a la victoria aliada, tanto el hambre crónica como las hambrunas se consideraban como problemas internos de segundo grado en los gobiernos locales, siendo la Gran Hambruna irlandesa quizá el ejemplo más vívido de ello (Borrell, 2020).

Ahora bien, tal como nos cuenta el autor Juan José Borrell, estas acciones pueden tener como justificación la competencia entre el bloque occidental y el socialista durante la Guerra Fría y la doctrina de la Contención del presidente Truman: "… el desarrollo internacional es una parte esencial de la doctrina de la Contención, lo que incluye en términos generales la ayuda para el desarrollo humano, la ayuda alimentaria, y la expansión de la matriz productiva agroindustrial" (Borrell, 2020: 24). Es justamente por esa razón por la que "contribuir a resolver la pobreza y las hambrunas en el Tercer Mundo se vuelve un tema estratégico para la seguridad de EE. UU." (Borrell, 2020: 24). Recomiendo tener en cuenta esta reflexión, ya que será retomada más adelante en el trabajo.

Luego de la caída de la Unión Soviética y la hegemonía liberal estadounidense, se inició una competencia por la expansión del mercado global hacia los del otrora llamado "tercer mundo", antes restringidos por la dinámica de la Guerra Fría. En el sector agropecuario, debido a su importancia como herramienta de poder, y a partir del *boom* de las *commodities* durante la primera década del siglo XXI, se observa una emergencia de economías competitivas con fuerte presencia en el rubro, a través tanto de empresas como de productos que aumentan su participación e importancia en el mercado mundial de alimentos. Algunos ejemplos de ello son el del Brasil y la soja, Rusia y los fertilizantes o China con ChemChina, empresa dedicada a la producción de agroquímicos.

Actualidad

Cuando Vladimir Putin dio la orden de invadir Ucrania el 24 de febrero del 2022, se inició un espiral inflacionario en el precio de los alimentos debido tanto a la reducción de las exportaciones rusas y ucranianas de trigo (19 % y 9 % respectivamente en el 2020), como a las sanciones económicas que recayeron sobre la economía rusa, restringiendo el acceso mundial a sus fertilizantes. La consecuencia más alarmante ha sido el aumento en la cantidad de personas que sufren inseguridad alimentaria, que ascendió a 345 millones para el 2022, siendo las regiones más afectadas África (Chad o Sudán del Sur) y Oriente Medio (Yemen o

Siria, situación aún más grave por la existencia de conflictos bélicos latentes), debido a su gran dependencia en las importaciones tanto rusas como ucranianas, abriéndose así la puerta de una potencial crisis alimentaria global por la interrupción en las cadenas de suministro globales.

Para ilustrar de manera más gráfica la situación alimentaria mundial actual, se muestra a continuación en el gráfico 1 un mapeo tomado del Global Hunger Index 2022, "un instrumento para medir y rastrear exhaustivamente el hambre a nivel mundial [...] el GHI determina el hambre en una escala de 100 puntos" (Von Grebmer, 2022: 8).

Figura 1. Global Hunger Index 2022

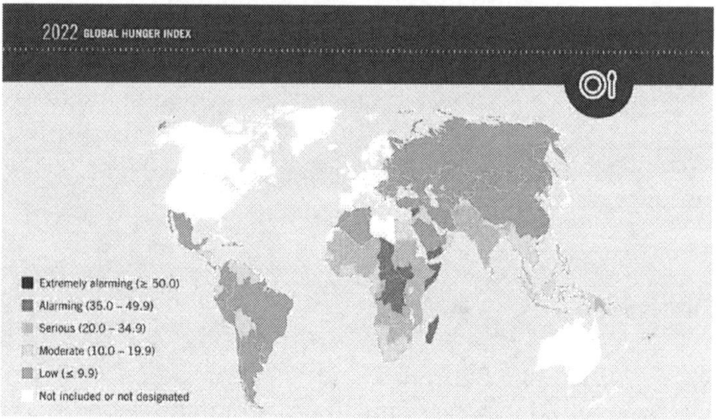

Fuente: Von Grebmer, K. (2023). Global Hunger Index. La transformación de los sistemas alimentarios y su gobernanza local.

Precisiones teóricas

A continuación, se definen ciertos conceptos claves para el entendimiento del ensayo.

En primer lugar, se considera como "seguridad alimentaria" "la situación en la que todas las personas tienen, en todo momento, acceso físico, social y económico a suficientes alimentos inocuos y nutritivos para satisfacer sus necesidades alimenticias y sus preferencias en cuanto a los alimentos" (Borrell, 2020: 24). A la vez, como nos dice la autora Patricia Aguirre, la seguridad alimentaria posee dos niveles de análisis. "La seguridad alimentaria propiamente dicha, de nivel macro, de las poblaciones y grupos que habitan naciones o regiones y la seguridad alimentaria de los hogares, en el nivel microsocial" (Aguirre, 2004: 2). Respecto a estos niveles, consideraremos al macro.

Por otra parte, definimos "inseguridad alimentaria" como una "situación que existe cuando las personas carecen de acceso seguro a cantidades suficiente de alimentos seguros y nutritivos para un crecimiento y desarrollo normales y una vida activa y saludable" (Ocón, 2020: 94-95).

Finalmente, es importante remarcar que, hasta la década de los ochenta, se consideraba que la mayor causa del hambre crónica era la reducción de oferta alimentaria, y no el aumento poblacional experimentado desde la Revolución Industrial. Esta hipótesis fue denominada en inglés como *food availability decline* (FAD) y fue el paradigma dominante hasta la propuesta del conocido economista indio Amartya Sen. El académico argumentó que el problema respecto del hambre no era la falta de producción, sino la imposibilidad para acceder a ella por parte de la población, siendo este el paradigma dominante hasta la actualidad a la hora de estudiar estos fenómenos (Ocón, 2020).

Bases para comprender el sector alimentario global

Es pertinente también otorgarle al lector una imagen actual de las implicancias geopolíticas que rodean a lo agroalimentario.

Como primera observación, podemos identificar a tres actores claves a nivel global, que son los Estados Unidos de América, la Unión Europea y la República Popular China, que acumulan algo más del 50 % del comercio internacional del rubro (Valles Galmés, 2020). EE. UU. y la UE son los mayores tanto importadores como exportadores de alimentos, a la vez que China es un gran importador, que cuenta con amplio potencial exportador también.

En segundo término, podemos observar también que la mayoría de los países que son importadores netos de alimentos forman parte de una región con tensiones crecientes (la República de Corea y el Japón, primordialmente), lo que hace que su seguridad alimentaria sea un objetivo estratégico y por ende primordial para la supervivencia del Estado.

También, se estima que, a causa del crecimiento poblacional en los próximos años (se prevé llegar a 9,7 mil millones de habitantes en el 2050), se deberán suceder transformaciones que dupliquen la producción alimentaria (Valles Galmés, 2020) y que permitan a la vez, siguiendo al paradigma FAD de Sen, expandir el acceso a su oferta para erradicar el hambre. Como agravantes observamos que el estancamiento global en la baja del hambre demuestra la imposibilidad de erradicarla siquiera con vistas al año 2050. A su vez, debemos considerar el factor ambiental, ya que no es posible una segunda revolución verde (al menos no entendida como en su faceta inicial, basada en la utilización de agroquímicos y pesticidas altamente contaminantes), debido a los daños ecológicos que derivaron del *boom* productivo agrícola entre la década de los sesenta y los ochenta.

Observando el escenario del sistema internacional, podemos identificar dos ámbitos en los que se suceden eventos de importancia para el sector agroalimentario global:

1. Los posicionamientos específicos en el relacionamiento entre dos países puntuales, dinámica en la cual

suelen imponerse las condiciones del Estado con mayor capacidad económica.

2. Las manifestaciones en organismos multilaterales sobre el comercio, con el foco sobre la World Trade Organization (WTO) y los acuerdos regionales de libre comercio. Esto es importante ya que es un instrumento para garantizar un acceso estable y continuo a mercados que aseguren la seguridad alimentaria propia.

Por último, ya expuestos los cambios que generó a nivel comercial la guerra en Ucrania, ahora se expondrán algunos de los cambios geopolíticos que causó (o se pensaba que iba a causar) el conflicto en nuestro sector de análisis. Para ello, utilizaremos las declaraciones de Christine Lagarde, la presidenta del Banco Central Europeo, durante una exposición en el Peterson Institute for International Economics (PIIE) el 22 de abril de 2022, casi dos meses después del inicio de las hostilidades (Piñeiro y Piñeiro, 2022).

El primero es la necesidad por parte de Occidente (Europa primordialmente, pero Japón también) de buscar nuevos mercados en el sector energético y alimenticio. Al principio, una prueba de ello pareció ser el "descajonamiento" de las negociaciones por el acuerdo Mercosur-UE, pausado desde hace unos años por la resistencia de los sectores agropecuarios del Viejo Continente. Sin embargo, los intercambios han vuelto a enfriarse. Aunque el retorno a Planalto del presidente Lula y sus "coqueteos" iniciales con el presidente Macron parecían buenas señales, la negociación se encuentra truncada por los objetivos ambientales que se exigen del lado europeo, la oposición de ciertos sectores industriales de nuestra región y el rechazo del mandatario francés a abrirle la puerta a un potencial nuevo frente de batalla interno en París, luego de las revueltas por la violencia policial, la reforma pensionaria en el país europeo y las recientes elecciones legislativas.

Luego, se propuso el concepto del *friendshoring*, definido como "la construcción de cadenas de valor y de lazos comerciales con países con los cuales se tiene afinidades políticas y culturales" (Piñeiro y Piñeiro, 2022: 12). Sin embargo, y al igual que con el acuerdo Mercosur-UE, las visitas del canciller alemán Scholz a Qatar, o el reencuentro del presidente Biden con el príncipe heredero saudí Mohammed bin Salman, luego de llamarlo un "paria", terminaron de desterrar la esperanza de mayores ventajas a países democráticos y demostraron un comportamiento más cercano a una *realpolitik* clásica.

Aproximación al sector agro en los Estados Unidos de América

Para comprender las dinámicas actuales del sector agropecuario estadounidense, debemos retrotraernos a los efectos y las medidas tomadas por el gobierno federal a partir de la crisis financiera del año 1929.

Con el objetivo de reactivar la economía, el presidente Franklin Roosevelt implementó el famoso New Deal, dentro del cual se encontraban varias medidas para "resucitar" al sector agrícola, que sufrió una caída del 50 % en los precios entre 1929 y 1932. Algunas de ellas fueron la Agricultural Adjustment Act, que brindó al sector agrícola mecanismos para sostener precios o controlar la sobreoferta; la Farm Credit Act, que otorgó créditos para maquinarias y compra de terrenos, o el Tennessee Valley Authority, encargado de redireccionar el río para contrarrestar la erosión de los suelos cercanos. Este paquete de medidas fue el inicio de un gran apoyo gubernamental al sector, vigente hasta el día de hoy.

Este *support* al agro se encarna actualmente en la Farm Bill, ley que es renovada aproximadamente cada cinco años por el Congreso con el objetivo de *aggioornarla* frente a los nuevos desafíos que enfrenta el sector. La última actualización se dio en 2018, y destina 867 mil millones de dólares en los próximos diez años, para asegurar acceso a créditos, la conservación agrícola, entre otros. Cabe destacar que, en el mismo año, y como represalia a la competencia arancelaria con China, el gobierno añadió la módica suma de 12 mil millones de dólares como ayuda extra.

Respecto a la influencia del sector, representa aproximadamente el 4,5 % del PBI estadounidense; y los estados más importantes son California, Iowa, Texas, Nebraska y Minnesota, que producen el 38 % del total dentro del sector. Además, exporta unos 140 mil millones de dólares, que significan el 20 % de las exportaciones locales; y el 35 % del comercio mundial agroalimentario, siendo estos algunos datos que pueden ayudarnos a explicar y esclarecer el porqué del proteccionismo y los apoyos al sector (Albertoni y Martínez, 2020).

Aproximación general al sector agro en la República Argentina

En la Argentina, el sector agro es la rueda maestra de la economía. De este sector (y las divisas que generan sus exportaciones), dependen ciclos económicos, victorias o derrotas en elecciones presidenciales, lineamientos de política exterior, etc.

Prueba de ello es el informe técnico publicado por el Instituto Nacional de Estadísticas y Censos (INDEC), correspondiente al mes de junio de 2024 (INDEC, 2024, pp. 4-6). En él podemos observar que este sector, sumando los productos primarios y las manufacturas de origen agropecuario, representan 4.329 millones de dólares de exportaciones, es decir; el 43,2 % de las exportaciones argentinas. Con respecto a los principales destinos exportadores, se encuentran Brasil, China y la India.

Argentina, 2023

Sin embargo, no podemos omitir que el año 2023 ha sido particular para el sector agro en nuestro país. A diferencia de la situación en los Estados Unidos, Argentina no tiene una política activa de apoyo al campo, lo que se traduce en una infraestructura insuficiente y una gran dependencia en los fenómenos climáticos y avances tecnológicos para llevar a cabo cosechas exitosas, un cóctel que, como se demostró a lo largo del año 2023, es altamente peligroso.

Durante la temporada anterior, se registró una de las peores sequías en la historia nacional. Según el Informe Especial Mensual sobre Cultivos del mes de enero y otras estimaciones realizadas por la Bolsa de Comercio de Rosario, la cosecha anual tuvo que llevarse a cabo en las condiciones más secas de los últimos 60 años, y se cosechó un 45 % menos de soja prevista y se perdieron hasta 15.000 millones de dólares en exportaciones. Sumado a esto, se registró un déficit de lluvias de acuerdo con el Servicio Meteorológico Nacional.

Como se dijo anteriormente, esto tuvo consecuencias catastróficas para la macroeconomía nacional, en un año más conflictivo de lo habitual debido a las elecciones presidenciales de fin de año. Para contrastarlo, podemos observar el caso brasilero, que pudo convertirse en el mayor exportador de soja a nivel global (aunque bajo un contexto de mayores precipitaciones), y posee menos dependencia de las condiciones climáticas, debido a su mayor desarrollo tecnológico-científico.

La sequía sufrida en el 2023 fue generada por el fenómeno conocido como "El Niño-Oscilación Sur (ENOS)". Cabe aclarar que las precipitaciones en la región pampeana de nuestro país poseen una "intervariabilidad anual" causada en parte por el fenómeno ENOS (El Niño-Oscilación Sur), el cual es "un patrón climático recurrente que implica cambios en la temperatura de las aguas en la parte central y oriental del Pacífico tropical [...] afectando directamente a la distribución de las precipitaciones" (Jozami, Costanzo y Coronel, 2015: 85-87). Si bien el fenómeno se centra en las aguas del Pacífico, "puede tener una fuerte influencia sobre el clima en otras partes del mundo" (Jozami, Costanzo y Coronel, 2015: 85-87). Entonces, se puede afirmar que la falta de precipitaciones se debió, entre otras variables, a que la Argentina se encontró en el período La Niña del ENOS, lo que implica una disminución de las precipitaciones en la región pampeana (INTA, 2013), que es clave en la producción agropecuaria en nuestro país (Jozami, Costanzo y Coronel, 2015).

Afortunadamente, el escenario no se repitió durante este año. El día 3 de septiembre de 2023, el Servicio Meteorológico Nacional declaró oficialmente la llegada de El Niño (*Ámbito*, 2023). Por deducción, podemos interpretar, sin ser expertos en climatología, que este fenómeno es lo contrario a La Niña, lo que implicó una mayor cantidad de precipitaciones en la región pampeana, y menores temperaturas, lo cual favoreció así las cosechas del año corriente.

Sin embargo, cabe aclarar que, sin una política activa y transversal a los cambios políticos para apoyar al sector (por qué no, inspirándose en la misma Farm Bill estadounidense) frente a potenciales inundaciones, el efecto sobre las exportaciones puede ser igual o más desastroso aún.

Parece interesante analizar que, si el ENOS es un fenómeno con características contrarias según los hemisferios (es decir, cuando en el hemisferio sur se produce El Niño, en el norte se da La Niña, y viceversa), podría darse una situación en la cual Estados Unidos (y Occidente en su conjunto) atraviesen sequías y la Argentina logre realizar una gran cosecha, convirtiéndose entonces en un aliado interesante para el bloque en la tarea de conseguir su seguridad alimentaria.

Reflexiones finales sobre el sector alimentario global

Desde la victoria aliada en la Segunda Guerra Mundial, se cambió el paradigma respecto al hambre crónica, comenzando a incluirlo en la agenda global. Las mismas concepciones del debate sobre su diagnóstico y su tratamiento se fueron ajustando a través de debates teóricos. En cuanto a la composición de la oferta alimentaria, la crisis en los precios de los alimentos de 2007 y 2008 permitió el ingreso a la mesa de países productores a nuevos Estados que desarrollaron sus ventajas comparativas.

La invasión a Ucrania generó y está generando otro reacomodamiento a nivel global que todavía está en desarrollo. El bloque occidental, representado quizás de manera más fidedigna en el G-7, se encuentra en búsqueda de fuentes alternativas de alimento y energía luego de sus sanciones hacia Rusia. Y, si bien se consideró en un principio el *friendshoring* como un curso de acción posible, este no fue llevado a cabo por la Unión Europea, principalmente en materia energética.

En segundo término, y pese a no haber sido materia de debate profundo en este ensayo, China también posee una gran importancia en este sector, ya que, debido a su gran población, es un importador neto de alimentos extremadamente interesado en mantener su seguridad alimentaria. Un actor de tanto peso es de vital importancia para el equilibrio en el comercio mundial, cuestión que fue comprobada con el descalabro causado a partir de la imposición arancelaria a las exportaciones agropecuarias estadounidenses del 2018.

Sin embargo, debemos considerar que, por cuestiones de la macroeconomía china, el aumento en el ingreso per cápita se está ralentizando y corre riesgo de estancarse. Otro tema no menor es el envejecimiento y la declinación en número de la población china, los dos siendo tópicos muy críticos en cuanto a demanda de alimentos se refiere. Esto terminó de comprobarse cuando, a mitad de 2023, la

India sobrepasó definitivamente a su vecino como el país más poblado a nivel mundial.

Por último, se abre una competencia interesante respecto a mercados que, hasta febrero de 2022, eran dependientes de las importaciones ucranianas o rusas. Mercados en Oriente Medio, la África subsahariana y el norte del mismo continente se muestran como posibilidades concretas para los países exportadores de alimentos como los Estados Unidos y la Argentina.

Reflexiones finales sobre la Argentina

Antes de realizar cualquier análisis en materia de política exterior, la Argentina debe ser consciente de que se encuentra en una posición muy débil y vulnerable frente a este reacomodamiento del sistema internacional. En un contexto global que palpita una sensación de conflicto inminente entre las dos grandes potencias y con actores que poseen capacidad demostrada de disrupción del sistema, como lo es Rusia, Argentina se encuentra casi a merced de esos actores con un mayor poder relativo.

Sumado a ello, la posición argentina en esta tensión latente entre un bloque "occidental" y una potencial alianza sino-rusa es extremadamente incómoda y con poco margen de maniobra en caso de una intensificación en el conflicto. Esto debido a encontrarse dentro del área de influencia de los Estados Unidos, a la vez que China se configura como el mayor socio comercial.

Sin embargo, la Argentina en particular y el Mercosur en su conjunto poseen un instrumento de poder clave en contextos como este. El alto estatus argentino como exportador de alimentos nos otorga la oportunidad de un margen de negociación mayor, el cual crecería de manera exponencial con un fortalecimiento efectivo del Mercosur, o bien una reestructuración de las políticas nacionales de apoyo al sector agro, que logre revertir las dificultades de infraestructura y logística en nuestra región y permita a la Argentina sentarse en la mesa de los exportadores de alimentos potentes, junto a los Estados Unidos o la Unión Europea.

Reflexiones finales sobre los Estados Unidos de América

Estados Unidos es un país agrícola, y como tal posee un sector agro poderoso y una clase dirigente interesada en mantenerlo productivo y satisfecho. Tanto los subsidios como la facilitación en el acceso al crédito para maquinarias son instrumentos que se utilizan para proteger al sector de la competencia externa desde los años treinta, y que, de manera indirecta, terminan influyendo en el flujo comercial global y el precio de los alimentos en todo el mundo.

Similar a la situación europea, Estados Unidos es reticente a alcanzar acuerdos de libre comercio para con el sector agro del Cono Sur. Un evento que demuestra la dificultad que implica la llegada de los productos regionales a las mesas estadounidenses es el anuncio con redoble de tambores por parte de la administración de Mauricio Macri luego de lograr aprobar una cuota de ingreso para los limones tucumanos al mercado estadounidense.

Ahora bien, cabe preguntarse si Estados Unidos no se arriesga a perder influencia en el Cono Sur con estas actitudes. Si bien el mercado chino tiende a reducirse, sigue triplicando al estadounidense en población. ¿No debería preocuparle a Estados Unidos que dos de los mayores exportadores de alimentos mundiales, como lo son Brasil y Argentina, tengan a China como principal socio comercial en el sector agrícola? ¿Y el caso de Uruguay, que impulsa un Acuerdo de Libre Comercio con el gigante asiático? Para observar de manera completa la situación del bloque Mercosur, si bien el Paraguay mantiene el reconocimiento sobre la isla de Taiwán, impidiéndole el ingreso al mercado chino, la presión del sector agropecuario para incursionar en ese mercado de manera directa y sin triangulaciones es cada vez mayor, y es probable que aumente en los próximos años.

Conclusión

Como podemos deducir de este trabajo, no hay ningún indicio de que Estados Unidos vaya a modificar su política agrícola en pos de una más amigable al comercio multilateral, lo cual puede causarle estragos en un futuro no muy lejano. Sin ir más lejos, si el impacto de El Niño es más fuerte de lo esperado, o sufre otros fenómenos climáticos como el huracán Milton, y si bien parece algo improbable, ¿no podría correr peligro su propia seguridad alimentaria? Si se dan estas condiciones, y los países dentro de su área de influencia no solo se encuentran más cercanos al potencial bloque sino-ruso, sino que observan a Estados Unidos como un actor competitivo en el rubro alimentario, en efecto podría darse esa situación.

Vale la pena recordar que la doctrina Truman consideraba que la seguridad alimentaria era un factor clave para el desarrollo, y por ende la contención del avance soviético. En este contexto de competencia hegemónica, con la necesidad de cubrir nuevos mercados alimenticios que emergen luego del conflicto en Ucrania, conviene un enfoque más laxo con la Argentina en particular, y con el Cono Sur en general, ya que pueden ser socios claves a la hora de conseguir la seguridad alimentaria tanto nacional como regional, e inclusive global.

Bibliografía

Aguirre, P. (2004). "La seguridad alimentaria".

Albertoni, N. y Martínez, M. (2020). "La geopolítica de los alimentos desde la mirada de la política comercial de los EE. UU.", en VV. AA., *Geopolítica de los alimentos. Intereses, actores y posibles respuestas del Cono Sur*. Buenos Aires, Editorial Teseo.

Borrell, J. (2020). "Geopolítica de los recursos naturales y conflicto: perspectivas geo-culturales, fundamentos teóricos y conceptos", en VV. AA., *Geopolítica de los recursos naturales y organismos internacionales. Enfoques, debates y discursos sobre inseguridad alimentaria y conflicto*. Buenos Aires, Escuela Superior de Guerra.

Díaz Bonilla, E. (2020). "La guerra comercial entre EE. UU. y China y sus impactos sobre el comercio agroindustrial. Algunas reflexiones desde la perspectiva argentina", en VV. AA., *Geopolítica de los alimentos. Intereses, actores y posibles respuestas del Cono Sur*. Buenos Aires, Editorial Teseo.

Illescas, N. (2020). "EE. UU.: Producción, comercio y negociaciones agrícolas", en VV. AA., *Geopolítica de los alimentos. Intereses, actores y posibles respuestas del Cono Sur*. Buenos Aires, Editorial Teseo.

INDEC (2024). Informe técnico / Volumen 8, número 135. Intercambio comercial argentino.

Jozami, E., Costanzo, M. y Coronel, A. (2015). "Influencia de El Niño-Oscilación Sur sobre las precipitaciones en Paraná y Lucas González (Entre Ríos, Argentina)". *Revista de Climatología*, 15 (2015), octubre de 2022, pp. 85-92.

Ocón, A. (2020). "Organismos internacionales e (in) seguridad alimentaria en el siglo XXI", en VV. AA., *Geopolítica de los recursos naturales y organismos internacionales. Enfoques, debates y discursos sobre inseguridad alimentaria y conflicto*. Buenos Aires, Escuela Superior de Guerra.

Piñeiro, M. (2020). "Geopolítica de los alimentos. Temas centrales y posible evolución", en VV. AA., *Geopolítica de los alimentos. Intereses, actores y posibles respuestas del Cono Sur*. Buenos Aires, Editorial Teseo.

Piñeiro, M. (2020). "Los países del Mercosur. Opciones y oportunidades en la geopolítica de los alimentos", en VV. AA., *Geopolítica de los alimentos. Intereses, actores y posibles respuestas del Cono Sur*. Buenos Aires, Editorial Teseo.

Piñeiro, M. y Piñeiro, V. (2022). "Geopolítica de los alimentos en un mundo en transición: una perspectiva desde los países miembros del Mercosur". *Grupo de Países Productores del Sur*, mayo de 2022.

Soldano, L. (2022). "Guerra en Ucrania: implicancias en la seguridad alimentaria". *Reflexiones de estudiantes de la licenciatura en Relaciones Internacionales (UNR)*, octubre de 2022, pp. 25-30.

Valles Galmés, G. (2020). "¿Por qué un análisis de la 'geopolítica de los alimentos'?", en VV. AA., *Geopolítica de los alimentos. Intereses, actores y posibles respuestas del Cono Sur*. Buenos Aires, Editorial Teseo.

Von Grebmer, K. (2023). Global Hunger Index. La transformación de los sistemas alimentarios y su gobernanza local.

Los Estados Unidos y el combate al lavado de dinero proveniente del tráfico de fentanilo

Comentario al reporte de GAFI de noviembre de 2022

JUAN PABLO BALLHORST

Resumen

El presente trabajo tiene por finalidad analizar y comentar el reporte de GAFI titulado "Lavado de dinero procedente del tráfico de fentanilo y otros opioides sintéticos", el que fuera publicado en el mes de noviembre del año 2022. Esto a fin de recolectar la información que surge del reporte sobre el lavado de activos provenientes del fentanilo en los Estados Unidos. Como así también cuáles son las medidas, mencionadas en el reporte, que se adoptan en el país del norte para efectuar investigaciones eficaces que logren condenas por delitos de lavado de activos relacionados al fentanilo.

Palabras claves

GAFI, fentanilo, lavado de activos, opioides, narcotráfico.

Abstract

The purpose of this study is to analyze and comment on the FATF report titled "Money laundering from trafficking in fentanyl and other synthetic opioids", published in November 2022, with the aim of gathering information on the laundering of fentanyl-related assets in the United States. Additionally, the study examines the measures, mentioned in the report, that are adopted in the northern country to carry out effective investigations that achieve convictions for money laundering crimes related to fentanyl.

Keywords

FATF, fentanyl, money laundering, opioids, drug trafficking.

Introducción

La persecución del delito de lavado de dinero es actualmente una preocupación internacional. En su desarrollo se han creado diversas herramientas internacionales, tanto tratados como organizaciones internacionales, que tienen por fin aunar las distintas fuerzas nacionales para dar una respuesta efectiva en contra de los grupos criminales organizados que actúan a lo largo del globo.

Así, Córdoba expresa que, en la lucha contra el lavado de activos provenientes de actividades ilícitas, el objetivo es eliminar los estímulos y beneficios de estas conductas. Poniendo el foco en la mirada del *homo economicus,* al prohibir las conductas de lavado de activos, la adquisición, el uso y la tenencia de bienes de origen ilícito, se logra desalentar la comisión de nuevos ilícitos (Córdoba, 2019).

Por otro lado, la quita de recursos económicos a las organizaciones criminales se convierte en una poderosa arma de los Estados a la hora de investigar y condenar a los autores del crimen organizado, que incluye los delitos de tráfico de armas, tráfico de personas, narcotráfico, entre otros.

El tráfico ilícito de fentanilo, con las catastróficas consecuencias que genera en la actualidad para los Estados

Unidos, y el posterior lavado de activos de sus ganancias, no es ajeno a los conceptos básicos de la lucha contra el lavado de activos provenientes de las distintas industrias criminales.

El fentanilo nació como tal en el año 1959, producido por el laboratorio Janssen Pharmaceutica. Se convirtió en un poderoso anestésico intravenoso entre 75 y 125 veces más fuerte que la morfina. Con el correr del tiempo, surgieron otras expresiones de este, como láminas bucales, pulverizadores nasales y comprimidos sublinguales. Pero su uso comenzó a generar dos problemas en los pacientes: la tolerancia y la dependencia (Soto Rodríguez, 2021).

En este primer cuarto del siglo XXI, el aumento del tráfico ilegal de fentanilo y otros opioides se ha convertido en un tema prioritario para los países del hemisferio norte de América y para la comunidad internacional en conjunto. NIDA (National Institute on Drug Abuse) describe al fentanilo como "un potente opioide sintético (fabricado en laboratorio) que está aprobado por la FDA [Food and Drug Administration] para tratar el dolor intenso relacionado con la cirugía o con condiciones de dolor complejas" (NIDA, 2021). Para NIDA, tanto la fabricación como el consumo ilegal de fentanilo han causado un aumento drástico en los números de muertes por sobredosis en los Estados Unidos. El fentanilo, junto a otros opioides sintéticos, son consumidos de forma consciente e inconsciente al ser mezclados con otras sustancias como la heroína y la cocaína.

Como se verá en este ensayo, los Estados Unidos es uno de los países más afectados por la problemática que causa el fentanilo. Esto ha generado que, en los últimos años, se redoblen los esfuerzos en este país para lograr golpes fatales a las organizaciones del crimen que están detrás del tráfico y la venta ilegal de fentanilo, como así también el lavado de los activos que surgen como ganancia de estas ventas. Uno de los ejemplos más recientes sucedió el 4 de diciembre de 2023, cuando el Departamento de Estado de los Estados Unidos anunció la creación de un Grupo Especial para el

Combate del Tráfico de Fentanilo. En el anuncio, la secretaria del Tesoro Janet L. Yellen se refirió a la lucha contra el tráfico de fentanilo como una "prioridad máxima" para el presidente Biden y para el Departamento del Tesoro. El objetivo del grupo es trasladar la experiencia del Departamento del Tesoro en el combate de delitos financieros para hacer frente al tráfico de fentanilo y sus rutas de dinero procedente de este (State Department, 2023).

Dentro del mismo comunicado, el Departamento del Tesoro de los Estados Unidos informa que "seguirá fortaleciendo los estándares internacionales para combatir el blanqueo de capitales y ayudando a asociados a nivel global a identificar tipologías y tendencias". Acto seguido hace mención de que estas tareas se ven vinculadas al informe del GAFI de 2022 sobre blanqueo de capitales procedentes del fentanilo.

En el año 1989, se creó en París el Grupo de Acción Financiera Internacional (GAFI), compuesto en la actualidad por 39 miembros, entre estos los Estados Unidos. El objetivo del grupo es "liderar la acción global para abordar el lavado de dinero, el terrorismo y la financiación de la proliferación". El GAFI investiga cómo se lava el dinero y se financia el terrorismo, promueve estándares globales para mitigar los riesgos y evalúa si los países están tomando medidas efectivas (FATF, 2024).

Actualmente los países miembros toman en especial consideración los distintos informes que realiza GAFI. Estos surgen a partir del monitoreo y análisis de las conductas de los grupos criminales organizados, como también de los sistemas estatales, tanto organismos como jurídicos, de respuestas frente a estos grandes sujetos del delito.

El rol que adoptan sujetos de distintos países y continentes en las redes de tráfico de los opioides ilegales ha vuelto a la lucha contra el fentanilo una cuestión que excede el ámbito interno para Estados Unidos, México y Canadá. En la actualidad existe gran preocupación por parte de diversos actores internacionales, a quienes se les demanda una mirada global para adoptar medidas que tengan mayores probabilidades de efectividad.

El reporte de GAFI

El 30 de noviembre de 2022, GAFI publicó su reporte titulado "Lavado de dinero procedente del fentanilo y los opioides sintéticos". En su sitio oficial, respecto de este reporte el GAFI, anuncia:

> Los grupos de delincuencia organizada (GDO) están fomentando una crisis de opioides sintéticos que ha ocasionado cientos de miles de muertes por sobredosis en la última década. Tan sólo en Canadá y en Estados Unidos, el tráfico de fentanilo está generando una epidemia de sobredosis, y cobra cerca de 80,000 vidas al año (FATF, 2022).

Sobre el contenido del informe, este "analiza la forma en que se blanquean los ingresos del tráfico de opioides sintéticos". Y tiene como objetivo "crear conciencia sobre el comercio de opioides, incluido el uso de precursores químicos, y los flujos financieros globales relacionados. También hace recomendaciones sobre los mejores enfoques para detectar y desmantelar las redes criminales involucradas" (FATF, 2022).

El presente trabajo tiene por fin realizar un comentario del contenido del informe en lo que respecta a los Estados Unidos y su lucha contra el lavado de activos provenientes del tráfico ilícito de fentanilo.

Los Estados Unidos y el lavado de dinero proveniente del tráfico de fentanilo según el GAFI

Uno de los primeros elementos a considerar a la hora de analizar el tráfico de opioides y el lavado de sus ganancias ilícitas es su carácter transnacional. Así, debido a la complejidad de sus operaciones, la necesidad de obtener precursores químicos y la posterior fabricación del producto que será objeto de consumo, se vuelve insuperable la participación de sujetos ubicados en distintos países.

En el punto número 2 del informe, se expresa la existencia en el mundo de dos epidemias de consumo de opioides, una de estas en la causada por el fentanilo en América del Norte. Por otro lado, las regiones de Asia sudoccidental, Medio Oriente y África septentrional y occidental padecen una epidemia de consumo que tiene como protagonista al fármaco denominado "tramadol". Esto según el Informe Mundial sobre las Drogas 2022 de la Oficina de Naciones Unidas contra la Droga y el Delito (UNODC, 2022).

En los Estados Unidos, el opioide que más se trafica ilícitamente es el fentanilo. Esta sustancia es la causante de miles de sobredosis seguidas de muerte cada año. Así, surge de este informe que, en el año 2022, la cifra ascendía a 69.400 muertes al año. Según el Centro para el Control y la Prevención de Enfermedades, durante ese mismo año, el 71 % de las muertes por sobredosis tuvieron como causa un opioide (Centers for Disease Control and Prevention, 2023). Si bien el CDC (Center of Disease and Prevention) de los Estados Unidos aún no cuenta con las cifras finales de muertes por sobredosis para el 2023, algunos medios de comunicación ya hablan de una cifra anual que asciende a más de 110.000 personas. Número que es recogido por el medio *France 24*, dentro de una nota publicada el 7 de diciembre de 2023 (Vázquez, 2023).

Para dimensionar la potencia lesiva que posee el fentanilo sobre el cuerpo humano, Soto Rodríguez lo explicita de la siguiente forma:

> … en el caso del fentanilo, en su versión más pura, el equivalente a un grano de sal puede producir el efecto de euforia, similar al de la heroína, pero dos granos podrían detener la respiración en un adulto y matarlo en cinco o 10 minutos. En

> cuanto a su elaboración clandestina, los efectos son letales, incluso por inhalación de partículas suspendidas en el aire o al entrar en contacto directo con la piel... (Soto Rodríguez, 2021: 91).

¿Cómo llega el fentanilo a los Estados Unidos?

Para GAFI, hasta el 2019 el principal punto de origen de las sustancias químicas relacionadas con el fentanilo es Asia Oriental, y vienen en forma de polvo. Tanto México como Canadá sirvieron como vías de acceso para las organizaciones criminales, como así también fueron lugares de fabricación de las pastillas o los comprimidos que luego serían trasladados a los Estados Unidos. Otro de los métodos más comunes implicaba el uso de correo postal o mensajería que provenía desde Asia y de ahí al país del norte. Para el informe, este segundo método ha sido combatido a través de controles adicionales al comercio de sustancias relacionadas al fentanilo en los países asiáticos, según surge del punto número 18 del reporte.

Con posterioridad al 2019, la producción de fentanilo se habría radicado en México, haciéndose cargo de estas operaciones los grandes grupos del crimen organizado que allí concentran su poder. Dentro del mercado de drogas estadounidense, el fentanilo es controlado por dos grandes cárteles mexicanos: el Cártel de Sinaloa y el Cártel de Jalisco Nueva Generación.

Al respecto de estos dos cárteles, Soto Rodríguez realiza una descripción de estos. Siendo calificados como los primeros proveedores de heroína, cocaína, metanfetaminas y marihuana a Estados Unidos. Volviéndose actualmente los grupos delictivos más violentos que existen (Soto Rodríguez, 2021).

Dentro del punto 22 del reporte, se destaca que, a este uso del fentanilo en "estado puro", debe sumarse la combinación de este con otras sustancias ilícitas para maximizar las ganancias de grupos delictivos locales o regionales dentro de los Estados Unidos. Se han detectado drogas que combinan al fentanilo con la heroína, la cocaína y las metanfetaminas.

GAFI toma como base el *Annual Drug Threat Assessment* 2020 de la DEA (Drug Enforcement Administration) para citar las formas en que los grupos del crimen organizado mexicano proveen al mercado norteamericano de fentanilo:

1. contrabandeando productos químicos en envíos comerciales legítimos;
2. etiquetando incorrectamente los envíos para evitar el escrutinio de las autoridades de procuración de justicia;
3. desviando los suministros de compras lícitas para los sectores químico o farmacéutico;
4. realizando compras abiertas de suministros en la web.

Estas metodologías no son exclusivas del tráfico de fentanilo, sino que son compartidas con otros productos similares, como el tráfico de metanfetaminas. Los grupos de delincuencia organizada dividen el mercado ilegal en regiones. El criterio geográfico es utilizado para delimitar el espacio de actuación de cada grupo.

A esto se le debe sumar el comercio de los distintos precursores químicos para producir fentanilo. Una dificultad extra proviene de la existencia de una parte del comercio de precursores que es legal y de uso legítimo. Esto impide la implementación de controles o prohibiciones absolutas sobre las sustancias.

Casos de estudio que impactan en Estados Unidos

A lo largo del reporte, se presentan diferentes casos de estudio que describen en la práctica el funcionamiento de las actividades del lavado del dinero producto del tráfico de fentanilo. Como también se evidencian los remedios o logros a los que se arribó dentro de cada investigación estatal. En este apartado se hará mención de los casos de estudios donde se vincula a los Estados Unidos.

Así, el recuadro 2.1 se titula "Intercambio transfronterizo de información sobre el tráfico de fentanilo" (FATF, 2022: 11). El caso planteado sucedió en el año 2017, cuando las autoridades de la procuración de justicia norteamericana identificaron a una persona sospechada de estar vinculada al tráfico de fentanilo, teniendo como única pista un número de teléfono. Acto seguido se le solicitó colaboración en la investigación a la Oficina de Control de Estupefacientes del Ministerio de Seguridad Pública de China. Luego de una investigación profunda por parte de las autoridades chinas, se logró desmantelar toda una red de tráfico de esta sustancia.

El mecanismo empleado iniciaba con la creación de una empresa de tecnología y biología por parte del sospechoso. Los "usuarios" se contactan con esta mediante correo electrónico o mensajería instantánea. Una vez acordada la compra, se enviaban remesas de dinero al sospechoso. Este recibía el dinero y daba instrucciones a las fábricas farmacéuticas para que remitieran la sustancia mediante mensajería exprés internacional. Gracias a esta colaboración internacional, se logró la condena del principal sospechoso y otros acusados, todos sentenciados a penas de prisión y otras penas severas en China.

Dentro del recuadro 3.1, caratulado "Estudio de caso sobre la colocación de efectivo a gran escala y las transferencias espejo" (FATF, 2022: 17), se describe otra investigación que arribó a una condena de 14 años de prisión sobre el ciudadano chino Xiangbin Gan, en el año 2018. A diferencia del caso anterior, esta sentencia fue dictada en los Estados Unidos, más precisamente por la justicia federal de Chicago.

El condenado fue acusado de recolectar aproximadamente USD 534.206 en ganancias provenientes del tráfico de fentanilo en la ciudad de Chicago. Este dinero luego era enviado a cuentas bancarias en China. Y, desde el país asiático, viajaba posteriormente hasta manos de narcotraficantes situados en México. Se menciona en la sentencia que eran utilizados negocios legítimos como fachada para el lavado de activos. Por otro lado, el hecho de que Gan no participara de la venta de material estupefaciente directamente no impedía su condena, ya que el lavado de los activos era equiparable a la primera.

Por último, el recuadro 3.8 vuelve a dar un ejemplo de los resultados a los que se arribó fruto de la cooperación internacional. Este caso se titula "Desmantelamiento de los mercados Hansa y AlphaBay en la dark web – los Países Bajos y Estados Unidos" (FATF, 2022: 29). Esta fue una investigación realizada en el año 2017 y que fue dirigida por autoridades estadounidenses. Con el paso del tiempo, se sumaron los esfuerzos de la policía nacional de Países Bajos y culminó involucrando a diversas autoridades de procuración de justicia de países diversos como Tailandia, Lituania, Canadá, el Reino Unido y Francia, a esto debe sumarse la intervención de Europol.

El objetivo fue desmantelar toda una economía delictiva que traficaba con más de 350.000 productos ilícitos. Estos iban desde drogas al tráfico de armas y *malware* para ciberdelincuencia. Por otro lado, se logró la clausura y detención del propietario de la empresa Alphabay. Logrando el secuestro de criptoactivos que cotizaban en millones de dólares estadounidenses. Según el reporte, Alphabay llegó a contar con

> más de 250,000 listados de drogas ilegales y productos químicos tóxicos, y más de 100,000 listados de documentos de identificación y dispositivos de acceso robados y falsos, mercancías falsificadas, malware y otras herramientas de piratería informática, armas de fuego y servicios falsos (FATF, 2022: 29).

La ruta del dinero proveniente del fentanilo

En el punto número 29 del informe en comentario se deja en claro el rol protagónico que posee el país de consumo, en este caso Estados Unidos, dentro del lavado de los activos generados por la venta de fentanilo.

Es dentro del país consumidor donde se realiza la colocación de la ganancia producida. Así, el informe refiere:

> La estratificación y la integración a menudo se llevan a cabo mediante el contrabando de grandes sumas de dinero en efectivo, a través de empresas fachada, servicios de transferencia de dinero o esquemas de lavado de dinero basado en el comercio, o mediante acuerdos de corresponsalía bancaria (incluyendo las transferencias financieras relacionadas con el comercio) (FATF, 2022: 16).

Queda aclarado que no existe un método único de lavado de estos activos, existiendo todo un repertorio de métodos. Este repertorio irá mutando las veces que sea necesario para lograr sus objetivos, impulsado por los inmensos márgenes de ganancia que deja el tráfico de fentanilo.

Además, según surge del punto número 30, el uso de redes profesionales de lavados de activos está a la hora del día. Son equipos que en general no participan del narcotráfico directamente. Estos tienen como misión "disfrazar la naturaleza, fuente, ubicación, propiedad, el control origen y/o el destino de los fondos a fin de evitar su detección" (FATF, 2022: 17). Estos grupos expertos suelen encontrarse en países asiáticos.

Otro de los medios empleados para el lavado tiene como herramientas a los criptoactivos y al comercio dentro de la *dark web*. Para el considerando 31, el bitcoin es la criptomoneda que suele utilizarse en estas operaciones.

A la hora de hablar sobre las investigaciones estatales que buscan combatir el lavado de activos proveniente del fentanilo, GAFI desarrolla para los Estados Unidos la existencia de los Grupos de Trabajo contra el Narcotráfico de la Delincuencia Organizada (OCDETF, por sus siglas en inglés). Estos tienen origen en la década de los 80 y dependen del Departamento de Justicia de EE. UU. Se los define en el informe como

> pieza clave en la estrategia del fiscal general para combatir la delincuencia organizada transnacional y reducir la disponibilidad de estupefacientes ilícitos en el país, mediante un enfoque de procuración de justicia dirigido por los fiscales y con la participación de varios organismos (FATF, 2022: 24).

Estos grupos están compuestos por más de quinientos fiscales federales, mil doscientos agentes federales y alrededor de cinco mil policías estatales y locales. Su misión es "lograr el mayor impacto posible en la desarticulación y el desmantelamiento de los elementos de mando y control de las organizaciones del crimen organizado" (FATF, 2022: 24). Para GAFI, este modelo de trabajo constituye un modelo de eficacia probada.

A lo desarrollado por GAFI, cabe agregar la reciente creación del Grupo Especializado contra el Fentanilo, dependiente del Departamento del Tesoro de EE. UU., al cual ya se ha hecho mención en la introducción de este trabajo. Este fue anunciado el 4 de diciembre de 2023 mediante un comunicado de prensa del Departamento. En su anuncio, se menciona que tiene por fin "reunir los recursos y la experiencia del Departamento del Tesoro en una operación coordinada y optimizada para combatir el tráfico de fentanilo ilícito" (State Department, 2023). Para cumplir sus objetivos, se plantea la coordinación de los distintos elementos que están bajo la órbita del Departamento del Tesoro, a fin de aprovechar al máximo la experiencia y especialización de cada elemento que lo compone (State Department, 2023).

Dentro del mismo Departamento del Tesoro, existen también organismos específicos para la lucha contra el lavado de activos, como lo es FinCEN (Financial Crimes Enforcement Network). El cual tiene por objetivo la protección del sistema financiero, siendo la lucha contra el lavado de activos el método para otorgar seguridad y transparencia al sistema. En el marco de estas tareas, no es posible dejar de mencionar una nueva herramienta estatal que comenzó a regir el 1 de enero de 2024 y que está bajo el control de FinCEN. Así, a partir de este año, un gran número de empresas se encuentra obligada a informar a FinCEN quiénes son los beneficiarios reales de los capitales que estas empresas poseen (FinCEN, 2023).

Estas medidas tienen como marco a la Ley de Transparencia Corporativa, aprobada por el Congreso de los Estados Unidos en el año 2021. Esta legislación tiene por objetivo "levantar el velo" bajo el que los autores de actividades ilícitas ocultan su identidad a la hora de realizar maniobras de lavado de activos. La norma, que interfiere en todo tipo de actividades vinculadas a estos delitos económicos, posee gran relevancia en la lucha contra el tráfico de fentanilo.

Desde otro punto de vista, GAFI le da gran importancia a la suma del sector privado como proveedores de información que llega a manos de las Unidades de Inteligencia Financiera. Dentro del sector privado, destacan los proveedores de servicios financieros y las actividades y profesiones no financieras designadas. Esto es desarrollado en el informe a partir del punto número 61.

Al respecto, en el recuadro 4.1 (FATF, 2022: 30), se utiliza de ejemplo a la UIF de Estados Unidos y la Red contra Delitos Financieros, quienes emitieron en 2019 un aviso dirigido a las entidades financieras y las actividades y profesiones no financieras designadas. Este aviso tiene por fin poner en conocimiento a las entidades privadas de los distintos mecanismos utilizados por los grupos de delincuencia organizada sobre el tráfico del fentanilo y también del lavado de sus activos ilícitos. Por otro lado, proporciona "señales de alerta" para que las empresas puedan identificar actividades sospechosas que puedan estar vinculadas al fentanilo.

Recomendaciones y conclusiones de GAFI

A partir del punto número 66, el informe comienza a describir las recomendaciones que considera deben aplicar los países en general, sin realizar recomendaciones para los países en particular, frente al lavado de activos proveniente del tráfico de opioides.

Así, los países deben fomentar la creación de análisis y evaluaciones de riesgos para el lavado de dinero, lo que les permitirá luego poseer normativas acordes a su situación particular. También deben efectuarse mayores impulsos a las investigaciones financieras, recibiendo quienes las realicen formaciones específicas al respecto.

Por otro lado, GAFI recomienda que la actuación de cada Estado debe complementarse con la colaboración internacional y otorgándoles participación a diferentes actores tanto públicos como privados.

Ya en su conclusión, fijada en los puntos número sesenta y siete y sesenta y ocho, se deja en claro que, pese a las dificultades, el número cada vez mayor de muertes por fentanilo es evitable. El informe es contundente cuando describe:

> El tráfico de opioides es parte de una larga lista de otros delitos determinantes con los que los delincuentes siguen obteniendo ganancias, y las autoridades siguen enfrentando dificultades para identificar y recuperar las ganancias ilícitas. Para tener un impacto significativo, la lucha contra el lavado de dinero debe ocupar un lugar clave en el debate sobre cómo enfrentar la delincuencia organizada altamente sofisticada. Los países deben, antes que nada, fortalecer su capacidad de identificar riesgos potenciales relacionados con los opioides. Las autoridades de procuración de justicia deben trabajar en

estrecha coordinación con los investigadores financieros. Los intercambios de información entre los sectores público y privado sobre este tema también son un canal importante para brindar retroalimentación e información útil sobre las últimas tendencias a las partes interesadas del sector financiero (FATF, 2022: 35).

Conclusión

Son largas las décadas en que los Estados llevan inmersos en la lucha contra el narcotráfico en todo el mundo. A esto debe sumarse de forma elemental el combate contra las actividades de lavado de dinero que enriquecen a estos actores del ámbito delictivo.

Esta situación prolongada se ha vuelto cada vez más grave en países como Estados Unidos, producto de la aparición del fentanilo. Las actividades ligadas al narcotráfico han sido siempre conocidas por los grandes márgenes de ganancias que otorgan a quienes las practican. Estas ganancias se multiplican cuando hablamos de fentanilo, debido a los bajos costos de producción que posee en comparación a otras sustancias. Frente a tal botín, los grupos organizados se adaptan constantemente a las circunstancias para lograr sus objetivos. Por lo que se demanda a los Estados a hacer esfuerzos aún mayores para frenar este flagelo, que GAFI ya describe como evitable.

La cooperación entre los distintos actores internacionales seguirá siendo en los próximos tiempos el remedio más efectivo contra los grupos organizados.

Referencias bibliográficas

Beneficial Ownership Information Reporting (2024). *FinCEN*. Disponible en lc.cx/pNdalm (consulta: 1 de marzo de 2024).

CDC Injury Center. Centers for Disease Control and Prevention (2023). SUDORS: Fatal Drug Overdose Data. Disponible en lc.cx/DDd4gg (consulta: 1 de marzo de 2024).

Córdoba, F. (2019). *Delito de lavado de dinero*. Buenos Aires: Editorial Hammurabi.

Executive Summary Policy Implications (2022). *UNODC*. Disponible en lc.cx/mLfl8 (consulta: 1 de marzo de 2024).

FATF (2022). Money Laundering from Fentanyl and Synthetic Opioids. Disponible en lc.cx/-yCMPp (consulta: 1 de marzo de 2024).

FATF (2022). Reporte GAFI – Lavado de dinero procedente del tráfico de fentanilo y otros opioides sintéticos. Disponible en lc.cx/8235wu (consulta: 1 de marzo de 2024).

FATF (2024). What We Do. Disponible en lc.cx/r4Shc3 (consulta: 1 de marzo de 2024).

National Institute on Drug Abuse (2024). El fentanilo. Disponible en lc.cx/bcCUls (consulta: 1 de marzo de 2024).

Soto Rodríguez, M. (2021). Fentanilo, el gran negocio del crimen organizado: implicaciones en el combate a las drogas. *Revista de Relaciones Internacionales de la UNAM, 140,* 89-116.

State Department (2023). El Departamento del Tesoro de EE. UU. presenta grupo especial contra el fentanilo. Disponible en cl.usembassy.gov/es/el-departamento-del-tesoro-de-ee-uu-presenta-grupo-especial-contra-el-fentanilo.

Vásquez, C. (2023, 7 de diciembre). El fentanilo, el potente opioide que protagoniza una desatendida crisis por sobredosis en EE. UU. *France 24.* Disponible en lc.cx/2pO8RB (consulta: 1 de marzo de 2024).

Las raíces de los Estados Unidos

Teorizando a través de la práctica

Julia Tonelli

Resumen

El presente ensayo se propone explorar en profundidad los orígenes de las primeras 13 colonias americanas, analizando el contexto histórico y los factores que llevaron a su separación de Gran Bretaña. Se busca examinar los lemas y principios de independencia que impulsaron la creación de una nueva nación con una identidad propia, destacando cómo estos principios sentaron las bases para la formación de Estados Unidos. A través de este análisis, se busca proporcionar una comprensión integral del proceso que llevó a la independencia. Al resaltar las presiones impositivas de la Corona británica, las tensiones económicas y el papel unificador del comercio y la circulación de folletos, se pretende iluminar cómo estas fuerzas contribuyeron a la emancipación y la unificación de las colonias, en pos de la creación de una nueva nación.

Palabras clave

Colonias, nativos, Inglaterra, Norteamérica, independencia, revolución, Parlamento, Congreso, representación, federalistas, antifederalistas.

Abstract

This essay aims to explore in depth the origins of the first 13 American colonies, analyzing the historical context and factors that led to their separation from Great Britain. It seeks to examine the independence statements and principles that drove the creation of a new nation with its own identity, highlighting how these principles laid the foundation for the formation of the United States. Through this analysis, the essay aims to provide a comprehensive understanding of the process that led to independence. By emphasizing the tax pressures imposed by the British crown, economic tensions, and the unifying role of trade and the circulation of pamphlets, it seeks to illuminate how these forces contributed to the emancipation and unification of the colonies, in pursuit of the creation of a new nation.

Keywords

Colonies, natives, England, North America, independence, revolution, Parliament, Congress, representation, federalist, antifederalist.

Introducción

El presente ensayo tiene como objetivo adentrarse en los orígenes independentistas de Estados Unidos, al igual que poner de manifiesto las fuentes del surgimiento del liberalismo norteamericano y profundizar acerca de los cimientos sobre los cuales se construyó su sistema político.

La inspiración de este trabajo se encuentra en los emblemáticos y poéticos lemas de independencia, al igual que los mitos y relatos que engloban a la sociedad norteamericana. Por otra parte, y como lo indica el título del ensayo, el principal movilizador de este artículo se trata del concepto de "teorización a través de la práctica" que ha caracterizado a los pensadores detrás de la organización política norteamericana. Los orígenes de dicha teorización, llevada a la práctica principalmente por las colonias recientemente independizadas, al igual que con los primeros presidentes de su historia (que a su vez son reconocidos como héroes de independencia), deben comprenderse desde la concepción de las ideas surgidas en el contexto de la emancipación de las colonias del poder imperial.

Ocupación del territorio

Para analizar las ideas políticas que dan origen al sistema político norteamericano, es preciso comenzar por el encuentro entre tres mundos: europeo, nativo-americano y africano. Los primeros asentamientos, según los describe Bender (2011), respondían a la búsqueda europea de riqueza y poder, sin de ninguna manera imaginar el surgimiento de una nueva nación en América del Norte. Durante los siglos XVI y XVII, nadie podía imaginar una única organización política formada en ese enorme espacio continental. Por otro lado, casi siempre fueron los pueblos nativos quienes fijaron el rumbo de las primeras interacciones con los ingleses que llegaron a la costa nordeste: fueron ellos quienes aceptaron la llegada de los ingleses y los ayudaron a sobrevivir en el Nuevo Mundo que conocían bien.

La relación entre los colonos y nativos estuvo marcada por las pautas de un comercio que interesaba a ambas partes, pero también por desencuentros culturales y violencia. Grant (2012) menciona como ejemplo de los esfuerzos por pactar los términos de una convivencia respetuosa los del capitán John Smith, que estuvo al frente de la colonia en Virginia entre 1608 y 1609. Smith no solo aseguró la supervivencia de la colonia, sino que también proporcionó a América una de sus legendarias figuras fundadoras más inolvidables: el rescate de Smith por la hija de Powhatan, Pocahontas, aportó uno de los primeros símbolos de las posibilidades multirraciales o de mestizaje de América, al casarse después Pocahontas con otro de los colonos de Jamestown.

Sobre esta relación entre colonos y nativos, cabe mencionar una importante leyenda que luego pasaría a ser fiesta nacional: el Día de Acción de Gracias (marcado por una ayuda recíproca entre colonos y nativos). El verdadero origen de la festividad estadounidense comenzó con un pueblo conocido como los "peregrinos", una rama de los "puritanos", concepto que a menudo se malinterpreta. Durante la guerra civil inglesa del siglo XVII (conocida como la Revolución Puritana), los puritanos eran fundamentalistas protestantes que deseaban "purificar" la Iglesia de Inglaterra; creían que el Parlamento, y no el rey, debía tener la última palabra y que la guía moral para todas las decisiones legales debía provenir de la Biblia judía. Algunos puritanos, conocidos como separatistas, formaron su propia iglesia, y en 1620 navegaron hacia América en el Mayflower. Se llamaron a sí mismos "peregrinos" debido a sus peregrinaciones en búsqueda de libertad religiosa. Su barco partió de Inglaterra el 6 de septiembre con 102 pasajeros, y, luego de un largo y turbulento viaje, el 9 de noviembre vieron tierra por primera vez. Fue en Plymouth donde los peregrinos decidieron establecerse. Sin embargo, sus desafíos, lejos de agotarse en un intenso viaje, recién empezaban: una enfermedad parecida a la gripe se extendió por la colonia recién nacida, y dos o tres morían diariamente durante lo peor de la epidemia; el primer invierno fue devastador, y menos de la mitad de los peregrinos sobrevivieron; la mayor preocupación de los peregrinos era el ataque de los indios nativos americanos locales.

En 1621 se dio el primer contacto de los recién llegados peregrinos con los indios nativos, cuando un valiente indio entró en el asentamiento de Plymouth: era un indio abnaki y jefe de los algonquinos, que había aprendido inglés de los capitanes de los barcos pesqueros que habían navegado frente a la costa. Pronto se sumó al encuentro otro indio llamado Squanto, que hablaba mejor inglés que el primero. La importancia de Squanto para los peregrinos fue enorme, y se puede decir que no habrían sobrevivido sin su ayuda: les enseñó a extraer savia de los arces, les mostró qué plantas eran venenosas y cuáles tenían poderes medicinales, les enseñó a plantar maíz indio y otros cultivos. Luego, los peregrinos se encontraron con Massasoit, jefe de los Wapanoags, con quien los líderes peregrinos hicieron un acuerdo de paz, acordando tratarse unos a otros con honor, no robarse ni causarse daño y ayudarse mutuamente si eran atacados. El acuerdo duró 50 años. En este clima de amistad con los indios, la cosecha de octubre de 1621 fue muy exitosa, por lo que los peregrinos tenían motivos para celebrar: habían sobrevivido contra todo pronóstico, habían construido casas en el desierto, habían cosechado suficientes cultivos para mantenerse vivos durante el largo invierno que se avecinaba, y estaban en paz con sus vecinos indígenas. El gobernador peregrino Bradford proclamó un día de acción de gracias para ser compartido por todos los colonos e indios vecinos. No se sabe con certeza cuándo se celebró exactamente el festival, pero se cree que tuvo lugar a mediados de octubre. Sin embargo, la fecha para festejar el Día de Acción de Gracias (29 de noviembre) se estableció a partir de un milagro: luego de un periodo de larga sequía que con seguridad condenaría a los peregrinos a una oscura suerte por falta de alimentos, estos comenzaron a orar pidiendo por una lluvia que los salvara, la cual llegó y duró por catorce días. La costumbre de celebrar anualmente un día de acción de gracias después de la cosecha se prolongó a lo largo de los años. Durante la Revolución estadounidense, el Congreso Continental sugirió un Día de Acción de Gracias nacional, y en 1777 declaró el primer Día Nacional de Acción de Gracias tras la victoria providencial en Saratoga sobre los británicos. En 1789, el recién formado Congreso de los Estados Unidos aprobó una resolución que solicitaba "un Día de Acción de Gracias", proclamación firmada por George Washington, quien declaró el jueves 26 de noviembre de 1789 como el primer Día de Acción de Gracias nacional (Chodesh Report, 2015).

Aunque los fantásticos mitos sobre la conquista norteamericana son capaces de vislumbrar un lado poético de la llegada de los británicos a las costas, lo cierto es que detrás de ellos se asoma una realidad mucho más violenta y cruenta. La subordinación de los nativos americanos fue un drama prolongado de conquista. En lugar de una ocupación pacífica, el encuentro entre colonos y nativos incluye la brutal esclavitud y las masacres indiscriminadas, que generó un clima vicioso de intolerancia hacia los rivales por la tierra. Al primer contacto con los europeos, los indígenas fueron devastados por enfermedades traídas por estos recién llegados, siendo la viruela el peor asesino. El contacto directo trajo más muerte y sufrimiento ante la absoluta desventaja de los nativos frente a la tecnología militar europea.

Por otro lado, los primeros asentamientos británicos que se aferraban a la costa de Nueva Inglaterra, Virginia y las Carolinas luchaban contra enfermedades, hambre y la hostilidad de los nativos americanos, aunque esto no impidió su contundente avance: en 1700, los pueblos nativos constituían tres cuartas partes de la población dentro de los límites de lo que se convertiría en los Estados Unidos; para 1820, los europeos eran casi 8 millones de un total de casi 10 millones de habitantes.

El dominio demográfico a su vez dio lugar a un rápido crecimiento territorial, con los Estados Unidos cuadruplicando su tamaño durante sus primeros cincuenta años de ocupación. Los términos de la paz establecieron el control hasta el río Misisipi, y luego la compra de Luisiana de 1803 agregó una vasta extensión al oeste de este río. Finalmente, y al costo total de tres guerras y el pago de varios tratados, la sucesión de adquisiciones entre 1845 y 1867 completó la base continental.

El autor destaca que la victoria de Gran Bretaña en la carrera demográfica en América del Norte se debió en buena medida a su gran reserva de posibles migrantes al Nuevo Mundo en contraste con el resto de las potencias europeas, cuyas clases campesinas se encontraban más aferradas a sus tierras natales. Una vez pobladas, las áreas de asentamiento británico prosperaron no solo gracias a los ricos recursos disponibles, sino también a su conexión con un próspero imperio comercial británico y a la explotación de mano de obra esclava. La producción colonial aumentó a un ritmo impresionante, y para 1770 el ingreso per cápita colonial había superado al de la isla madre, y los bajos impuestos en América del Norte acentuaron aún más la diferencia en el nivel de vida.

Generaciones sucesivas de colonos fronterizos vieron a los indígenas no solo como un impedimento para adquirir nuevas tierras a bajo costo, sino también como bárbaros peligrosos, que debían ser segregados para una mejor supervisión o completamente removidos fuera del rango de contacto. Un puño de hierro y una disposición para usar métodos coercitivos, si no brutales, eran esenciales para mantenerlos bajo control (Hunt, 2007).

La Gran Bretaña de mediados del siglo XVIII había extendido su actividad económica por todo el orbe gracias a una eficaz estructura comercial y al crecimiento de su potencia naval. Barcos de la Marina británica defendían a los mercantes en alta mar, haciendo con ello prosperar el comercio entre la metrópoli y las colonias. El Gobierno ayudaba a esta sinergia entre la actividad comercial y el crecimiento de la Armada con políticas basadas en la teoría del mercantilismo, que se fundamentaba en el principio de que las naciones fuertes tenían la oportunidad de erigir una economía mundial usando el poder militar para asegurarse mercados y fuentes de materias primas. En el sistema mercantilista, las naciones poderosas eran las que lograban colocar ventajosamente sus exportaciones en el mercado, obteniendo con ello un balance comercial positivo. Para hacer viable este modelo, era preciso captar los recursos de las colonias y poseer una flota mercante capaz de mover las mercancías. Y esto era precisamente lo que hacía Gran Bretaña, expandiéndose territorialmente y usando la potencia económica de sus colonias. Una de las claves en el funcionamiento del sistema mercantil fue, desde luego, el comercio y la trata de esclavos procedentes de África para las explotaciones agrarias de las colonias. El sistema mercantil británico en las Indias Occidentales se edificó sobre el comercio triangular: manufacturas inglesas intercambiadas por esclavos africanos que eran llevados a Angloamérica para producir las materias primas que alimentaban los mercados de Europa. En el Nuevo Mundo, la intensificación de una agricultura escasamente mecanizada demandaba mano de obra abundante para las cosechas. De manera que las compañías comerciales y las autoridades encontraron en los esclavos africanos la solución al problema. Una vez capturados en África, mujeres y hombres perdían la libertad y quedaban expuestos a una suerte cruel e incierta.

Sin el desarrollo del mercantilismo, no hubiera sido posible el inicio de la primera Revolución Industrial en Gran Bretaña. El germen de la industria moderna exigía más trabajadores, más disponibilidad de materias primas y combustibles y también más consumo, movimiento de mercancías y de personas. Así, las colonias norteamericanas jugaron un papel indispensable en el proceso al proporcionar recursos naturales y seguir acogiendo a la población que no encontraba acomodo en las sociedades cambiantes de Gran Bretaña y del resto de Europa.

En el siglo XVII, durante la Restauración, Gran Bretaña no había dejado de observar cuán beneficiosas podían ser aquellas tierras para las necesidades de la Corona, y dedicó atención y recursos a obtener de ellas los rendimientos que podían situarla por delante del resto de las potencias rivales de la época (Holanda o Francia principalmente). Tras el Acta o Ley de Navegación de 1651, el Parlamento aprobó la llamada Acta Esencial, que restringía el acceso a las colonias de importaciones no británicas, incrementando su dependencia a los designios de Inglaterra, y estableciendo que cualquier producto extranjero que hubiese de llegar a las colonias debiera hacerlo por la vía británica. De esta manera, los intereses de los colonos quedaron relegados a un segundo plano, y ellos, por su parte, se saltaban las leyes restrictivas y practicaban el contrabando.

A pesar de todo lo expuesto, la cultura del mercantilismo beneficiaba a muchos, tanto en Inglaterra como en las colonias. Cada cual encontraba en la actividad económica una fuente de beneficio, y, en el siglo XVIII, el nivel de vida de los colonos era envidiable para no pocos británicos y europeos. El comercio introdujo pautas de consumo que contribuyeron a homogeneizar el aspecto de la vida entre las diferentes colonias. La oferta ambulante difundía también los conocimientos y las experiencias de unas regiones en las otras, poniendo la base del inglés local y de la autopercepción de los habitantes como parte de una misma unidad administrativa, algo que se reveló fundamental en el comienzo de la Revolución (Huguet, 2017).

Aunque lejos estaba de contarse entre las intenciones iniciales de sus impulsores, la esclavitud iba a constituirse en uno de los rasgos fundamentales de las colonias. En este contexto, en la utopía imaginada en el siglo XVI, la libertad era la alternativa deseable a la esclavitud. Sin embargo, se conoce como "paradoja norteamericana" a la estrecha relación entre estos análogos conceptos: cómo la libertad de los blancos estuvo basada y se dio a costa del sometimiento de los negros (Bender, 2011).

Camino hacia la Independencia norteamericana

Como explica la autora Erika Pani (1969), la colonización británica del Nuevo Mundo tuvo lugar durante uno de los periodos más turbulentos de la historia inglesa: el gobierno republicano del Commonwealth, la dictadura de Oliver Cromwell y su hijo (1649-1660), la restauración de los Estuardo (1660) y la Revolución Gloriosa (1688). Fue esta efervescencia la que alimentó entusiasmos religiosos, visiones utópicas y proyectos políticos radicales. Sin embargo, una vez superadas las dificultades de los primeros años, el Nuevo Mundo se convirtió en una tierra de oportunidades. Los ingleses, portadores de una tradición institucional y de una cultura política compartidas, se diferenciaron del Viejo Mundo al construir una sociedad sin rígidas jerarquías sociales y regímenes políticos excepcionalmente participativos:

> Los constructores del Imperio británico en América se erigieron en defensores de las "libertades inglesas" y del gobierno "mixto" –por representar en el seno del poder a los distintos elementos que componían la sociedad y evitar así la tiranía–, que distinguía la isla de una Europa en la que se afianzaba el absolutismo. Así, en todas las colonias se estableció un gobierno representativo, compuesto por una asamblea –muchas veces dividida en dos cámaras– y un gobernador. El juicio por jurado se erigió también como derecho irrenunciable de los colonos británicos (Pani, 1969: 173).

El siglo XVIII resquebrajaría la concepción amable de la relación colonial. En 1688, el derrocamiento de Jacobo II arrastraría a Inglaterra a una serie de conflictos cuyos orígenes nacionales estaban en Europa, pero que no conocían fronteras, y donde las posesiones coloniales americanas adquirieron una importancia cada vez mayor. Entre 1689 y 1763, las colonias norteamericanas participaron hasta en cuatro guerras libradas entre Gran Bretaña y Francia: la guerra de los Nueve Años, la guerra de sucesión española, la guerra de sucesión austriaca y, por último, y la más decisiva desde la perspectiva colonial, la guerra de los Siete Años, que concluyó con el Tratado de París de 1763 y la eliminación de la amenaza francesa a las ambiciones coloniales británicas en América (Grant, 2012).

La Revolución estadounidense se trató de una triple competencia: fue parte de una guerra global entre las grandes potencias europeas, una lucha por la independencia norteamericana y un conflicto social dentro de las colonias. El prolongado ciclo de guerras entre Inglaterra y Francia por la hegemonía en Europa se desarrolló en una escala global. En este tiempo, las colonias británicas de Norteamérica se mantuvieron prácticamente al margen del conflicto europeo, pero cosecharon algunos beneficios de ese conflicto, y el más valioso fue su independencia. Terminada la guerra de sucesión española en 1713, la relativa paz entre Francia y Gran Bretaña se prolongó hasta 1744, y la ausencia de guerra fue lo que permitió a las colonias expandir su población, como asimismo lo hicieron la economía y el comercio, y su nivel de vida se elevó a un alto estándar, cuyo derecho a mantener reivindicarían en 1776. Las instituciones políticas coloniales también desarrollaron notablemente las asambleas representativas o cámaras de los comunes de las legislaturas coloniales, que llegaron a ser focos sociales y políticos de las nuevas elites. No es casual que dieciséis de las diecisiete demandas contra Inglaterra, enumeradas en la Declaración de la Independencia, se refirieran a medidas políticas o acciones que ponían en peligro el poder de esos cuerpos legislativos (Bender, 2011).

Particularmente la guerra de los Siete Años transformó profundamente la geopolítica de América del Norte: los nuevos retos estratégicos y económicos de la victoria británica obligaron a Londres a replantear su relación con las colonias de América continental, lo cual desembocó en la llamada "era de revoluciones". Esa guerra fue la primera experiencia militar de los norteamericanos y difundió entre ellos un nuevo sentimiento de nacionalismo (Pani, 1969).

En las negociaciones de paz que dieron por terminada la guerra de los Siete Años, el ministro de Relaciones

Exteriores francés hizo notar que la expulsión de los franceses de Norteamérica podría traer como consecuencia que los británicos debieran abandonar el continente en el futuro. Y estaba en lo cierto. La transferencia de territorio de Francia a Gran Bretaña en América del Norte fue vasta: Acadia, Cape Bretón, Canadá, las islas del golfo de St. Lawrence (salvo St. Pierre y Miquelon) y todo el territorio situado al este del río Misisipi, excepto Nueva Orleans (que hacia el oeste había sido secretamente cedida a España en 1762). La tarea de organizar este territorio marcó el comienzo de un nuevo activismo administrativo, en el que el gobierno británico decidió impartir una serie de iniciativas dirigidas a sus colonias norteamericanas, que apuntaban a reformar la administración colonial y a aumentar los ingresos de la Corona. Estas reformas fueron novedosas y provocativas para los colonos: por un lado, en 1763 una proclama estableció que en todo el territorio rigiera la ley inglesa y organizó el "país indio" como parte de "Québec", a lo que le correspondió una rebelión por parte de los colonos (la rebelión de Pontiac); cuando las autoridades británicas organizaron formalmente el territorio y el gobierno de Canadá, incluyeron las tierras del valle de Ohio reclamadas por las colonias de Massachusetts, Connecticut y Virginia; el Parlamento inglés estableció en Québec una administración colonial con un alto grado de centralización, al estilo francés; el gobierno británico reconoció los derechos de los católicos franceses de Canadá que inquietaban a los protestantes de las trece colonias, dejándoles en claro que Gran Bretaña se había convertido en la guardiana de una sociedad católica a la que ellos habían derrotado en la guerra que acababa de terminar (Bender, 2011).

A lo largo de poco más de diez años, Londres promulgó una serie de medidas (como establecer una presencia militar permanente en América, cuyo costo debían cubrir las colonias; extender las facultades de la armada para abordar y revisar embarcaciones americanas; prohibir la emisión de papel moneda en las colonias; la Ley de Timbre, que obligaba a los consumidores a pagar una contribución sobre casi todo el papel que utilizaban) que representaron para los colonos de la América continental actos de agresión y expoliación que terminaron por declarar "intolerables", y conformaron así un frente unido en contra de estas supuestas injusticias. La última de las medidas, que terminó por colapsar este clima de creciente tensión, fue el decreto del Parlamento en 1767 de impuestos al consumo de productos importados, como el vidrio, la pintura, el papel y el té. La regulación de la venta de este último producto, cuyo consumo había adquirido un importante valor simbólico, resultó particularmente polémica (Pani, 1969).

La política de no importación de los colonos, que promovió la actividad intercolonial, contribuyó a fomentar un sentimiento de separación, identidad y unidad coloniales en tanto que las protestas continuaban educando a los colonos en cuestiones de teoría política. En un contexto de inquietud persistente en las colonias, las que dependían del comercio marítimo padecían un creciente empobrecimiento, tensiones y conflictos sociales. Ninguna sufría más que Boston, que se convirtió en el semillero de la resistencia. La ciudad reaccionó en forma dramática al impuesto al té de 1773: en el motín conocido como Boston Tea Party, los rebeldes, vestidos como indios mohawk, abordaron un barco de la Compañía de las Indias Orientales y lanzaron a las aguas del puerto de Boston trescientos cuarenta y dos cajones de té. En la primavera de 1774, Londres, determinado a poner orden en las colonias, había promulgado una serie de leyes, conocidas con el nombre de Leyes Coercitivas, dirigidas especialmente a Boston: se cerró su puerto, el gobierno de Massachusetts fue suspendido, y la Ley de Administración de Justicia otorgó nuevos poderes y protección legal a los funcionarios coloniales para que aplicaran mano dura ante cualquier desafío a la autoridad imperial (Bender, 2011).

Todas estas reformas fiscales que resultaron confiscatorias por parte de la Corona derivaron en reflexiones políticas por parte de los americanos, quienes alegaron que, dado que no estaban representados en el Parlamento británico, toda imposición a las colonias se hacía sin el consentimiento de los contribuyentes, lo cual equivalía a un robo. De allí surgieron lemas poéticos, siendo el más emblemático "No taxation without representation". Los colonos establecían que, para ser legítima, la representación política tenía que ser real: los diputados debían ser electos directamente, de forma regular y por periodos lo más cortos posible, y obedecer el mandato de sus electores, independientemente de sus intereses e incluso de su mejor opinión (Pani, 1969).

En un panfleto que sorprendió y molestó a los norteamericanos, Thomas Whately, secretario de la Oficina del Tesoro británico, sostuvo que el Parlamento podía gravar a los colonos porque ellos estaban representados allí, apelando al concepto de "representación virtual". Esto empujó a los colonos a la afirmación del carácter local de sujetos de la representación. La respuesta de los colonos fue clara: "Si no somos sus votantes, no son nuestros representantes". Esto implicaba que una asamblea representativa debía ser, como describió John Adams, un retrato en miniatura de la gente en general. Por otro lado, los colonos no deseaban estar representados en el Parlamento: no podían estarlo precisamente porque sus circunstancias locales lo impedían, y la distancia destruía el objetivo y significado de la representación. Al rechazar la extensión de la representación virtual más allá de las costas de Gran Bretaña, sin darse cuenta estaban afirmando que las colonias norteamericanas eran comunidades nacionales diferentes de las que estaban representadas en el Parlamento (Morgan, 2006).

Luego de la Fiesta del Té, los gobiernos coloniales dieron una respuesta colectiva: la convocatoria de un Congreso Continental, compuesto por representantes de casi todas las colonias (solo Georgia se mantuvo al margen), que se reunió en Filadelfia en septiembre de 1774. Varios líderes coloniales, entre ellos James Wilson de Filadelfia, John Adams de Massachusetts y Thomas Jefferson de Virginia, habían desarrollado la idea de que, si bien las colonias debían adhesión al rey, no estaban sometidas a la autoridad del Parlamento de la metrópoli. Aun proclamándose "las colonias de Su Majestad", este cuerpo representativo promulgó un acuerdo intercolonial de no importación y no consumo, que provocó la caída del valor de las importaciones británicas.

Luego de intentos fallidos de conciliación, estallaría la guerra. En mayo de 1776, el Congreso Continental tomó un paso del que difícilmente podría haber dado marcha atrás: ordenó a las colonias establecer gobiernos independientes, "bajo la autoridad del pueblo", y el 4 de julio promulgó la declaración que debía legitimar las acciones de los insurgentes americanos, transformando las colonias rebeldes en estados libres e independientes. La guerra que dio a luz a Estados Unidos duró ocho años y fue larga, sangrienta y costosa, y fue una guerra en la que triunfó quien, en apariencia, era el contendiente más débil (Pani, 1969).

En 1777, antes de que las colonias sellaran lo que sería una fundamental alianza con Francia, algunos norteamericanos se preguntaban si era razonable, y hasta moralmente justo, arrastrar a Francia a un conflicto que con seguridad se extendería hasta transformarse en una guerra entre potencias europeas. Sin embargo, y como bien sabía Madison, Francia tenía sus razones: vengarse de la victoria inglesa en la guerra de los Siete Años fue un motivo decisivo; pero los franceses también temían que, si los ingleses y los estadounidenses zanjaban sus diferencias, planearan un ataque conjunto a las posesiones francesas en las Indias Occidentales. La derrota británica en Saratoga en octubre de 1777, cuando las armadas francesa y española se habían recuperado por completo y estaban dispuestas para la lucha, bastó para que Benjamin Franklin (representante del Congreso Continental en París) persuadiera a los franceses de la conveniencia de aliarse con los norteamericanos en contra de Gran Bretaña. El apoyo francés fue contundente: el rey Luis XVI acordó en secreto entregar un millón de libras francesas a los norteamericanos, y los españoles aportaron casi la misma suma. La tropa más numerosa que Washington tuvo a su cargo fueron seiscientos soldados en Yorktown, la mitad de los cuales eran franceses. Esta generosa provisión de materiales, tropas y, sobre todo, poderío naval por parte de Francia fue decisiva para que los norteamericanos alcanzaran la victoria (Bender, 2011)

Finalmente, con la capitulación de Yorktown, se anunció el principio del fin: Gran Bretaña, consciente de su vulnerabilidad en un conflicto que la exponía a la enemistad de todas las potencias europeas, comprendió que más valía abandonar su proyecto de reconquista.

> En 1783 los «Estados Unidos de América» firmaron en París un tratado en el que la antigua metrópoli reconocía la independencia de las que habían sido sus colonias. Así, tras casi 20 años de lucha anticolonial la recién nacida confederación emprendía, sin brújula confiable, un camino azaroso para fundar un nuevo sistema de gobierno (Pani, 1969: 69-70).

La guerra de Independencia fue la culminación de dos siglos de dominio británico sobre las colonias norteamericanas que pasaron a conformar el origen de los Estados Unidos de América. La sola génesis de dos documentos de impacto universal, la Declaración de Independencia y la Constitución de los Estados Unidos, da la medida de la amplia renovación ideológica y social que protagonizaron las sociedades americanas de aquel tiempo. La guerra de Independencia había surgido en el seno de la disputa económica entre los colonos americanos y la Corona británica, pero expresaba el desacuerdo en cuestiones más esenciales, con relación al ejercicio inglés de la política sobre sus colonias y del deseo de autogobierno defraudado de algunas comunidades de ingleses americanos (Huguet, 2017).

Conclusión

Habiendo realizado una recapitulación exhaustiva de los orígenes independentistas de los Estados Unidos, se puede concluir en que resulta esencial vislumbrar los efectos de las presiones impositivas por parte de la Corona británica a sus colonias, y cómo las cuestiones económicas fueron capaces de poner de manifiesto profundas diferencias políticas, las cuales significaron el principal movilizador de lo que resultaría el principio de emancipación de las trece colonias unificadas contra un gobierno tiránico y que no las representaba.

A su vez, el efecto unificador del comercio, tanto con la metrópoli como de manera intercolonial, resultó crucial para la divulgación de las ideas más influyentes para la declaración de independencia. En esta misma línea, la circulación de folletos que predicaban el descontento generalizado se trató de un recurso esencial que, sin lugar a duda, hizo a la causa de la emancipación una cuestión transversal a todas las colonias, determinando así el origen de los Estados Unidos.

Referencias bibliográficas

Bender, T. (2011). *Historia de los Estados Unidos.* Buenos Aires: Siglo XXI Editores.

Benegas Lynch, A. (2005). *Límites al poder: los papeles antifederalistas.* Ediciones Lumiere.

Chodesh Report (2015). Disponible en lc.cx/NZ5SbR.

Epstein, D. F. (1984). *La teoría política de "El Federalista".* Chicago: Grupo Editor Latinoamericano.

Grant, S. (2012). *Historia de los Estados Unidos de América.* Madrid: Akal.

Huguet, M. (2017). *Breve historia de la Guerra de la Independencia de los Estados Unidos.* Ediciones Nowtilus.

Hunt, M. (2007). *The American Ascendancy*. Carolina del Norte: Chapel Hill.

Morgan, E. (2006). *La invención del pueblo: El surgimiento de la soberanía popular en Inglaterra y Estados Unidos*. Buenos Aires: Siglo XXI Editores.

Pani, E. (1969). *Historia mínima de Estados Unidos de América*. Ciudad de México: El Colegio de México, Centro de Estudios Históricos.

Peterson, R. (1989). *Una historia de dos revoluciones*. Disponible en lc.cx/9WAolF.

Wood, G. S. (1972). *The Creation of the American Republic 1776-1787*. North Carolina: W.W. Norton & Company.

Biografías

Juan Pablo Ballhorst

Abogado (UCA, Facultad "Teresa de Ávila, 2023), profesor asistente en Derecho Internacional Público (UCA, Facultad "Teresa de Ávila, 2024), diplomado en Liderazgo (UCA, Facultad "Santa María de los Buenos Aires", 2023), diplomado en Políticas de Integración Económicas como Factor de Paz (Fundación KAS, 2021). Actualmente, asesor letrado en materia contenciosa internacional de derechos humanos en el gobierno de la provincia de Entre Ríos.

Rodrigo Campos Winkler

Estudiante avanzado de la Lic. en Relaciones Internacionales (UCA). Becario FURP y de la Especialización en Desarrollo y Políticas Públicas del Consejo Federal de Inversiones. Además, desde 2022 hasta 2024, asesoró al Programa Chaco Exporta del Ministerio de Producción del Chaco en análisis del sistema internacional, oportunidades de negocio y vinculación con empresas exportadoras.

Matías F. Carpignano

Nació en la ciudad de La Plata, Buenos Aires, el 24 de abril de 1996. Cursó sus estudios de grado en Ciencias Políticas, Sociales e Internacionales en la Università di Bologna, institución donde posteriormente obtuvo su título de Maestría en Relaciones Internacionales Europa – América Latina. A lo largo de su carrera profesional, se ha desempeñado en representaciones diplomáticas, organismos internacionales y organizaciones de la sociedad civil que promueven y participan activamente en la defensa de los derechos humanos.

Juan José Ceschan

El autor se desempeña laboralmente como analista de operaciones en COFCO INTL, docente y auxiliar de laboratorio en la Escuela de Recibidores de Granos de Rosario (ERGR/SENASA). Es exanalista del Laboratorio Físico y Comercial de Granos de la Bolsa de Comercio de Rosario (BCR). En materia académica, es auxiliar de Agroindustria (BCR–UNR), diplomado (c) en Agroalimentos (UES21), diplomado en Estudios Estratégicos Chinos (UNDEF), diplomado en Comercio Internacional (UA), magíster en Economía y Negocios con Asia del Pacífico e India (UNTREF), profesor superior universitario en Ciencias Políticas (UCA), licenciado en Gestión de Negocios Internacionales (UNR), operador del Mercado de Granos (BCR), perito clasificador de granos (ERGR/SENASA), técnico superior aduanero especializado en Comercio Exterior (ISET n.º 53). Asimismo, ha cursado y aprobado en UCA estos Programas Ejecutivos: Federación Rusa y el Espacio Euroasiático; China Contemporánea; Estados Unidos en el Siglo XXI.
Correo electrónico: ceschan57@hotmail.com. Redes: @JJCeschan.

Almudena Esteban

Licenciada en Relaciones Internacionales por la Universidad Católica Argentina, con una especialización en Producción de Información Estratégica en la Universidad de la Defensa Nacional. Se ha desempeñado como analista de políticas públicas, y en la actualidad se encuentra investigando sobre defensa y política espacial, particularmente sobre el sector satelital argentino.

Ivan Goldman

Licenciado en Ciencia Política por la Universidad de Buenos Aires. Actual doctorando en Relaciones Internacionales por la Universidad Nacional de San Martín. Profesor de Introducción al Conocimiento de la Sociedad y el Estado (CBC-UBA) y Política Exterior Argentina (FSOC-UBA). Investigador y director de la revista *EnClave* de la Fundación Meridiano, coordinador general del Grupo de Investigación en Política Exterior Argentina (GIPEA) y secretario de redacción de la *Revista de Investigación en Política Exterior Argentina* (RIPEA) de la Carrera de Ciencia Política de la Universidad de Buenos Aires.
Correo electrónico: ivi.goldman@gmail.com.

Erika Denise Golia

Licenciada en Relaciones Internacionales (UCA). En la misma casa de estudios, ha cursado la Diplomatura en Liderazgo Humanista. Se desarrolla en el ámbito de las comunicaciones. Se encuentra pronta a la publicación de su primer libro orientado a liderazgo personal.

Ariel González Levaggi

Ph. D. en Relaciones Internacionales y Ciencia Política (Universidad Koç, Turquía). Actualmente ocupa el cargo de director del Centro de Estudios Internacionales del Departamento de Ciencias Políticas y Relaciones Internacionales, Facultad de Ciencias Sociales de la Pontificia Universidad Católica Argentina (UCA), donde además tiene a su cargo el Programa de Estudios sobre los Estados Unidos. Investigador principal de la Sede de Investigaciones Estratégico y Navales de la Armada Argentina, asociado sénior del Programa de las Américas del Centro de Estudios Estratégicos e Internacionales (CSIS, Washington, D.C.), miembro de la Junta Directiva del *think tank* regional Coordinadora Regional de Investigaciones Económicas y Sociales (CRIES) y coordinador del Comité Estados Unidos del Consejo Argentino para las Relaciones Internacionales (CARI). Entre sus principales publicaciones, se destacan los libros *Del Indo-Pacífico al Atlántico Sur: estrategias marítimas de las grandes potencias del siglo XXI* (Instituto de Publicaciones Navales, 2022) y *Confrontational and cooperative regional orders: managing regional security in world politics* (Routledge, 2020).

Raúl Gualtruzzi

Abogado recibido en la Universidad de Buenos Aires y magíster en Relaciones Internacionales por la Universidad de Bologna. Desde hace más de siete años, se desempeña en el ámbito humanitario en temas de protección internacional de refugiados. Ha trabajado en operaciones de alta complejidad en América Latina, incluyendo la frontera Brasil-Venezuela y Centroamérica. Actualmente trabaja para el ACNUR, la Agencia de la ONU para los Refugiados, en programas de reasentamiento y movilidad segura en la región.

Juliana Inda

Licenciada en Relaciones Internacionales (UCA). Maestrando en Economía y Negocios con Asia Pacífico e India (UNTREF). *Junior Associate* en Business & Sustainability. Profesora Adscripta (UCA). Editora del boletín del Comité de Estados Unidos CARI.

Carolina Lazzaroni

Licenciada en Relaciones Internacionales (UCA). Especialista en Dirección y Gestión de Organizaciones sin Fines de Lucro (Universidad de San Andrés). Coordinadora del Programa de Estudios sobre Estados Unidos de la UCA. Se desempeña además como profesora adjunta del Departamento de Ciencias Políticas y Relaciones de la Facultad de Ciencias Sociales de la Pontificia Universidad Católica Argentina y es investigadora sénior del Centro de Estudios Internacionales (CEI-UCA) de dicho departamento. Experiencia en cooperación internacional y financiamiento de proyectos, y alianzas estratégicas.

Francisco Marchetta

Estudiante avanzado de Ciencias Políticas. Gestor de la política pública Plan de Fortalecimiento del Talento Humano del Municipio de Paraná desde 2022. Miembro de la Red Alumni del Programa de Estudios de EE. UU. de la UCA. Ayudante alumno en la cátedra de Historia Argentina desde 2021.

Ana Victoria Marini Wierna

Egresada reciente de la Licenciatura en Relaciones Internacionales por la Universidad Católica Argentina, actualmente es adscripta en la materia Estrategia y Seguridad Internacional y enfoca sus trabajos en temas de política exterior, seguridad y geopolítica.

María Sofía Meijide Hoffmann

Licenciada en Relaciones Internacionales (UCA). Experta Universitaria en Seguridad Internacional y Servicios de Inteligencia (UTN). Especializada en estudios sobre los Estados Unidos (UCA) (UdeSA). Analista internacional. Profesora asistente e investigadora del Departamento de Ciencias Políticas y Relaciones Internacionales de la Facultad de Ciencias Sociales de la UCA. Cofundadora de la fundación Politeia. Es miembro del equipo del Programa de Estudios sobre Estados Unidos (UCA).

Lucas Satoru Miyasiro

Estudiante avanzado de la Licenciatura de Relaciones Internacionales de la Pontificia Universidad Catolica Argentina. Con seminarios realizados en áreas de interés como seguridad, defensa, recursos estratégicos y tanto política interior como exterior de los Estados Unidos y la República Popular China.

Walter Raúl Molina

Estudiante avanzado de la Lic. en Relaciones Internacionales (UCA). Becario FURP y de la Especialización en Desarrollo y Políticas Públicas del Consejo Federal de Inversiones. Además, desde 2022 hasta 2024, asesoró al Programa Chaco Exporta del Ministerio de Producción del Chaco en análisis del sistema internacional, oportunidades de negocio y vinculación con empresas exportadoras.

Guillermo Samuel Salas

Juez de Cámara en La Pampa, Argentina. Magíster en Diplomacia, graduado con honores en Norwich University. Profesor titular de Derecho Comercial, por concurso, en la Universidad Nacional de La Pampa (UNLPam). Miembro consultor del Consejo Argentino para las Relaciones Internacionales (CARI). Postgraduado en Derecho para Negocios y Transacciones Internacionales, 38th Annual Academy of American and International Law, Southwestern Legal Foundation, Southern Methodist University (SMU).

Julia Tonelli

Estudiante avanzada de la Licenciatura en Ciencias Políticas en la Universidad Católica Argentina. Alumni del Programa de Estudios sobre EE. UU. (UCA). Colaboradora del equipo de redacción del Boletín del Comité de Estados Unidos del Consejo Argentino para las Relaciones Internacionales

(CARI). En constante formación sobre política nacional e internacional, con particular interés en los Estados Unidos y su historia fundacional.

Nevia Vera

Licenciada en Relaciones Internacionales y magíster en Ciencias Sociales por la Universidad Nacional del Centro de la Provincia de Buenos Aires (UNICEN). Dra. en Ciencia Política por la Universidad Nacional de San Martín (UNSAM), becaria posdoctoral Conicet. Integrante de la Planta Estable del Centro de Estudios Interdisciplinarios en Problemáticas Internacionales y Locales (CEIPIL) y docente del Departamento de Relaciones Internacionales de UNICEN.

Brian Zini

Licenciado en Relaciones Internacionales (Universidad Torcuato di Tella). Cuenta con sólidas habilidades de comunicación y escritura y disfruta del trabajo en equipo. Es un gran apasionado por los sucesos globales, con particular interés en Latinoamérica y Estados Unidos.

Este libro se terminó de imprimir en abril de 2025 en Imprenta Dorrego (Dorrego 1102, CABA).

Made in the USA
Monee, IL
11 November 2026

68341110R00203